PRÁCTICAS DE TERAPIA NARRATIVA

PRÁCTICAS DE TERAPIA NARRATIVA

Voces latinoamericanas tejiendo relatos preferidos

VOLUMEN I

PRÁCTICAS DE TERAPIA NARRATIVA.
VOCES LATINOAMERICANAS TEJIENDO
RELATOS PREFERIDOS.
VOLUMEN I
© Pranas Chile Ediciones
© Ítalo Latorre-Gentoso

Compilación y edición: Ítalo Latorre-Gentoso
Coordinación editorial: Mónica Nepote
Diagramación y diseño: Javier Alcaraz - elcerezo
Diseño de portada: Gabriela Diaz
Primera edición: abril de 2017, Santiago de Chile

Pranas Chile Ediciones es una editorial
independiente, ubicada en Santiago de Chile.
pranas@pranaschile.org
pranaschile.org

ISBN: 978-956-9719-03-5

Pranas
Prácticas Narrativas
C H I L E

Pranas
Ediciones

ÍNDICE

a Jorge, Amanda, y a todas mis familias
por inspirar vida

AGRADECIMIENTOS

Carolina Letelier e Ítalo Latorre queremos comenzar agradeciendo a aquellas personas con quienes trabajamos en terapia y que estuvieron dispuestas a compartir sus relatos de vida íntimos para contribuir con nuestra formación y aprendizaje.

A David Epston y Michael White, por la terapia narrativa y por su solidaridad y disposición a enseñar, compartir y siempre animarnos a crear desde lo que conocemos de manera íntima y local.

Parte de este volumen fue financiada con el aporte solidario de muchas personas que nos dieron el primer empujón vía proyecto *crowdfunding* facilitado por http://www.idea.me.

Queremos reconocerles aquí: Ana María Zlachevsky, Irene Slavo, Cecilia Sotomayor, Ale Pino, Christofer Morales, Ignacio Peña Lang, Ana Carolina Reynaldos Quinteros, Adriana "Yaya" Astorga, Xime Vergara, Paty Cádiz, Sergio Latorre y Sonia Gentoso, Marta Campillo, Nurit Zylbersztejn, Adriana Henao Gaviria, Adriana Guzmán, Alejandra López Quintero, Alexis, Amanda Michelle Taylor, Ana Solís, Annette Abell, Carlos Chico, Carlos González Gutiérrez, Caro Infante, César Vásquez Olcese, Co-construcciones Mónica González, Colectivo de Practicas Narrativas, Cristian Alexander Seguín Casanova, Cristina Stivalet, Liliana Duque, Elisabeth Lerin, Enrique Puebla Rosales, Esteban Barraza, Esther Abreu, Fernando Díaz Smith, Francisco Brena, Giselle Fetis, Gloria Gutiérrez, Guadalupe Schroeder, Jime Hevia, Jill Freedman, Joanna

Lermanda, Jordi Freixas, Josep Segui, Juan Rivera, Karina Fernández D'Andrea, Leticia Uribe Malagamba, Lisa O'Reilly Hansen, Liz Morrigan, Lupe Álvarez, Maggie Carey, Manon van Zuijlen, Manuel Turrent, marcela polanco, Mari Carmen Urista, María Cecilia Astete Salazar, María Elena Rojas Galván, Universidad Mayor, Marta Rivera, Martin Cafferata, Melpo Economou, Astrid Morales, Mónica Duarte, Nathaniel Vázquez Salas, Naz Remtulla y Paul Hills, Patricia Gutiérrez Fraire, Peggy Sax, Pilar, Sebastián Miranda Payacán, Sergio Varela, Sonja Bar-am, Terry Callahan, Verónica Martínez, Víctor Maulén, Erika.

NOTA DEL EDITOR

SABER HACER: ONCE CRITERIOS EDITORIALES QUE DIERON FORMA A ESTE LIBRO

Ítalo Latorre-Gentoso

Cuando pensamos este volumen, Carolina Letelier y yo, nos imaginamos un texto que convocara a una gran diversidad de personas de Latinoamérica trabajando desde las ideas narrativas. En nuestra mente estaba la imagen de un libro que abarcara este sueño, ¡nunca nos imaginamos que el entusiasmo de muchas personas haría que fuesen finalmente dos volúmenes!, sin embargo, nos llena el corazón este resultado que rebalsa nuestra imagen inicial. Esto nos propuso el interesante desafío de pensar en cómo invitarles, pues no necesariamente eran profesionales con experiencia en escritura. Nos interesaba gente que estuviese practicando, que estuviese realizando un esfuerzo por traducir las ideas de Michael White y David Epston a sus contextos culturales locales. Por esto, pensamos en diseñar criterios para esta edición que desafiaran muchos de los discursos que están presentes a la hora de escribir *artículos profesionales*, como los de narrar prácticas "exitosas", con "lenguaje científico", idealmente en "tercera persona" y "desvinculándose de la propia vida y trabajo" como si la práctica fuese universal y atemporal, sin un territorio y tiempo particulares que la moldean y dan sentido; y como si fuese posible dejar la vida propia de lado al narrar nuestras historias del trabajo que hacemos.

Por esto propuse estos once criterios editoriales que comparto ahora con ustedes los y las lectoras:

Estos criterios forman parte de nuestro trabajo editorial. Les rogamos las lean con cuidado y nos puedan devolver su impresión e ideas para ayudarnos a mejorar este documento.

Los once criterios presentados aquí serán el fundamento que nos guiará tanto en el proceso de desarrollo de los capítulos como en la edición final de cada uno.

CRITERIOS

1. No hay que "saber escribir", nos interesa la práctica real

Cada vez que hablamos con gente en torno a *escribir un libro*, muchas y muchos se asustan. Hemos visto que el acto de *escribir* está colapsado de discursos dominantes respecto de cómo debe hacerse, cómo no debe hacerse, de ser capaz o no, etcétera. Muchas de estas ideas invitan a paralizarse y dejar de participar (cuando se quiere participar).

Nosotrxs no estamos interesadas en gente con amplia experiencia *escribiendo*. Nuestro interés está puesto en la posibilidad de compartir trabajos de personas que realmente están traduciendo las ideas narrativas a la práctica y cuyo trabajo puede ser un aporte para otras y otros que sostienen un compromiso con esta misma tarea.

Para esto vamos a disponer de algún tiempo para conversar con cada autor y autora, si así lo requirieran, para saber cómo podemos apoyar en el proceso de traducir su trabajo práctico al lenguaje de escritura. Hay varias posibilidades que hemos pensado que podrían facilitar el proceso y lo conversaremos con cada una y cada uno. No queremos que nadie sienta que le marginamos de este proyecto.

2. Conversaciones con las personas

Estaremos en permanente contacto con las y los autores (según cada uno lo requiera) para apoyar el desarrollo del capítulo. Queremos acompañar en el proceso al ritmo que cada una requiera. Puede ser que algunas prefieran estar solas o solos en el proceso, otras que puedan tener ganas de compartir con nosotrxs sus avances, otras que necesiten ser entrevistadas por nosotrxs o discutir ideas, o referencias que necesiten, etcétera.

3. Capítulos breves

Creemos que un capítulo más largo no es necesariamente mejor que uno más breve. Un buen capítulo es para nosotrxs, el que represente aspectos importantes del trabajo práctico con personas y de al menos una idea narrativa puesta en práctica.

El mínimo que proponemos es un poco más de una página y el máximo entre diez y quince. Además, dado el número de personas escribiendo, no tenemos otra alternativa que apretarnos en el espacio de cada capítulo para dar lugar a la mayor diversidad posible de trabajos.

4. Distintas voces, diversos lenguajes

Están invitadxs a escribir en este libro terapeutas de varias regiones de Chile, México, Perú, Colombia, Uruguay, Brasil y Argentina. Nos interesa reflejar la diversidad y riqueza cultural de nuestros contextos locales.

También nos interesa conocer la diversidad y las coincidencias respecto a los problemas a los cuales estamos dando respuesta. Entendemos que los problemas se ponen distintos trajes según el contexto, nos interesan esas diferencias y particularidades y cómo esto implica una traducción particular y diferenciada de las ideas narrativas.

5. Ideas narrativas particulares

Creemos que es mejor que un capítulo refleje ideas narrativas particulares llevadas a la práctica en lugar de querer reflejar muchas ideas o aspectos muy generales.

Este libro es un coro de voces y un coro de ideas traducidas a la práctica. Creemos que las voces en su conjunto entregarán la riqueza que queremos compartir a través del libro. Esa será parte de nuestra responsabilidad.

6. La voz de las personas

Nos interesa que las palabras, la evaluación y las interpretaciones de las personas con las cuales trabajamos estén presentes como protagonistas en las historias que escribirán.

Además nos interesa que los capítulos puedan servir como documentos de identidad para las personas que autoricen que sus historias sean contadas, es decir: si cualquier persona/consultante, que autorizó que su historia fuera contada, quisiera leer el capítulo una vez publicado, que esta sea una experiencia enriquecedora para ella. Esto lo pensamos de manera simple: que los capítulos narren sus historias preferidas, logros, conocimientos de vida y habilidades para vivir conversados en terapia.

7. "Procesos en proceso"

Los capítulos del libro pretenden:

a) ser rigurosos y transparentes en las intenciones de las respuestas terapéuticas que damos,
b) hacer visibles las ideas que informan estas respuestas y,
c) evaluar —en voz de las personas que nos han consultado— los efectos que estas respuestas han tenido en sus vidas.

Para esto no se hace necesario que un proceso esté necesariamente "terminado". Si se ha logrado construir un contexto en el que las personas que nos consultan, puedan acceder a territorios de su identidad y vida que antes no tuvieron acceso y que son territorios preferidos para ellxs, entonces la descripción de los pasos terapéuticos que dimos para andamiar este proceso es lo que nos parece relevante compartir en los capítulos.

8. ¿Qué otras ideas de fuera del ámbito de la terapia te informan?
Creemos que somos personas ricas en experiencias y conocimientos y nuestra práctica terapéutica no está informada sólo por un ámbito de la vida. En este sentido nos interesa que se pueda identificar qué otras ideas o prácticas están siendo útiles para enriquecer nuestro trabajo narrativo y cómo éstas son congruentes con los principios no estructuralistas y narrativos a la terapia.

Sobre todo, conocimientos por fuera del ámbito de la "psicoterapia, la psicología y la ciencia" son los que nos interesa que se puedan hacer visibles si los hubiera. El arte, la música, los deportes, el cine, los juegos, el teatro, conocimientos en educación, en participación social, habilidades en dibujo, el humor, etcétera. Todo esto y más forma parte de lo que hacemos y nos encantaría que —si se torna relevante— se pueda compartir en los capítulos.

9. ¿Por qué esa idea en particular fue significativa para tu trabajo?
Las ideas narrativas no son exactamente iguales en sus significados o importancia para todas las personas que brindan terapia. Nos interesa saber cómo ciertas ideas narrativas en particular se vinculan con las historias de los valores, creencias y compromisos de cada terapeuta. Esto nos aparece como relevante en términos de hacer

visible la intencionalidad, la ética, la responsabilidad y la particularidad de cada práctica.

10. Rigurosidad asociada a la crítica

En el proceso de escritura nos interesa practicar la rigurosidad de las ideas. Para esto tendremos conversaciones críticas respecto del trabajo en el que nos moveremos por el principio: "las personas no son las ideas, las ideas son las ideas". Queremos ser críticos con las ideas, no con las personas (autores) y poder enriquecer nuestra comprensión de ellas en toda su complejidad.

11. Todos los aportes de todas y todos los autores son igualmente relevantes para el desarrollo de este libro

Lo que valoramos es la historia y la experiencia particular de cada terapeuta, su propia lectura y traducción de las ideas a la práctica.

INTRODUCCIÓN

REUNIENDO RELATOS DE PRÁCTICAS LATINOAMERICANAS: EL CORAZÓN DE PRANAS CHILE

Ítalo Latorre-Gentoso

Junto con Carolina Letelier, en 2014, antes de comenzar una clase en el Colectivo de Prácticas Narrativas en el D.F. México, Alfonso Díaz-Smith nos presenta a las estudiantes diciendo:

> Las conocí a través de su proyecto Pranas y lo primero que supe de ellas es que estaban poniendo muchísimo esfuerzo, tiempo y dedicación en vincularnos, crearon una red para que todas las personas que estuviéramos interesadas en la narrativa nos pudiéramos conocer en Latinoamérica. Este esfuerzo no sólo se me hizo relevante, sino conmovedor, y a mí parecer refleja en la práctica, mucho de la intención de la narrativa: poder vincularnos, para todas y todos tratar de conocer y tratar de responder a lo que sea que estamos conociendo.

Al escucharlo por primera vez desde fuera, me di cuenta que lo que Carolina y yo habíamos empezado a hacer, tenía una relevancia especial y que en cierto modo era construir comunidad.

Pero esto comienza años antes, en 2007, cuando junto a Carolina estudiábamos todo lo que caía de terapia narrativa en nuestras manos, primero algunos libros traducidos al castellano y luego una serie de textos que empezamos a comprar en inglés. El problema era que ninguno sabía mucho inglés, lo que nos demandó aprender leyendo y leer aprendiendo, que fue un proceso muy bonito, y también desgastante. Además, nos dimos cuenta que al hacer la práctica, al decir las preguntas de Michael y David, ¡nadie nos entendía! Por lo que nos decidimos a comenzar un proyecto de encuentro y conversación, en el que gente como Caro y yo que habláramos algún tipo de castellano en Latinoamérica, pudiéramos vincularnos, conocernos, compartir y estudiar en conjunto: este proyecto nació a mediados de 2009 y se llamó Pranas Chile.

Nos dedicamos durante un año a desarrollar, administrar y participar en un foro en línea abierto a cualquier persona que quisiera conversar acerca de prácticas narrativas; recibíamos preguntas y comentarios que nos nutrieron muchísimo y comenzamos a conocernos y encontrarnos. Todo esto era en línea, hasta que una persona que ni conocíamos, Marcela Estrada, nos escribió preguntándonos "¿Es posible conocernos en persona? No me gustan mucho estas cosas virtuales", a lo que Caro y yo reaccionamos mirándonos con expresión de "Debimos pensar en esto antes, ¿no?". Ahí comenzó una larga y bonita amistad en torno a la narrativa y tantas otras cosas de la vida.

La historia sigue, por supuesto, pero aquí no es el lugar para contarla completa. Lo que me interesa es hablar del corazón de Pranas Chile, que es uno colectivo, de encuentros y de colaboración, y este libro es producto de ese corazón.

ESTE NO ES UN MANUAL, ES UN ESTADO DEL ARTE

La intención que nos convoca a editar esta colección compuesta por dos volúmenes, está relacionada con reunir relatos múltiples de colegas que han tenido interés en dar forma a sus prácticas desde las ideas narrativas. En la mayor parte del territorio latinoamericano, las ideas narrativas han sido de muy difícil acceso, ya sea porque no hay publicaciones disponibles, o porque estas resultan muy caras; también porque esta es una práctica que nace en el mundo anglo-parlante, y ni siquiera ahí es completamente parte de la cultura dominante de la terapia.

En Latinoamérica, podría decirse que estamos recién comenzando a hablar un poco más de terapia narrativa, sobre todo en algunos países como México, Brasil y Chile, donde han ocurrido más movimientos en esta dirección. Otros no tienen muchas escuelas de formación o han tenido experiencias aisladas. Carolina y yo hemos tenido la oportunidad de enseñar en Perú, México, Colombia y Argentina, de los que sólo México, Chile y Argentina tienen formación continua. Muchas otras orientaciones a la terapia han sido el contexto para aprender un poco de terapia narrativa, en Chile y otros países la aproximación sistémica ha incorporado a su práctica algunas ideas y en Perú se ha desarrollado ampliamente la terapia breve centrada en la solución, algo así como prima hermana de la práctica narrativa, pero con muchas diferencias en sus miradas. Lo que más predomina en términos de práctica de terapia en Latinoamérica, incluyendo a Chile, son modelos que se alejan radicalmente de lo que nos convoca en este libro.

Todo este contexto se refleja en cómo hemos ido, de a poco, incorporando las ideas narrativas a nuestro trabajo, a los programas de salud mental y a nuestras propias comprensiones de lo que hacemos, tan nutridas por otros entrenamientos que han permeado nuestra forma de hacer terapia. Este libro no es completamente la excepción, quizá sólo una fisura.

Muchos de los textos presentados en estos dos volúmenes, son búsquedas de esas fisuras o grietas, movimientos de un modelo a otro, primeras aproximaciones. Otros, al contrario, son de gente que ha estado practicando la narrativa desde hace mucho y que las ha interpretado haciendo sus traducciones particulares.

Intentamos con esta reunión de relatos latinoamericanos de terapia narrativa, abrir un espacio que nos permita a todas las personas que estemos interesadas en estas prácticas, seguir desarrollando formas locales de trabajo. Estamos conscientes de que esta compliación sólo representa una proporción de todo esto, sabemos y honramos a todas y todos los colegas que trabajan desde éticas y políticas armónicas con la narrativa y esperamos continuar las conversaciones con todas ellas.

LA ESTRUCTURA Y TEMAS DE ESTOS VOLÚMENES

Esta colección está organizada territorialmente, desde el sur (volumen I) hacia el norte[1] (volumen II), partiendo en Chile y terminando en una práctica colombiana hecha en Estados Unidos.

Abriendo y cerrando esta colección, como en un abrazo, David Epston, Maggie Carey y Shona Russell, se hacen presentes. Quisimos invitarles para honrar su legado y reconocer la generosidad con que han compartido su tiempo, saberes y compromisos. Maggie y Shona en una entrevista realizada en 2013, especial para esta edición y David Epston nos compartió su presentación para el Congreso Internacional en India, 2016, que sincrónicamente calza perfecto con la intención de este proyecto.

Una variedad de temas componen el cuerpo de este volumen: procesos reflexivos hacia la narrativa; documentos terapéuticos en una diversidad de contextos y problemas; respuestas al abuso sexual

---

[1] Tomando como referencia los mapas tradicionales.

y experiencias traumáticas; prácticas en construcción como teatro espontáneo y conversaciones en el aula; viajes de muerte y reencuentro; diversos mapas de la práctica narrativa ejemplificados en conversaciones terapéuticas; mujeres saliéndose de relaciones violentas; respuestas al acoso escolar; enfermedad crónica, etcétera.

Nos interesa poder revisar cómo estamos comprendiendo la terapia narrativa, cómo la estamos poniendo en práctica en contextos culturales tan diversos y cómo podemos abrir espacios hacia imaginarnos cómo continuar con este desarrollo y transformación, para que cada vez resuene más con quienes estamos siendo latinoamericanas y latinoamericanos.

PREFACIO

UN SALÓN REPLETO DE HISTORIAS[1]

David Epston

TRADUCCIÓN: Marcela Estrada

Es un honor especial dirigirme a ustedes desde tan lejos. Responder a este honor ha significado que he pasado muchos días ocupado pensando qué decir, y en consecuencia, muchas noches sin soñar ni dormir.

En una Charla TED de veinte minutos, te sugieren hablar de un solo tema. Sí así fuera, quiero advertirles que esto no es una Charla TED.

En primer lugar quiero contarles dos historias que prepararán la escena para lo que diré después:

Atesoro el recuerdo de una revelación que tuve a los diecisiete años. Lo recuerdo tan claro que es casi como si lo reviviera. Mis exámenes finales de la escuela secundaria estaban a la vuelta de la esquina. Quizá nunca antes había estudiado tan concienzudamente. La universidad a la que podía ingresar dependía del resultado de estas notas. Seguro que eso tenía mucho que ver.

En la secundaria estudié francés durante cinco años, y latín durante cuatro. Me resultaba seductor y me daba mucho placer

---

[1] *A Room Full of Stories.* International Narrative Therapy Conference, India 2016. http://narrativeconference2016.in/

traducir de cualquiera de estas lenguas al inglés. Recuerdo un momento trascendental, cuando traducía una historia breve en que me descubrí a mí mismo gritando: "¡tienes una mente francesa!, ¡tienes una mente francesa!". No había nadie a quien pudiera confiarle esto, alguien en quien yo pensara comprendiera remotamente lo que quería decir. Me preocupaba que mis padres dudaran de mi estado mental por gritar así. Y apenas un tiempo después, se me ocurrió lo que significaba aquello que me había sido revelado.

Unas semanas más tarde, mientras traducía a Julio César del latín al inglés, tuve una revelación parecida y esta vez creí que también tenía una mente latina. Ahora consideraba que poseía tres mentes, aunque sabiamente guardé esta información sólo para mí. Pero desde entonces creo que las lenguas, cada una de ellas es una cultura codificada en palabras, cada una tiene "una mente propia".

Una de las cosas de las que me arrepiento en mi vida es no haberme hecho bilingüe de verdad. Fue recién, como compañero del viaje intelectual y político con mi colega y amiga marcela polanco, quien emprendió la tarea de traducir los *Mapas de la práctica narrativa* de Michael White (2007) a su castellano colombiano, como he podido aliviar en algo este arrepentimiento. Enseguida les diré más acerca de esto.

Aquí viene otra historia que varía de la anterior. En una reunión social a la que asistí hace poco unos amigos me presentaron a su sobrina, quien estaba de regreso de una estancia reciente en los Estados Unidos, había ido a estudiar en la Universidad de la Hamburguesa para obtener el grado de bachiller en Hamburguesología. No se rían. Existe una Universidad de la Hamburguesa que ofrece grados en Hamburguesología. Me informaron que ésta fue fundada en 1961 por Mcdonalds y se localiza en Oak Brooks, Illinois, cerca de

Chicago, para instruir a sus empleados en los distintos aspectos de la administración de restoranes. A la fecha se han graduado más de "ochenta mil estudiantes". Cada año reciben siete mil quinientas personas. Tiene capacidad para enseñar en veintiocho lenguas y actualmente tiene sedes en todo el mundo.

Estaba intrigado e imagino que ustedes lo estarían también, por conocer su pedagogía. Por ejemplo, qué enseñaban y cómo se evaluaba. Ella me contó que, algo que supongo es el equivalente a una disertación, era de esta forma: tenía que dar instrucción a los futuros empleados sobre cómo hacer una mac burguer, de tal forma que la mac burguer de Shangai fuera idéntica a una hecha en Nueva York; una mac burguer de Mumbay, idéntica a una en Berlín. Y si titubeaba o no hubiera aprendido su guión palabra por palabra, habría reprobado. Estoy feliz de contarles que aprobó con gran éxito y ahora tiene la concesión de un Mcdonalds aquí en Nueva Zelanda.

En mi manera de pensar, estos son dos extremos de lo que voy a llamar "traducción", en el sentido más amplio de la palabra. Uno que con frecuencia va junto al término "global" y el otro relacionado con la inquietud de la terapia narrativa por lo "local y particular".

Déjenme contarles cómo comenzó este viaje con marcela polanco. Como respuesta a la invitación de las asociaciones cubanas de psiquiatría y trabajo social para presentar en ese país la terapia narrativa, organicé con la ayuda de otras personas, la Conferencia en la Habana, Cuba, en 2007. Me resistí a hacerlo hasta que llegamos al acuerdo de que ellos nos enseñarían a nosotros los 200 visitantes, y los visitantes también enseñaríamos a las 200 personas locales durante tres días y luego los dos días restantes participaríamos conjuntantmente en talleres bilingües. Era intencionalmente una "epistemología de la equidad". Haríamos un intercambio. La conferencia tuvo por título: "El espíritu de la comunidad en la terapia narrativa y los programas sociales de Cuba". Pero más que una conferencia fue un lugar donde la comunidad y las prácticas de sanación se encontraban. Desde ambos lados: visitantes y huéspedes, muchas personas me dijeron que fue la mejor conferencia a la que habían asistido en la vida. Y yo, es cierto, sentí lo mismo.

En aquella época, marcela —quien había migrado de Colombia a los Estados Unidos en el contexto de una guerra civil que ya llevaba cincuenta años— se había inscrito en un doctorado en terapia familiar en la Nova Southeaster University de Florida. Como parte del doctorado estudiaba terapia narrativa, por supuesto en inglés y era profesora asistente, actividad que también hacía en inglés. Tenía expectativas en asistir a un taller de terapia narrativa, impartido por Marta Campillo, profesora en una universidad mexicana. Este sería el primer taller que marcela escucharía en castellano, su lengua materna. Más tarde y por casualidad quedé detrás de ella y pude escuchar decirle a Marta, con bastante vergüenza, que no había entendido nada de la terapia narrativa en castellano y que de alguna manera, sentía que había traicionado la lengua que le habían enseñado su madre, su padre, su familia, su comunidad y su cultura. Se preguntaba cómo era posible, momento en el que se dio cuenta de que, accidentalmente, la había escuchado. marcela se sonrojó avergonzada y los dos hicimos como si no hubiera pasado nada, rápido cambiamos de tema.

Sin embargo, no pude olvidarlo. No entendía cómo se puede saber terapia narrativa en una segunda lengua y que sea incomprensible al escucharla traducida a la lengua materna. Aunque yo era un ignorante monolingüe, me acordé de mi revelación a los diecisiete: cada lengua tiene mente propia. Tuve una noche de insomnio pensando en esto.

Al día siguiente, me acerqué a marcela entusiasmado con una idea que proponerle para su tesis doctoral. Le sugerí "dado que tú sabes terapia narrativa en inglés pero no en castellano, podrías considerar que la marcela angloparlante en ti observara cómo la marcela hispanohablante aprende terapia narrativa, y lo escribas". Intrigada por esta perspectiva, decidió realizarla traduciendo los *Mapas de la práctica narrativa* de 2007, de Michael White al castellano. Quizá piensan que para una persona bilingüe con postgrados en universidades colombianas y estadounidenses este sería un doctorado muy fácil. Pues no.

De hecho, resultó que marcela, sin pretenderlo, terminó haciendo una tesis de 581 páginas, con la escritura de tres versiones íntimamente ligadas entre sí. Cuando Michael White supo que pretendía traducir *Mapas*, mientras estudiaba con él en Adelaida en 2008, la invitó a cenar para conversarlo. marcela recuerda que le preguntó a Michael: "¿Qué esperas de mi traducción de *Mapas* al castellano? Recuerda su respuesta fue ésta: "mi única esperanza es que el espíritu de la terapia narrativa permanezca ahí". marcela le preguntó entonces si en su opinión debía usar los apelativos formales o coloquiales, él la miró amablemente y le dijo: "esto es algo que sólo tú puedes decidir, yo no soy hispanoparlante, ni sé nada de su cultura y política". Hace poco marcela me contó que se sintió avergonzada por esta pregunta. Sin embargo, eso le dio audacia para seguir adelante con mucho celo, en jornadas de trabajo de 18 horas, que créanlo o no, me dijo que fue uno de los mejores momentos de su vida.

Ella habla de su primer intento:

Estaba haciendo una traducción domesticada, que era literal; preocupada por la fidelidad y la pureza del texto original de Michael. Deboré *Mapas* como si fuera una hamburguesa del Mcdonalds.

Me espantó darme cuenta de que lo que hacía era "blanquear mi identidad" sin ninguna referencia a la geopolítica del conocimiento y las desigualdades políticas. Soy una mujer mestiza... por mis venas corre sangre española, africana, judía, música indígena. ¿Tenía que negar esto a mí misma y a mis lectores? ¿Me había colonizado inadvertidamente?

Déjenme explicarles brevemente la teoría de la traducción y las dos estrategias básicas que propone: domesticación y exotización.

Desde los años setenta, estas dos estrategias entraron en disputa cultural y política —y realmente una disputa— más que lingüística. Una traducción que domestica implica borrar la lengua que está siendo traducida para ser reemplazada por la lengua a la que se traduce, a lo que marcela se refirió como "traducción que coloniza". Una traducción que exotiza, preserva las diferencias del lenguaje en la traducción y requiere que el lector "viaje". Es lo que marcela refería como una "traducción descolonizadora". Lawrence Venuti es el principal defensor de la traducción por exotización, bajo la convicción de que existe, lo que él llama "violencia" en el mero propósito y acción de una traducción que domestica. Él sostiene que la domesticación involucra "una reducción etnocéntrica del texto extranjero a los valores culturales angloamericanos". Por otra parte, argumenta con ahínco que la exotización permite la expectativa de "resistirse al etnocentrismo y racismo, el narcisismo cultural y al imperialismo" (Venuti 2010, p. 78).

marcela luego hizo una traducción exotizante de *Mapas*. Así describe ella su segunda versión:

La política y ética de la terapia narrativa me eran tan familiares que cuando la aprendí por primera vez, me llegó directo al corazón. Esta vez decidí que retendría la integridad de la práctica, pero no sería colonizada por ésta. Retraduje *Mapas* en los términos de mi país, cultura y lenguaje. Hice esto volviendo hacia las literaturas e historias de Colombia y América Latina, y a sus historias sociales y políticas. Por un momento, dejé la terapia narrativa en suspenso y volví a ella después. Busqué saberes latinoamericanos que se parecieran a las fuentes que Michael y David habían buscado. Y sin mucha dificultad, los encontré.

Mi tercera traducción fue lo que Clive Scott llama una "traducción en co-autoría", que he llegado a llamar "trato justo". Tengo una visión utópica de la terapia narrativa en Latinoamérica, donde los saberes e historias implícitos en el castellano y los saberes e historias del inglés se encuentren en la frontera y ambos sean considerados contribuciones legítimas. Un encuentro donde haya una "epistemología de la equidad", un encuentro justo donde la autoridad de las dos contribuciones sea desafiada y pueda surgir algo nuevo, que sin embargo sea familiar a ambas.

¿Cómo es que marcela pretende abordar esto? Tengo mucho que decir acerca de esto antes de terminar.

Pero antes de hacerlo, quiero citar a Travis Heath, un colega de Denver, Colorado, a propósito de una reunión en la que coincidimos en 2015. Son tanto mis viajes con marcela polanco y esa reunión con Travis, lo que me motiva a dirigirme a ustedes hoy.

Durante las conferencias de Adelaida y Vancouver hubo bastante agitación alrededor de la presencia de este hombre robusto, moreno y carismático, con *dreadlocks*, entrado en sus treinta, cuyas presentaciones resultaban apansionantes a entre quienes las escuchaban. Cuando me di cuenta que tenía la posibilidad de escucharlo en la conferencia del 2015 en Vancouver no perdí la oportunidad. Él habló de Ray, un hombre de veinticuatro años, afroamericano, en libertad bajo vigilancia por un crimen violento. Ray le dijo:

Hay muchas personas en el mundo que no tienen voz. Y cuando digo voz quiero decir, ya sabes, todos tenemos cuerdas vocales que funcionan, lo que quiero decir cuando digo voz, es una voz que otras personas puedan oír y realmente escuchar. Nunca en mi vida he tenido esa voz, porque soy pobre y soy negro... excepto cuando rapeo. Y esto también es cierto para toda la tribu de mi barrio. El rap es nuestra voz.

Así es como Travis relata este hecho hace poco al público en un taller que dimos él, marcela y yo en su ciudad, Denver:

Justo entonces, miré hacia la derecha a los ojos de mi colega y co-presentador Paulo Arroyo, quien parecía que había visto un OVNI. Hizo un movimiento con su cabeza, hacia la izquierda, indicándome que mirara en esa dirección. Cuando lo hice, vi que en la segunda fila se acomodaba en un asiento David Epston. Y tuve la reacción que cualquier presentador experimentado hubiera tenido: "¡mierda!"

Si bien mi presentación trataba sobre el trabajo que Paulo y yo hacíamos con música hip-hop y rap con jóvenes afroamericanos y latinos en libertad bajo vigilancia, los primeros treinta minutos los dedicábamos a hacer un contexto histórico para aquellos no familiarizados con la terapia narrativa. Hice un cálculo mental rápidamente y pensé que estaba preparado para hacer referencia al trabajo de David y/o de Michael por lo menos ocho veces, de forma directa. ¡Normalmente cuando estás presentando la historia de un enfoque terapéutico no tienes al co-fundador sentado en la segunda fila! ¡Uf! Dado que tenía que comenzar, me mordí los labios, planté mis pies firmemente en el piso y di un paso hacia el gran abismo. Durante los primeros diez minutos de la presentación miré de reojo una... o unas diez veces a David, tratando de interpretar qué podría estar pensando. Lo veía sonreír y asentir. Eso era suficiente para mí. Por lo menos no había hecho el ridículo, o si lo hice, él no le diría a nadie. Paulo y yo logramos llegar al final de la presentación. Exhalé aliviado por haber terminado. Y a toda velocidad busqué el camino hacia la salida.

Esa noche, todas las personas que habían participado en la conferencia estaban invitadas a la misma cena. Mientras conversaba con Paulo, David se acercó a nosotros. ¡Oh, oh! El momento de la verdad. Consideré darme a la fuga, pero todas las salidas estaban bloqueadas. Cualquier intento de escape habría resultado torpe y probablemente fútil.

—Disfruté escuchando tu trabajo —dijo David. —Muy bien hecho. ¿Te puedo hacer sólo una pregunta?

Asentí con la cabeza.

—¿Por qué haces preguntas australianas y neozelandesas?

Un poco confundido, mi rostro rogaba por una explicación un poco más amplia.

—¿Qué pasaría si dejas que el hip-hop haga las preguntas?— Inquirió David.

En ese momento, me cayó lo que estaba ocurriendo. Ahí estaba una de las persona que ayudó a crear esta cosa llamada terapia narrativa, invitándome a hacer las cosas no de la manera en como él las había hecho sino más bien de la manera que mejor cuadrara con el trabajo que hacíamos Paulo y yo.

Todavía un poco aturdido por su pregunta. David continuó:

—¿Quieres contar con mi permiso para rapear?

Miré a Paulo y los dos asentimos al mismo tiempo.

—Bien, tienes mi permiso.

Dijo con una cálida sonrisa. Es una sonrisa que recordaré hasta el día de mi muerte.

¿Por qué Travis había borrado su propia cultura y su lenguaje, reem-
plazándolos por una versión que podríamos usar en Adelaida y Auck-
land? ¿La terapia narrativa, contra su voluntad e inadvertidamente,
se había vuelto colonizadora de otras personas? Tal vez así era, contra sus mejores intenciones.

Déjenme contarles cómo es que marcela y yo seguimos exoti-
zando los *Mapas* en primera instancia, y como establecimos luego
las bases para un "trato justo". Encontramos una salida imaginativa
para ayudarnos con esto. Sospecho que hay otros caminos, pero este
sirvió de maravilla para nuestros propósitos. Nos imaginamos algo
que fuera contrario a los hechos. Como bien saben, la terapia narrativa "nació y fue criada" en Australia y Nueva Zelanda y enmarcada
en la cultura angloamericana.

Partimos a nuestros "viajes" por la literatura, política y cultu-
ras latinoamericanas, imaginándonos que la terapia narrativa había
nacido y se había criado en América Latina. Y si esto fuera así, nos
preguntamos, ¿cuáles habrían sido sus fuentes latinoamericanas?
Y, comenzamos como exploradores recorriendo un río contra la
corriente, quizás muchas millas tierra adentro hasta encontrar su
origen u orígenes. Rastrearíamos cada rasgo de la terapia narrativa
que nos pareciera distintivo y buscaríamos una fuente latinoamericana. Y como marcela mencionó, esto fue mucho más fácil de lo
que cualquiera de los dos habría imaginado. Me sentí estimulado
a repensar mi terapia narrativa neozelandesa, mientras marcela re-
pensaba su terapia narrativa estadounidense. De alguna manera,
terminamos con más terapias narrativas de las que sabíamos cómo
usar o qué hacer con ellas. Pero permítanme contarles lo maravilloso
de revelar versiones diversas de algo que has llegado a amar y de la
creatividad que entra en juego aquí.

Así como marcela, a aquellxs de ustedes que no sienten una lealtad particular a la cultura angloamericana e inglesa, déjenme recordarles algunos de los compromisos más antiguos de la terapia narrativa. El primero y principal: nunca ha buscado ningún tipo de monopolio profesional del conocimiento, alguna "verdad" global o universal de la que reclame propiedad alguna. De hecho, sostengo que ocurre lo contrario. Ha mantenido una humildad y ha concentrado sus esfuerzos en lo que Foucault llama "el(los) regreso(s) del conocimiento". Una de las prácticas de las que estoy más orgulloso y la que quizás requiere la mayor destreza, es la de enaltecer los saberes de la otra persona, más que enaltecer el saber profesional. Es la terapia narrativa la que considera lo que llama "saberes íntimos"[2] equivalentes a los "conocimientos profesionales externos". Michael y yo retomamos donde el filósofo francés se quedó cuando se refería a "la insurrección de los conocimientos subyugados". Dice:

[…] cuando digo saberes subyugados, me estoy refiriendo a una serie de saberes que han sido descalificados, como conocimientos no conceptuales, conocimientos no suficientemente elaborados, ingenuos, jerárquicamente inferiores, que están bajo el nivel de erudición requeridos por la cientificidad… y es gracias a la reaparición de estos saberes de abajo… uno que es local, regional, diferencial, incapaz de unanimidad, y cuyo poder solo deriva del hecho de su diferencia con los conocimientos que lo rodean. Es por la reaparición de lo que las personas saben a nivel local, de estos saberes descalificados, que es posible la crítica. (2003, p. 7-8).

---

[2] "Insider knowledge"

En cierto punto hay que ir tan lejos como sea necesario, y por favor, regresar lo más que podamos; y nos encontraremos ahí… lo que marcela refiere como las tierras fronterizas donde ninguna cultura o lenguaje reina sobre la otra. Es entre las lenguas donde reside el lugar de la creatividad. Aquí tiene lugar lo que David Denborough ha llamado "la invención intercultural". marcela y yo creemos que estos encuentros de "trato justo" entre tierras fronterizas serán los caminos donde se reimaginará la terapia narrativa. En una reimaginación así, en todo caso reinventaríamos la terapia narrativa, cuando ustedes la lleven a "casa" a su cultura y lenguaje y yo la lleve "de regreso a casa" al inglés, a Aoteraroa, Nueva Zelanda y Australia.

BIBLIOGRAFÍA

FOUCAULT, M. (2003). *Society Must be Defended: Lectures at the Collège de France, 1975-1976.* New York: Picador [trad. cast. *Defender la sociedad.* Buenos Aires, Argentina: Fondo de Cultura Económica. 2000].

WHITE, M. (2007). *Maps of Narrative Practice.* New York, Norton. [trad. cast. *Mapas de la práctica narrativa.* Santiago de Chile: Pranas Chile Ediciones. 2016].

Chile

Tres historias de mujeres

CONTEXTO Y POLÍTICA EN LAS CONVERSACIONES TERAPÉUTICAS

Carolina Letelier Astorga

> El mundo está hecho para que cierto tipo de gente se sienta cómoda, entonces, crear un espacio donde otras personas se puedan sentir cómodas es algo político.
> IGNACIA MUÑOZ, 2016

El presente texto tiene como punto de partida la transcripción de una breve presentación realizada en un encuentro de contrapsicología[1]. Para efectos de este libro agrego antecedentes e historias que no pude incluir en esa instancia por razones de tiempo.

Mientras pensaba lo que podía compartir hoy, una de las cosas que se me vino a la cabeza fue que de todas las personas que vamos a exponer, soy la única mujer. No creo que esto sea casual; la otra mujer es Carola[2], organizadora de este encuentro.

Julieta Paredes, una feminista aymara siempre dice: "las mujeres somos la mitad de cada pueblo". Sin embargo, ocurre que en general

---

[1] Presentación realizada en el encuentro de contrapsicología: "Repensando el rol del psicologx en el Chile actual", realizado en la Universidad Santo Tomás, Concepción, Chile, 2015.

[2] Carolina Jara Muñoz fue la organizadora del encuentro.

las mujeres estamos invisibilizadas y este es un tema que necesitamos sacar a la luz, porque tiene efectos concretos en nuestras vidas.

Trabajo desde el enfoque de las prácticas narrativas de Michael White y David Epston y, desde esa comprensión, nos interesa muchísimo y nos parece indispensable, ineludible, hacer visible el contexto en el cual estamos trabajando y en el que viven las personas que nos consultan, hacer visibles las relaciones de poder que están implicadas en nuestro trabajo.

Todas las experiencias que vivimos están atravesadas de alguna manera por lo político. Por ejemplo, esta misma situación en que estamos ahora es una estructura que sostiene una concepción tradicional de lo que es la enseñanza: yo estoy aquí arriba y ustedes abajo, sujetos a los asientos, mirando hacia arriba, escuchándome. Esta estructura no es casual, supone una jerarquía de saberes, que hay quienes están aquí para entregar el conocimiento y quienes para recibirlo.

Cuando se trabaja en consulta privada o en un box de atención en un consultorio, tradicionalmente se ha entendido que ese espacio es como una cápsula espacial, un espacio sacrosanto que está al margen de cualquier influencia o contaminación de la realidad que ocurre allá afuera, como si el mundo quedara detrás de esa puerta. Está presente la idea que el o la profesional experta tiene la capacidad de saber qué le pasa a la persona que tiene al frente, y la persona, con toda su historia, sus saberes, sus relatos de vida, sus habilidades, se queda fuera, como si fuese un recipiente vacío que el o la especialista puede llenar porque sabe lo que necesita, lo que le conviene en la vida, porque para eso tiene la bata blanca y la sociedad le otorga ese poder en el ejercicio de su profesión.

Desde las prácticas narrativas entendemos que siempre y en cualquier lugar nos atraviesan los aspectos políticos de las situaciones que vivimos, también en ese box, en ese espacio supuestamente sacrosanto, incontaminado. Aunque no lo hagamos visible, como profesionales de la psicología u otras áreas de salud mental somos parte de los dispositivos que permiten utilizar el poder de clasificar a las personas, ubicarlas en el continuo de normalidad-anormalidad, sano-enfermo, adecuado-inadecuado. Todo esto está presente al momento de entablar una conversación, es ingenuo pensar que eso no está operando. En palabras de Michael White (2015):

> ¿Cómo podría el contexto terapéutico estar exento de la política de género, raza y clase? ¿Cómo puede la terapia estar exenta de la política asociada con una jerarquización del conocimiento y de la política de marginalización en esta cultura? Cuando las personas entran a un consultorio, traen consigo los aspectos políticos de sus relaciones. (pp. 97-98).

Todo esto nos pone desafíos importantes: cómo hacernos cargo, cómo no aprovecharnos de esa posición de privilegio, de ventaja frente a la otra persona para definir su vida, para decirle desde nuestro conocimiento, desde nuestras ideas, lo que debe o no hacer y, al contrario, cómo ponemos a la persona al centro: lo que valora, sus saberes, sus habilidades y lo que ha ido construyendo a lo largo de su vida, el mundo que trae con ella.

Asumimos que como seres históricos estamos situados en un lugar y época determinada, y lo asumimos como un hecho relevante, porque los problemas de las personas dependen del contexto donde están inmersas. Los contextos alimentan los problemas, ahí se reproducen y perpetúan. ¿Cómo respondemos a esto? Una cuestión indispensable es hacer visible el contexto de relaciones de poder. Con esto me refiero a dos cosas, por un lado, asumir que yo estoy en una relación de poder con la persona con la cual estoy trabajando y, por otro, que ella en su contexto está atravesada por múltiples relaciones de poder y discursos dominantes que están definiendo cómo debiera ser su vida.

Otra de las maneras en que podemos traer el mundo a nuestros encuentros con las personas es a través de cartas u otros *documentos terapéuticos* como certificados, diplomas, canciones, poemas, por ejemplo, así como también invitando a otras personas que atestigüen las conversaciones en *ceremonias de definición* (White y Epston, 1994; White, 2016). De esta manera, las voces de otras personas colaboran en el proceso de construcción de la identidad preferida, entendiendo que ésta es un logro tanto individual como colectivo.

Historias de tres mujeres[3]

En nuestra cultura hay una serie de definiciones de lo que es ser mujer, de cómo tenemos que ser como hijas, madres, amantes, profesionales, etc.

El otro día en la consulta, una mujer me decía:

> Cuando a un hombre le toca viajar por trabajo, todo el mundo le dice: ¡Uy, qué bien te va! ¡Qué entretenido tu trabajo! En cambio, cuando a una mujer le toca viajar por trabajo dicen: ¡Ya dejó botados a sus hijos! ¡En lo único que piensa es en su carrera!

Una no construye individualmente la idea de lo que significa ser mujer y de cómo actuar como tal. Estamos inmersas en una cultura que nos marca un camino bastante restringido y excluyente, que nos impone una serie de deberes y nos define las formas *correctas*

---

[3] Las tres mujeres me autorizaron para compartir sus historias (los nombres reales fueron cambiados).

de ser. Por esto, permanentemente tenemos que acompañar a las personas para hacer visible el contexto en donde sus problemas se desarrollan y mantienen.

Debido a la cultura patriarcal en la que vivimos, muchas mujeres llegan a consultar porque no logran adecuarse a lo que estos discursos establecen, a sus mandatos o prohibiciones (por ejemplo, "las mujeres deben ser dóciles", "no puedes tener sexo con cualquiera" o "las mujeres deben ser madres"). También consultan porque viven con los efectos de las prácticas abusivas de muchos hombres, prácticas que estos discursos permiten y promueven, tales como controlar, maltratar, o devaluar a las niñas y mujeres.

Ahora, quisiera compartir brevemente algunas de mis conversaciones con tres mujeres, para mostrar los cambios que podemos hacer si nos atrevemos a trabajar en conjunto con las personas para encontrar las fisuras o grietas que les permitan salir de la historia dominante del problema, enriquecer los relatos preferidos de sí mismas y encontrar otras formas posibles y preferidas de ser.

ANA

Es una mujer que llevaba viviendo once años con diagnóstico de TOC (Trastorno Obsesivo Compulsivo) y desde entonces había tomado muchos medicamentos. Ahora tiene veinticinco.

El TOC la tenía convencida de que su vida estaba determinada por ese diagnóstico y ese diagnóstico le prescribía varias cosas para su futuro, cosas que estaba impedida de hacer. Ella no se sentía con la libertad de hacer muchos planes. El TOC definía límites a sus sueños.

No es un diagnóstico inocuo, no se trata solamente de atribuirle una palabra a alguien, sino que es moldearle el camino, moldearle una forma de verse a sí misma, de pensar su futuro.

Entre las muchas cosas que me comentó en el primer encuentro, escuché: "no quiero tomar pastillas, no quiero sentir que mi vida está definida por las pastillas".

Pude escuchar que Ana se resistía a los planes que el diagnóstico tenía para ella, que no quería someterse a ese destino.

Entonces, comenzamos a explorar lo que había en el toc —a través de una conversación de externalización (White, 2016)— y le pregunté si ese nombre estaba bien o si para ella habría una mejor forma de nombrar lo que experimentaba —porque *trastorno obsesivo compulsivo* no es una expresión que a ella se le habría ocurrido para nombrar lo que vivía, esa fue la definición que impuso un experto. Escogió la "nube negra" para referirse a *eso* que le inundaba la cabeza con una serie de pensamientos e ideas que la obligaban a realizar ciertas acciones en situaciones determinadas.

Desde las prácticas narrativas (White y Epston, 1990; White, 2016) tenemos la premisa que la persona es experta en su vida, por lo que la única forma de saber cómo esa persona está significando su experiencia es preguntándole, es hacer este viaje con ella. Así, fuimos explorando con Ana esa "nube negra" y descubrimos que esos pensamientos estaban llenos de discursos acerca de cómo tiene que ser una mujer, cómo debe amar, cómo debe estar disponible y cómo debe entregarse a sus seres queridos. Eran pensamientos que estaban cargados de obligaciones, culpa y mandatos que la llevaban a postergarse siempre. En este recorrido llegamos, por ejemplo, a que su madre había sido la *nana*[4] de la casa de su padre —es decir, se casó con el hijo del *patrón* y que Ana la vio toda la vida atendiendo y sirviendo a su padre. Siguiendo el hilo de esta historia, Ana pudo com-

---

[4] Nana, es una forma coloquial de referirse a la mujer que realiza el trabajo doméstico en Chile.

prender la influencia que tuvo en la construcción de su idea del amor, asociada siempre al sometimiento y la disponibilidad total.

Podemos darnos cuenta entonces, que la "nube negra" no apareció de la nada, no contenía ideas locas, estaba cargada de pensamientos directamente relacionados con su contexto particular y la cultura más amplia en la que vivimos.

Hemos trabajado unos ocho meses y en este tiempo Ana ha logrado reducir los medicamentos a más de la mitad, lo que es un avance significativo para ella, puesto que tienen un costo muy alto, pero sobre todo porque ahora tiene la sensación de estar apropiándose de su vida, de poder soñar y hacer cosas que no cabían en la historia del TOC, cosas que la "nube negra" no quería para ella. Por ejemplo, dio pasos en relación a validar sus ideas y decisiones, un día me dice: "decidí dejar de comer carne, no me atrevía porque sé que me van a molestar, me van a decir que soy exagerada, pero hace tiempo que quería avanzar en esto. Me da miedo que en mi familia y mis amigos me encuentren aburrida porque a todos les encanta hacer asados, pero para mí es muy importante ser consecuente con lo que pienso".

En los encuentros con Ana, además de nombrar y describir los efectos del diagnóstico en sus propios términos, realizamos ceremonias de definición (White, 2016) y también pudo recibir documentos terapéuticos —cartas y certificados— (White y Epston, 1990), elaborados por testigxs que escucharon parte de su relato. En esos documentos le expresaban, por ejemplo:

"Estimada Ana, te agradezco que hayas compartido tus palabras, tu experiencia, tu sabiduría, porque me siento identificada. El valor y la importancia de la libertad me hace mucho sentido porque para mí

también es algo vital y central en mi vida. Sin libertad, mi vida pierde
sentido, mi vida se vuelve una obligación sin opciones, sin salida…"

"Hola, quiero decirte que me conecto con los esfuerzos que has estado
haciendo para liberarte de los pensamientos que te obligan a veces a hacer cosas que te alejan del tipo de vida que quieres tener. Soy terapeuta en
México y llevo un tiempo trabajando con una mujer que me consulta
por algo similar. […] me da esperanza escucharte cómo logras poner
trampas a tus voces para decidir cuándo las dejas entrar y cuándo no.
Me alienta compartir con ella lo que has descubierto acerca del amor y
de la libertad y cómo tus nuevos descubrimientos a veces quieren ser
secuestrados por esos pensamientos pero tú no lo permites…"

No se trata de que la historia del TOC no exista, no es que vaya a
desaparecer, sino que ahora tiene visibles otros relatos de sí misma.
Esto es lo que nos interesa: enriquecer los relatos, poder ampliar
su territorio de acción, un territorio que no esté moldeado por el
diagnóstico del TOC, sino uno donde ella pueda moverse, inventarse
otros caminos.

Tiempo después, Ana me escribió lo siguiente:

Creo que el haber tenido la oportunidad de vivir una ceremonia de
definición y recibir documentos terapéuticos me permitió reafirmar
todo lo que había avanzado durante la terapia… el escuchar las resonancias de mi historia en otros, me hizo valorar aún más mis cambios,
mi esfuerzo y mi vida en general… de hecho, fue emocionante. Como
que en esos momentos pude enaltecer lo que soy.

Creo que hasta el día de hoy, después de dos años de iniciado este
camino, mi vida ha cambiado en un 150%; el poder ir de a poco ha-
ciéndome consciente de mi historia, el entender que mis ideas no

aparecieron mágicamente en mi cabeza y que tenían raíces muy profundas en mi vida, me ha llevado a un lugar que estaba muy lejos en ese momento para mí. De a poco he ido abandonando la culpa y los temores y al fin mi diagnóstico de TOC no se roba la película… al fin me puedo ver más como una persona completa y no sometida a la definición de un montón de síntomas. Todos estos cambios en mí han tenido repercusiones incluso en la vida de mi madre, en ella he podido ver los efectos de lo que ha significado el volver a tejer mi historia a mi manera.

MARCELA

Tiene veintiséis años y viene preocupada con la idea de que tiene alguna falla interna, que algo anda muy mal en ella porque busca relaciones en donde es maltratada, con la sensación de que si esto ocurre, es por su culpa.

Yo podría asumir como cierta su explicación, apagar mi curiosidad y profundizar en la idea de "falla interna" o alguna otra explicación esencialista, pero desde las prácticas narrativas la invitación es justamente la contraria: se trata de activar la curiosidad para explorar los relatos que la llevaron a sacar esas conclusiones acerca de sí misma. Entendemos que el proceso de construcción de la identidad es permanente y que es un logro tanto individual como colectivo.

Atraída por la metáfora del rito de pasaje, que nos propone pensar el proceso terapéutico como un viaje en el que acompañamos a la persona desde un territorio de identidad a otro (White, 2004; Epston y White, 1994), invité a Marcela a hacer el viaje que le permitiera moverse desde el territorio del problema hacia su territorio preferido. Así, partí pidiéndole que nombrara y describiera el lugar desde el cual quería salir, al que llamó "la época oscura" y luego fuimos explorando cuáles eran los efectos concretos que esa "época oscura" estaba teniendo en los distintos ámbitos de su vida y nombró, por ejemplo: "la inseguridad", "sentirme mirada en menos", "estar en ascuas", "sentirme tonta", "no atreverme a hablar", "devaluar mi trabajo" y más. Seguimos el camino del mapa de externalización o de declaración de posición 1 (White, 2016). Una vez que caracterizó en detalle esos efectos, pudo evaluarlos y declarar: "¡no quiero volver a estar ahí!". A la vez, esto nos permitió entrar a los territorios donde ella sí quería estar y enriquecer las historias que hablaban de sus valores, sueños, propósitos, de las relaciones que ella quería para su vida y del modo en que quería que fueran, es decir, hacer una re-autoría a través de la descripción enriquecida de relatos preferidos .

Como señala White (2015), también: "asumimos que las historias alternas son el camino o punto de entrada para explorar otros saberes de vida y otras habilidades de vivir o prácticas de vida, culturales e históricas. En este sentido, no solo se logra traer el mundo a la terapia mediante las conversaciones de deconstrucción" (p. 55).

Marcela vivió abuso sexual en la infancia y luego, en la adolescencia, estuvo en una relación de pareja en la que fue maltratada. Cuando llegó a consultar le preocupaba que nuevamente estaba involucrada en una relación donde se repetía la experiencia de maltrato. Fuimos explorando cómo, a través de esas experiencias —entre otras—, fue sometida a un entrenamiento de sí misma para ser *cosificada*, utilizada por otros, devaluada como ser humano. La idea que tenía de sí misma la grafica con esta escena: en su primer año de escuela, siendo muy pequeña, mientras comía la colación en el patio, pasó un adolescente por su lado y le arrebató la colación; ella se quedó parada en la mitad del patio, sin saber cómo responder.

El viaje consistió justamente en enriquecer las historias de sí misma que le permitieran salir de ese lugar de no poder responder hacia un territorio que ella llamó "el empoderamiento".

Cuando trabajamos con personas que han vivido experiencias traumáticas, tenemos el supuesto que nadie es pasivo ante las vivencias dolorosas o dañinas, las personas siempre responden de alguna manera, ya sea para detener, atenuar o modificar la experiencia o sus efectos de acuerdo a lo que valoran y quieren cuidar (White, 2004). Esta idea mantuvo alerta mi escucha para buscar cualquier señal de respuesta que nos abriera una puerta hacia eso valorado. Por ejemplo, escuchar que teniendo apenas tres años, luego de ser objeto de *tocaciones* por un familiar adulto, cada vez que éste aparecía, se ponía a llorar intensamente. Descubrimos que de este modo, el abusador muy pronto tomó distancia y no la volvió a tocar; o como cuando en la pubertad llegó a un colegio nuevo y fue rechazada por sus compañeras, y comenzó a observar cómo se comportaban las más *populares* y solicitadas del curso, para luego imitar sus maneras de relacionarse y así encontrar el espacio de pertenencia que buscaba.

Como sabemos que las historias dominantes tienen un cauce amplio y profundo para circular y, al contrario, las historias preferidas son apenas huellas, que pueden desaparecer fácilmente, además de las diferentes conversaciones para enriquecer las historias, también utilizamos ceremonias de definición, y documentos terapéuticos (White, 2016) —contradocumentos de identidad— para que hubiera un público que atestiguara la nueva identidad y para mantener vivas esas nuevas historias.

Otro aspecto importante del trabajo fue el proceso de andamiaje (Bruner, 2004; White, 2016), que nos permitió avanzar en el desarrollo de conceptos como, por ejemplo, el de abuso. De esta manera, Marcela logró identificar el abuso en un abanico de experiencias —desde las más cercanas y cotidianas a las más abstractas y complejas— y responder de acuerdo a lo que definió como valioso para ella. Por ejemplo, en un encuentro me cuenta: "hoy pude reclamarle el cambio al taxista, muchas veces me pasa que como son unas pocas monedas, se hacen los tontos, y yo me quedo callada, pero hoy día me dije ¿por qué? Si a mí me faltara plata para el pasaje él me la pediría, ¿por qué yo tengo que aguantar?, igual me puse nerviosa, ¡pero lo hice!". Este nuevo relato va a engrosar la trama de ser una persona que no se deja pasar a llevar, que puede sacar la voz ante el abuso. Ya no es sólo la niña perpleja parada en el medio del patio del colegio, tiene otras versiones posibles de sí misma, unas donde sí puede responder.

Tiempo después de finalizar nuestras conversaciones, consulté a Marcela sobre el trabajo que hicimos y me dijo que le ayudó a: "conocerme a mí misma", "legitimar mi sentir y mi forma de ser en diferentes situaciones conflictivas para mí". "Reconocer situaciones de abuso","expresar mi malestar frente a situaciones que no me parecen, responder, fijar límites". "Concretar metas y aspiraciones orientadas hacia mis objetivos personales (empoderarme)", "validar mi historia y mis procesos".

En cuanto al modo de trabajar, valoró: "La ausencia de juicios negativos hacia mí, tanto morales como aquellos que son propios de las situaciones de terapia", así como "la ausencia de clasificaciones médicas o de tipos de personalidad, que tanto contribuyen a sentirse anormal". También destacó el trabajo en torno a la metáfora del viaje, porque "pude incluir todo aquello que tenía sentido para mí en el nuevo territorio, sin estar limitada por el requerimiento de incluir solo metas aplicables para una terapia (como me ocurrió en otras ocasiones)".

GABRIELA

Es una mujer de treinta años que llegó a consultar porque le molestaba estar rabiosa con el mundo.

Al inicio de las conversaciones, me contó que estaba en una relación de pareja con una mujer y que hace tiempo que no le gustaba cómo se estaban llevando, porque la rabia también se metía en la relación. Como he tenido la oportunidad de trabajar con otras mujeres que aman a mujeres y la mayoría me ha enseñado que les ha costado trabajo —y les sigue costando— vivir sus relaciones tranquilamente, como cualquier persona heterosexual puede hacerlo, le pregunto a Gabriela cómo ha vivido esto de ser lesbiana —ella quiso que la nombrara así, porque siente que nombrarse así le da fuerza— y me dijo que no había significado mayor problema, que lo tenía bastante asumido. En el tercer encuentro comentó como si nada: "sé que para otras personas yo puedo ser asquerosa, entonces para qué las voy a incomodar, para qué voy a hacer visible que tengo pareja y que soy lesbiana, si pueden sentir que soy asquerosa".

Al escucharla me pregunté cómo alguien podía vivir tantos años con esa idea de sí misma, pienso en qué efectos concretos habrá tenido esto en su identidad, cómo llegó a pensar que la comodidad de los demás vale más que la suya y, a través de qué historias estas ideas han moldeado sus pasos.

Emprendimos con Gabriela la tarea de agarrar el hilo de esas historias, de deconstruir los discursos que sostenían esas creencias y la manera particular en que se habían instalado en su vida. Destejer las historias le permitió entender su propia rabia, encontrarle un sentido y situarla en otra trama. La rabia pasó de ser una expresión de impulsividad, una falla en los mecanismos de autocontrol, o la incapacidad de reflexividad o empatía, a ser una expresión de resistencia, un reclamo a la injusticia de no poder vivir legítimamente como los demás. Encontramos lo que estaba ausente pero implícito en la rabia, era más bien una respuesta al rechazo y discriminación que encontraba en su entorno (White, 2000). Y empezaron a aparecer otras historias de resistencia, de no dejarse pasar a llevar, de buscar y promover espacios de respeto y cuidado. Nos encontramos con el espacio de seguridad y aceptación que significó su hermana mayor, que siempre estuvo ahí para escucharla, para apoyarla, de una manera cariñosa, "como un refugio" que la libró de la soledad; historias de ser una adolescente que no se sometió a los estándares sociales de cómo debe "verse" una joven de su edad: maquillada, con cierta vestimenta, "como señorita", porque quiere defender su derecho a ser distinta, a elegir su apariencia; historias de ser tía y elegir ser una tía que está muy atenta a cuidar con respeto, para que sus sobrinas y sobrinos vivan la experiencia de sentirse aceptados y amados sin restricciones.

Un día me dijo: "conversé con mi mamá, le conté que me gusta alguien. Fui a verla y decidí contarle porque no quiero seguir escondiendo lo que me pasa... porque tengo derecho, como mis hermanos, de compartir lo que estoy viviendo. Y mi mamá me escuchó y me dijo 'lo importante es que sea una buena persona', ¡eso fue increíble para mí! Es muy importante saber que puedo contar con ella, siento que me faltó su apoyo cuando chica, me hizo mucha falta su consejo, me involucré en relaciones dañinas y no tenía con quién conversarlo", entonces le hago algunas preguntas acerca de qué la llevó a dar ese paso, de cómo lo hizo y qué diferencia hace. El tejido se va llenando de colores, "la espontaneidad es liberadora", me dice, "cuando una no se censura todo es creación, soy un ser único e irrepetible, eso me da poder, me da vida... hablé con mi mamá y ahora muchas otras cosas son posibles, tiene que ver también con la posibilidad de movilizar la conciencia de alguien". Vamos *historiando* los principales elementos que componen estos relatos: ¿Cómo aprendiste esa habilidad de defender tu derecho a ser distinta? ¿La aprendiste con alguien? ¿Qué significa esa persona para ti? ¿Con qué valor está asociada esa habilidad? ¿Ha hecho alguna diferencia en tu vida contar con esto? ¿Cómo se relaciona esto con el tipo de persona que quisieras ser? ¿Puedes contarme otros ejemplos? Etcétera.

Para traer otras voces a nuestras conversaciones, voces que podían aportar saberes y experiencias de las que yo posiblemente carezco—, invité a algunas conocidas que estaban viviendo o habían vivido procesos similares a escribir su experiencia en una carta, de modo que pudieran compartir cómo habían sorteado momentos difíciles, los saberes que habían adquirido en el camino, estrategias para no rendirse, etcétera. Gabriela escribió su carta y leyó cartas de otras. También participó en una ceremonia de definición, atestiguando las acciones que otra mujer estaba realizando para alejarse de los efectos de afrontar la homofobia.

Paulatinamente comenzó a dar pasos en otra dirección, pasos que hablaban de una postura nueva, como compartir con su hermana y con otras personas lo que estaba sintiendo, pensar que tenía derecho a tener una buena pareja, reclamarle a su mamá la falta que le había hecho no contar con sus consejos, cuestionar la legitimidad de los discursos homofóbicos que ella también tenía internalizados. Al enriquecer esas historias se fue ampliando su territorio de acción, se acrecentó la sensación de poder mover su vida hacia los lugares que le gustan y elige.

Respecto del proceso que hicimos, ella comentó:

Ha pasado más de un año y medio que empecé este viaje. Aún me sorprenden los cambios que en lo profundo se han forjado. Hoy me siento feliz de ser quien soy y creo que eso es el mayor cambio. Me miro al espejo y tengo convicción de lo valiosa que soy y de que mis heridas me han permitido entender otras injusticias de la vida. Hace más de un año me ponía muy nerviosa incomodar a los demás con mis ideas y formas de vida, pero hoy eso ya pasa mucho menos. Siento que puedo relacionarme con los demás de una manera más verdadera y que gracias a mí y a mi historia ellos también pueden aprender. Hace dos años intentaba creerme maravillosa, hoy estoy cada vez más cerca de sentirlo todo el tiempo.

Esta historia continúa. Ahora hemos armado un grupo de varias mujeres que están viviendo en circunstancias parecidas a Gabriela, se trata de colectivizar la experiencia. Como lo señaló una de ellas, "es un espacio móvil, que siempre lo tengo conmigo y me da alivio y fuerza". Pero esta es otra historia que espero poder compartir en otro momento.

Los procesos son siempre diferentes y complejos, lo que acabo de mostrar son sólo algunos pequeños vistazos para dar una idea del giro que pueden tomar las conversaciones si nos atrevemos a salir del conocimiento experto, si nos atrevemos a trabajar en conjunto con las personas, a lanzarnos con ellas en este viaje maravilloso que, como dice White (2016) "...la única cosa que podemos prever con toda seguridad es que el resultado desafíe cualquier predicción nuestra.(…) Lo único que sabemos es que cuando terminen, estaremos en territorios de vida y de identidad que no podíamos haber imaginado al principio" (p.286).

Para terminar quiero agradecer a Marcela, Ana y Gabriela por todo lo que me han enseñado y por la generosidad de compartir sus historias.

También a Tatiana Diener, amiga que no sólo me empujó a escribir, sino que me apoyó con sus conocimientos técnicos y me acompañó amorosa y pacientemente en la travesía. Y a Ítalo, por insistir.

BIBLIOGRAFÍA

BRUNER, J. (2004). *Realidad mental y mundos posibles.* Barcelona: Gedisa.

WHITE, M; EPSTON, D. (2013). *Medios narrativos para fines terapéuticos.* Barcelona: Paidós.

EPSTON, D; WHITE, M. (1994). *Experience, contradiction, narrative and imagination: Selected papers of David Epston & Michael White 1989-1991.* South Australia: Dulwich Centre Publications.

WHITE, M. (2000). *Reflections on Narrative Practice.* Essays and Interviews. South Australia: Dulwich Centre Publications.

WHITE, M. (2004). *Working with people who are suffering the consequences of multiple trauma: A narrative perspective.* Australia: The International Journal of Narrative Therapy and Community Work, No.1.

WHITE, M. (2015). *Práctica narrativa. La conversación continua.* Santiago de Chile: Pranas Chile Ediciones.

WHITE, M. (2016). *Mapas de la práctica narrativa.* Santiago de Chile: Pranas Chile Ediciones.

Teatro espontáneo

¿UNA PRÁCTICA NARRATIVA?

Carlos Chico Ramos y Marcela Estrada Vega[1]

> Cuéntame una historia… el resto es silencio.
> EUGENIO BARBA

Desde hace catorce años dirijo Teatro Altoque, Compañía de Teatro Espontáneo en la ciudad de Talca, en la zona centro sur de Chile. Es un grupo autónomo, autogestionado y sin ninguna dependencia institucional. Lo conformamos cinco personas, hombres y mujeres, psicólogos y psicólogas, pedagogas y pedagogos, actrices y actores de oficio.

Nuestra práctica de teatro espontáneo implica dar funciones en diversos contextos y escenarios: para instituciones y con comunidades; en la calle, barrios, teatros y en cualquier lugar donde podamos montar escenas; o sea, en cualquier lugar donde el cuerpo se haga espacio público. A veces nos pagan por esto y la mayor de las veces lo realizamos gratuitamente, pero en todas las situaciones definimos como marco ético resguardar la libertad para que se relate cualquier historia que las personas deseen y no intencionar ninguna

---

[1] Este artículo está escrito en una relación de colaboración dada por trabajo conjunto y reflexiones compartidas entre Marcela y Carlos, pero quien redacta es Carlos.

temática, más que aquella propuesta por la comunidad que conformamos en cada función.

¿Qué es el teatro espontáneo?

Es una práctica social, que tiene orígenes comunes con el psicodrama desarrollado por Jakob Levy-Moreno a principios del siglo XX. Nuestra práctica en su desenvolvimiento recibe influencia del teatro del oprimido[2] y el teatro playback[3]. El teatro espontáneo es un teatro de participación, donde no existe una obra que presentar sino que da la posibilidad de un espacio para poner en escena las historias del público, como forma de darle valor a estos relatos olvidados, darle dignidad a estas historias de todxs nosotrxs, estas historias sencillas y grandiosas de nuestra vida vivida. "Consiste, básicamente, en la narración de historias a cargo de las personas que asisten a la función. Las historias son representadas, en el mismo momento, por un grupo de actores entrenados, incluyendo la improvisación, la música y la danza. Esos lugares luego pueden ser ocupados por miembros de la audiencia que quieran actuar en las historias narradas" (Garavelli, 2003, p. 22). Es un teatro de improvisación, de transmisión oral, sin libreto, que se desarrolla a partir de los relatos del público convirtiéndose en un proceso de

---

[2] El teatro del oprimido, desarrollado por Augusto Boal (2009), se originó en la segunda mitad del siglo XX y durante el apogeo de las dictaduras latinoamericanas. Éste tiene por objeto transformar al espectador en protagonista de la acción dramática y a través de esta transformación, ayudar al espectador a preparar acciones reales que le conduzcan a la propia liberación.

[3] El playback teatro es desarrollado por Jonathan Fox, en 1975, en Estados Unidos y busca un rescate del relato oral y poner en escena las historias de la comunidad.

creación colectiva. Un territorio que comunica lo artístico con lo terapéutico (Garavelli, 2003)[4].

En cada función lxs miembros de la compañía juegan roles definidos. Existe un director/a que entrevista en vivo al narrador/a (una persona del público) y le acompaña con preguntas en la construcción de la historia que va ser representada. Las actrices y actores escuchan y se dejan cruzar por el relato, la director/a les da una síntesis del relato, buscando traducir la historia al lenguaje escénico. Los actores y actrices toman roles de actuación o música y se comienza a poner en escena el relato frente al público.

La audiencia siempre es la dramaturga de lo que va ser representado, desde ese público surge quien narra, con una historia cotidiana o un gran acontecimiento, algo que le resulta significativo relatar y que quiere ver representado en escena. En ese momento, el narrador/a, puede mirar su relato. La escena abre múltiples significaciones en cada espectador/a, sorprende abriendo otras producciones de sentido (Garavelli, 2003). "El teatro espontáneo intenta rescatar la memoria de imágenes, personales y sociales, de la comunidad transformándolas en actos de creación colectiva" (Garavelli, 2003, p.104).

Pienso el teatro espontáneo, orientado en parte por Aguiar y Aruguete (2009)[5], como cruzado por tres dimensiones o elemen-

---

[4] María Elena Garavelli es directora de la compañía "El pasaje" de Córdoba Argentina con más de 20 años de trabajo y una de las principales desarrolladoras del teatro espontáneo.

[5] Conferencia "Teatro espontáneo: visiones hacia el futuro" Aguiar, Moysés; Aruguete, Gustavo. 29 de septiembre 2009. Aniversario Saludarte, Montevideo, Uruguay. Moysés Aguiar desde Brasil hace más de veinte años es uno de los principales desarrolladores del teatro espontáneo, en especial el teatro debate. Gustavo Aruguete es director de la compañía Los Teatros de la Memoria en Argentina, espacio de experimentación de teatro espontáneo y la construcción de la memoria colectiva.

tos centrales. El primero es que el teatro espontáneo es una experiencia estética, es una forma de arte. Implica un desafío estético el poner en escena los relatos de la audiencia. Es abrir los relatos a múltiples escenas lo que exige para todxs lxs participantes la mayor creatividad posible. Un segundo elemento es que alberga una dimensión política libertaria, no necesariamente a través del desarrollo de ideas o difundiendo ideologías, sino posibilitando el planteamiento de caminos y de otros relatos, buscando crear libertad. Se trata de reconstruir relatos: validando, compartiendo, construyendo historia y memoria social. Es dar espacio, construir la posibilidad de visibilización y honra de relatos subalternos. El tercer elemento es la dimensión terapéutica, relacionada con el desarrollo y producción de nuevas subjetividades. La construcción colectiva y los procesos grupales que se viven en una función: el relatar, el testimoniar, la renarración y encarnación de los relatos, entre otros, contribuyen a la generación de efectos terapéuticos.

Teatro espontáneo, renarrado por las prácticas narrativas.
El teatro espontáneo que he desarrollado, se ha transformado tomando una identidad particular al formarme en las ideas narrativas. Desde estas ideas he resignificado algunas prácticas, modificado otras e incluido nuevas formas de tratar los relatos al llevarlos a escena. Esto continúa para mí como un trabajo en proceso en el que reflexiono y exploro, así que dejo aquí algunas de las ideas y experiencias que he ido decantando.

Deconstruyendo el teatro
Comienza la función. Al poco andar se invita a las personas a entrar al escenario, a tomar los elementos con los cuales escenificar, instru-

mentos musicales y telas en manos de lxs niñxs, mujeres y hombres que están en la función. El público se cruza con los actores y actrices, se saludan, se conocen, se rompe la distancia entre ellxs y nosotrxs. Se invita en la acción a deconstruir los discursos dominantes del teatro, sobre el espacio del público, el lugar de sus cuerpos en el escenario. Luego, al avanzar la función, la dramaturgia se genera desde el público, se ponen esos relatos en escena, el narrador/a participa activamente en cada momento en la producción de las escenas que surgen desde sus relatos, incluso en buenos días, las personas del público suben al escenario, se hacen parte de la escenificación y ponen sus cuerpos más allá de los lugares que el discurso dominante del teatro deja en asientos y butacas.

Encuentro entre comunidades

Lo que sucede en las funciones está sostenido por un encuentro de comunidades, por una plataforma de colaboración y creación que se construye entre la comunidad que es la compañía y la comunidad que es el público, y esta puede ser una comunidad en sí: un grupo de personas que comparten algo, por ejemplo, el lugar donde viven, una experiencia o característica común o que simplemente se junten en ese espacio en este momento. Este encuentro entre comunidades es lo que sostiene y facilita el circular de historias. La compañía se hace comunidad y se relaciona con otras comunidades.

La comunidad que conformamos como compañía tiene sus formas de ser parte, de relacionarse, sus lenguajes y prácticas. De lo compartido surge una complicidad que se manifiesta en una estética y una ética común que orienta nuestro trabajo, complicidad desde la cual construimos el encuentro con otras comunidades. Sin ese encuentro veo difícil que la función tenga sentido, ni que se dé la posibilidad de escenificar historias honrándolas.

La función de teatro espontáneo como documento colectivo

En lo que hacemos, la puesta en escena de los relatos que realizan los actores y actrices puede ser asimilada con la creación de un documento colectivo (Denborough, 2008). Los documentos colectivos logran su sentido, en parte, por las resonancias que producen cuando son leídos o escuchados. Para esto es importante recoger las metáforas e imágenes de lo dicho. La función de teatro espontáneo como documento, es de una enorme fuerza estética, cada escena, cada gesto, invita a una posibilidad de reconocimiento de la historia relatada. El teatro espontáneo, sus funciones y escenas tienen la potencia de ser un documento que se realiza en vivo, de forma instantánea y con la participación abierta de lxs narradores ante una audiencia de otrxs que desde sí mismxs participan en la vida de quien, por un momento es el/la protagonista de la función, a través de su historia. (Chico y Estrada, 2010).

La renarración y enriquecimiento de las historias

La puesta en escena que realizamos con el teatro espontáneo y el contexto que genera para los relatos puede mirarse desde los ojos de las prácticas narrativas como un momento de enriquecimiento de historias. Un espacio comunitario donde las historias son enriquecidas desde la posibilidad de ser puestas en escena. Ya que todas estas historias pueden ser contadas, el contexto está abierto para que cualquiera relate. Los y las partícipes del público se van con la certeza de que sus historias también pueden ser puestas en escena. Es ahí donde el teatro espontáneo se vuelve dignificador de todas las historias, les vuelve a dar un lugar de existencia y visibilidad aún cuando no fueran escenificadas, enriqueciéndose también los relatos silenciados, aquellos que no son relatados en la función. Los miembros del público que no cuentan su historia, habitualmente piensan o se preguntan: ¿qué podría relatar?, o ¿cómo sería llevado a escena? (Chico y Estrada, 2010).

He reflexionado y tengo presente de manera muy especial, el circuito de renarraciones al que invita la ceremonia de definición (White, 2002; Latorre, 2013), como forma de enriquecer los relatos en las funciones. Es así como creo que en la invitación al narrador/a a relatar ante la audiencia, se da una primera renarración que es enriquecida por las preguntas del director/a al traducirlas en lenguaje escénico; la escenificación de los actores y actrices se considera como otra renarración que contribuye al relato oral y la vuelta al narrador/a puede darnos luces sobre dónde estaba su historia o los ecos resonantes de lo presenciado. Esto, sin considerar la posibilidad de que las siguientes historias para ser representadas durante la función, sigan resonando y sean renarraciones de la historia relatada.

Lealtad versus fidelidad

No buscamos lograr "alta fidelidad" en nuestras escenificaciones. No buscamos la representación mimética, la exactitud con lo relatado. No intentamos ser "fieles" al relato. El relato ya fue contado; el narrador/a deja su experiencia vivida en la historia, nuestra búsqueda es ser leales con las historias narradas, leales para producir versiones, para poder traducir ese relato en lenguaje escénico, corporal, poética del movimiento y las formas. Lealtad para ser sincerxs, auténticxs y poder dar una versión de lo escuchado.

Sabemos que la escenificación lograda es una posibilidad de las múltiples formas de contar esa historia y que las escenas que esbozamos no dan cuenta de toda la experiencia del narrador/a. Por lo cual, preguntas que hemos realizado desde hace mucho, desde las ideas narrativas toman más sentido, como indagar hacia el final de la escenificación: ¿qué de esto es tu historia?, ¿dónde o en qué momento de la escena estuvo tu historia? La experiencia nos muestra que las personas reconocen un gesto, una palabra, una mirada en donde habitan las historia que querían honrar.

La espontaneidad se entrena

Nos juntamos cada semana para entrenar, para salir del lugar común, para darle oportunidad al cuerpo de visitar otras formas de expresarse, que no sean las formas automáticas y autómatas que favorecen las costumbres y las situaciones hegemónicas. La espontaneidad, que pensamos como el puente a la creatividad, se entrena. No es algo que surge naturalmente sino que se vuelve un oficio. Nos volvemos artesanos de la espontaneidad, esforzándonos en llegar lejos de la sonrisa de tv y la tristeza de novela. Buscamos dar la posibilidad a que los relatos se multipliquen en posibilidades de escenificación.

Eso es algo de la dimensión micropolítica de nuestro hacer, entendemos que en la escucha y escenificación de relatos de las personas no podemos quedarnos afuera de los órdenes dominantes. Que existe una idea dominante de cómo se construyen las historias y cómo deben ser contadas, por ejemplo: el final feliz al estilo de las películas de Hollywood; o la tendencia a situar en determinado lugar del escenario a los hombres, y en otro a las mujeres; que las historias de resistencia política se cuentan de una cierta forma; que los

niños son tiernos, etcétera; con estos elementos convivimos y tratamos de estar atentxs a la forma en cómo los reproducimos en nuestra
escucha y escenificación. Nuestro intento es no ser ingenuxs ante estas representaciones dominantes y buscar alternativas para ofrecer en
la escena, para facilitar dar riqueza a los relatos.

Entrevista con intencionalidad narrativa

En el momento de la entrevista, desde el rol de dirección —lugar
de quien cumple la función de preguntar al narrador/a del público
sobre su historia que será llevada a escena, intenciono mis preguntas desde la ideas y prácticas narrativas. Mis preguntas merodean
las historias preferidas de la personas; intento darle espacio al sentido de contar esta historia frente a esta audiencia; intento relevar
qué es lo valorado por la persona en la narración que nos relata, lo
preciado de las mismas, lo que encarna el presentarla en esta función y su significado traerlo a este encuentro. Busco que la persona
tenga el poder de negociar cómo quiere que sea contada su historia
para que al llevarla a escena honre su relato. Buscando que al hacer
la traducción del relato a la escena, la historia salga enriquecida.

Algunas de las preguntas que comienzo a utilizar son: ¿qué estás
honrando al contar esta historia… en este momento… frente a esta
audiencia?, ¿qué es lo que valoras de esta historia? Dirigiéndome
a la audiencia: ¿a dónde nos lleva esta historia… qué resonancias
abre? Al generar la traducción, comparto con la persona que narra,
la edición de lo que quiere ver: ¿así está bien contada tu historia?,
¿quieres modificar algo, agregar, cambiar?, ¿qué no podría faltar
para que fuese tuya? Al cerrar la entrevista intento junto con quien
narra, darle un título a la escena que tenga asociado el valor que se
releva en el relato.

Algunas puestas en prácticas, relatos de un par de escenificaciones de historias dadas en diferentes contextos de funciones

Función para terapeutas y las personas con quienes trabajan, septiembre 2013 Talca[6]

Pregunto, desde el rol de dirección: en qué sensaciones está el público luego de observar la escenificación de un relato. Una participante, Ana, señala que: "ambas historias (anteriores) le generaron angustia... (mi) emocionalidad favorita". Nos cuenta que para ella, a las historias les faltó un final feliz. Indago sobre cómo es que ella concibe la felicidad y la angustia. Ana nos cuenta que la felicidad la reconoce como "amor" y que la angustia la ve "desde afuera como que la estrangula", "la imagino como una mano que me aprieta". Le pregunto a Ana cómo es que el amor ayuda a alejar a la angustia, me responde el "amor familiar es lo más importante para superar cualquier angustia, pues la visualizo como superación y compromiso". Pregunto si esto lo podríamos llevar a escena, acepta, le pido que me cuente cómo es esto de que la angustia la estrangula, la aprieta, y cómo el amor la ayuda a superarla. Edito lo que me relata, le pregunto si quiere hacer algunos cambios y luego les entrego la historia a los actores y actrices para ser puesta en escena. Una de las actrices elegida por Ana la personifica y otro actor, que también es elegido por ella, personifica la angustia. La escena muestra cómo es este momento de sentirse estrangulada y cómo una de las manos de la protagonista se transforma en el amor, que la saca del estrangulamiento. Ana mira entusiasmada y al terminar la escena, se manifiesta conforme con lo escenificado. Luego pregunto a la audiencia cómo resuena con la historia de Ana, ¿a dónde lxs

---

[6] Cuidad de la zona centro sur de Chile.

lleva? Gaby (parte del público) interviene pidiéndole a Ana si puede facilitarle su mano para sacar su angustia. Si se la puede prestar. Le pedimos autorización a Ana y acepta. Le pregunto a Gaby cómo se daría esto y le entregamos la escena a las actrices y actores. Se representa la escena donde entra una actriz que personifica a Gaby y aparece la mano de Ana ayudando a combatir la angustia de Gaby. Al final de la escena Gaby comenta que: "luego de la escena me voy con que la angustia no era mía". Ana añade "sentirse agradecida ahora por el sentimiento angustia", pues piensa que puede quererla un poco, pues ahora la sensación de angustia se le hace más amena, menos temerosa luego de haberla visto en escena.

Función Monitoras del Programa de apoyo a maternidad y paternidad adolecente junio 2012 Santiago[7]
Los actores y actrices de la compañía están en posición de escucha mientras el director entrevista a la narradora, la audiencia aún emocionada y con nostalgia de la historia anterior escucha este relato:

> …yo me acuerdo que mi padre murió cuando yo era muy chica… durante dos años no recibimos nada… No, nada, no sabíamos qué era Navidad y año nuevo tampoco… después, con mi papá fallecido me regalaron una muñeca y ese fue el regalo más lindo que recibí no me he podido olvidar de eso… lo más que recuerdo es que nos llevaron a una casa… a buscar las bolsas, era una bolsa en la que venían varios juguetes con el nombre de uno… con mi mamá. Mi mamá iba un poco molesta pero me acompañaba… porque la hacían perder tiempo. Cuando estábamos en la casa. Llegábamos tomábamos la

---

[7] Cuidad capital de Chile.

bolsa y nos llevaban al tiro[8] para la casa y ahí entregaban los juguetes y después la abro... Era una muñeca así (hace gesto) con las manitas hacia arriba nada más, eran blancas, nada más. Movía los brazos, la cabeza y nada más.

La escena muestra al padre que se va, se difumina delicadamente. La protagonista se va a dormir temprano y no pasa nada. Luego la madre y la protagonista camino a buscar a esa casa los regalos, la mamá de mala gana le entrega los regalos, van a la casa y se encuentran con esta muñeca y esta muñeca empieza a dormir con ella y la acompaña. Los actores y actrices se detienen, se silencia la música y el público resuena con la emoción.

Así se da nuestra práctica, esto es algo de lo que hacemos, intentamos desarrollar la integración entre el teatro espontáneo y las prácticas narrativas. Buscamos volverlas ideas y acciones útiles para el trabajo con personas y comunidades. Esto aún es un trabajo en proceso, un escenario abierto a la conversación para que se enriquezca.

BIBLIOGRAFÍA

Boal, A. (2009). *Teatro del oprimido*. Barcelona: Alba editorial.
Chico, C; Estrada, M. (2010). *Los relatos de la audiencia de una función de teatro espontáneo. Una aproximación desde la Terapia*

---

[8] Al tiro: chilenismo que podría traducirse como inmediatamente.

Narrativa. Tesis de maestría no publicada. Universidad Mayor, Santiago, Chile.

DENBOROUGH, D. (2008). *Collective Narrative Practice. Responding to individuals, groups, and communities who have experienced trauma.* Adelaide: Dulwich Centre Publications.

FOX, J. (2009). *Act of the servive. Spontaneity, commitment, tradition in the nonscripted theatre.* Nueva York: Tusitala.

GARAVELLI, M. E. (2003). *Odisea en la Escena.* Córdoba, Argentina: Brujas.

LATORRE-GENTOSO, Í. (2013) .Terapia narrativa: algunas ideas y prácticas. En F. E. García Martínez (Comp). *Terapia sistémica breve. Fundamentos y aplicaciones.* (pp. 97-142).

MORENO, J.L. (1993). *Psicodrama.* Buenos Aires: Hormé.

WHITE, M. (2002). *Reescribir la vida. Entrevistas y ensayos.* Barcelona: Gedisa.

WHITE, M. (2002). *Re-comprometiéndose con la historia: Lo ausente pero implícito.* Recuperado el 15 de octubre de 2013 desde http://pranaschile.org/articulos-y-traducciones/

Conversaciones de externalización

CON UN JOVEN SANCIONADO POR LA LEY DE RESPONSABILIDAD PENAL ADOLESCENTE

Luis Leighton

Mi texto gira en torno a lo que fue el proceso que vivimos juntos con Daniel. Está hecho a partir de extractos de las conversaciones que sostuvimos, así como las principales reflexiones que tuve e incluí en el trabajo que presenté para obtener el grado de magíster en Psicología Clínica, mención en terapia constructivista y construccionista en la Universidad de Valparaíso.

En primer lugar en mi trabajo, quise levantar una propuesta alternativa a los métodos y modelos de intervención utilizados actualmente en los Centros de Libertad Asistida y Libertad Asistida Especial; dichos métodos establecen, en forma resumida, que existen elementos internos en el joven que le movilizan al actuar delictivo, siendo algunos de estos elementos de carácter estático e invariable, ante lo cual l@s interventor@s (delegad@s de libertad asistida, simple o especial) deben trabajar orientad@s a reducir la posibilidad de que l@s jóvenes reincidan.

Esta forma de trabajar, puede, a mi parecer, tener el efecto de apuntalar y recrudecer las condiciones mismas que generan las problemáticas a resolver, pues se hace caso omiso a la situación social en la cual el delito está enmarcado. Como un primer precedente pienso que a la fecha la ley de Responsabilidad Penal Adolescente ha requerido de nosotr@s, profesionales de las ciencias sociales, como ejecutor@s de sus sanciones, sin embargo en toda la construcción de la normativa y creación de orientaciones técnicas de trabajo e intervención, no han sido consideradas las voces de l@s protagonistas que son l@s adolescentes, pues desde variados marcos teóricos se han construido distintas —y en ocasiones contradictorias— explicaciones del por qué de los actos delictivos, sin embargo han olvidado lo que tienen que decir l@s jóvenes desde su propio ámbito de conocimiento.

Desde las prácticas narrativas quise exponer y reflexionar en mi trabajo respecto a la construcción de mundo de l@s jóvenes, nombrados por el sistema judicial como "infractores de ley", y hacer explícitos los discursos culturales dominantes por los cuales ell@s rigen sus vidas, pero a la vez dar a conocer los valores y la toma de posición que hace —en este caso particular Daniel, de estos discursos como una forma de levantar su propio mundo y lenguaje, tomando en cuenta que es un otro que "conoce", y que ese conocimiento es el que ha ido configurando su mundo y su forma de actuar en él, lo cual debe ser respetado.

A Daniel lo conocí aproximadamente a finales de septiembre del 2013, y tras varias conversaciones establecimos un estilo de relación que nos permitía conversar de diversos temas con mucha confianza. Un día tuve la posibilidad de ir hasta su casa, ubicada en la población Juan Pablo II, el campamento más antiguo y grande de Chile, en el sector de Lo Barnechea, Región Metropolitana de Chile (este campamento está inserto en el límite sur de uno de los sectores más acomodados en términos económicos del país). Me acuerdo era un día frío, de mañana. Daniel vivía en la casa que quedaba al fondo de un pasaje. Comenzamos a caminar juntos y a conversar, reflexionábamos del mundo y una frase que me dijo y me impactó fue: "mira Luis al frente (cruzando la calle, al otro lado del campamento), mientras uno vive así, los ricos están allí comprando autos de lujo". (Frente al campamento, se encuentra una concesionaria de automóviles cuyo valor promedio está cercano a los 12 millones de pesos chilenos, el ingreso mínimo mensual actual es 241 mil, equivalente al 2% del valor del vehículo promedio que se vende en el sector), y luego me dijo: "pero no es necesario que mire al otro lado de la avenida (Av. La Dehesa), levante la vista nomás". (Arriba, dentro del mismo campamento, había una gigantografía promocionando el lanzamiento del nuevo celular de la marca de "la manzana"), me dijo: "¿para qué hacen eso? Quieren que uno ande puro robando si con dos sueldos completos igual no me compro ese celular ni cagando". Esa mañana y esa conversación me impactaron hasta el día de hoy. El hecho que un joven atribuyera a un factor externo, lo que movilizaba en su entender el delito, facilitó que decidiera utilizar la técnica de externalización propuesta por Michael White y David Epston y que juntos viésemos qué podía surgir de aquello.

Fueron seis meses de sesiones semanales, con una duración promedio de una hora cada una, en las que siguiendo el mapa de externalización propuesto por Michael White, fuimos conversando. En relación al aspecto teórico que sustenta este estilo de intervención, las prácticas narrativas se basan en la analogía del texto: "considerando la interacción de las personas como la interacción de los lectores respecto de ciertos textos" y sumando que "para entender nuestras vidas y expresarnos a nosotros mismos, la experiencia debe relatarse" (White y Epston, 1993). La importancia de la incorporación de la analogía del texto es que según plantea Bruner, la interpretación de las actuales circunstancias vitales cambian radicalmente con la generación de nuevos relatos, lo cual propondría una historia y un futuro alternativo llevándonos a considerar: "que las personas organizan su experiencia y le dan sentido por medio del relato, y que la construcción de estos relatos expresan aspectos escogidos de su experiencia vivida." (White, M. & Epston, D. 1993). Estos autores además, plantean que son los relatos que viven las personas los que determinarían su interacción y organización, por lo cual esos mismos relatos serían constitutivos, pues moldearían las vidas. Ahora bien, los relatos que rigen la vida de las personas están enmarcados en un contexto social más amplio, por lo cual la analogía del texto "no sólo nos proporciona un marco que nos permite tener en cuenta el contexto sociopolítico de las personas cuyas vidas están situadas en muchos textos, sino que nos permite también estudiar la acción y los efectos del poder sobre la vida y las relaciones. Estos relatos más amplios en los cuales están insertos o enmarcados los relatos de las personas, son llamados discursos o relatos dominantes, los cuales son definidos como aquellos relatos que "no dejan espacio suficiente para la representación de las historias preferidas por la persona" (White y Epston, 1993). Considerando los planteamientos de Foucault, quien propone la existencia de "verdades normalizadoras que configuran nuestras vidas y nuestras relaciones" y "que estas verdades, a su vez, se construyen o producen en el funcionamiento del poder (Foucault, 1979). Por otro lado, según proponen las prácticas narrativas, existen "aspectos significativos de la experiencia vivida que contradicen las narraciones dominantes", por lo cual al intervenir es necesaria la "identificación o generación de relatos alternativos que le permitan representar nuevos significados, aportando posibilidades más deseables que las personas experimenten como más útiles, satisfactorios y con final abierto". (White y Epston, 1993). Mediante la exploración y generación de aspectos de la experiencia vivida que contradigan los relatos dominantes, surgen eventos llamados "acontecimientos extraordinarios" los cuales según White y Epston incluyen "toda la gama de sucesos, sentimientos, intenciones, pensamientos, acciones, etcétera que tienen una localización histórica, presente o futura, que el relato dominante no puede incorporar" (White y Epston, 1993).

Dentro de mis objetivos, no estaban el medir ni verificar la efectividad de un modelo específico para la intervención con jóvenes que infringieron la ley, sino simplemente lograr darle voz a Daniel. Al mismo tiempo yo quería comprender la forma en cómo entendía Daniel el mundo en el cual transitaba. A continuación presento un resumen de lo principalmente conversado.

Dar cuenta de los discursos dominantes internalizados por el joven que han guiado su actuar

En relación al primer objetivo que nos trazamos, al ser preguntado respecto de la idea que ha estado detrás de su actuar, relacionado a conductas transgresoras, Daniel me cuenta que la idea de "hay que tener más", (*si yo hago esto es porque hay que tener más en la vida, todo se resume como en eso*); planteando que aquella idea le exigía el realizar ciertas acciones, entre las que destaca "Pagar la olla" (*había que pagar la olla, así que como tenía un dato, había que puro aprovechar, no me refiero a la olla de comer, osea es como tener el dinero para poder hacer mis cosas…*), "Renovar" (*como que hay que renovar las cosas siempre*) y "mantener la ficha" (*tenía que hacerlo, hay que hacerlo, uno no puede andar de flaite[1] por la vida, la olla, y también uno tiene que mantener la ficha"*). Estas conductas darían cuenta de que, según lo descrito por Daniel, existirían ciertas acciones y conductas que deben ser reali-

---

[1] *Flaite* es el joven que roba mediante lanzazos, que anda generalmente mal vestido, con mala higiene, roba sólo para sobrevivir un día más, dichos robos no son planificados.

zadas para poder responder a la idea que moviliza el actuar, siendo de esta forma, la idea de "tener más" una narrativa dominante, en palabras de White.

Dar cuenta cómo los discursos dominantes han cobrado relevancia en la vida del joven

En la medida que avanzábamos en las sesiones con Daniel, conversamos sobre los contextos en los cuales la idea que él reconoce como movilizadora de su conducta delictiva fue cobrando importancia para sí mismo. Daniel definió dos grandes focos de influencia sobre la idea, dichos focos de influencia, son lo que en palabras de White y Epston (1993) "el contexto o entorno" en el cual las personas transitan, "trazan influencia sobre el problema, sobre las ideas, vidas y relaciones", por lo cual es necesario "introducir preguntas que animan a las personas a rastrear la influencia de las narrativas dominantes sobre sus vidas y relaciones", (White, M y Epston, D. 1993). En primer lugar surge la gente conocida, y de aquí separa la influencia que su padre ha ejercido para que la idea cobre fuerza (*Recuerdo una vez cuando chico, mi viejo me decía que uno tenía que hacer todo lo posible por tener más*) y la influencia que sus amigos han tenido para validar aquella idea (*típico, el que anda con la prenda nueva, el que tenía las monedas para invitar al copetito en el carrete, el que se ponía con* la maría[2]*, era el que agarraba con la mina*[3] *que quería*). Daniel, si bien señala que personas conocidas son de gran influencia para que aquella idea cobrase fuerza, también el contemplar las realidades externas permitieron que dicha idea se estabilizara como una realidad para sí mismo. Relacionado con lo que Daniel observaba en

---

[2] Marihuana

[3] Agarrar con la mina: expresión chilena que se refiere a conseguir algo sexual con una mujer.

el exterior, señala que comparar realidades influye para que la idea cobre fuerza *(uno levanta la vista y cachay que uno está viviendo en un campamento donde se te mete el frío, donde con* cuea[4] *pasa la micro cada media hora, llena, y pensar que hay gente que si quiere ir a un lado se sube a su auto y llega en veinte minutos, corta)*, a su vez, añade que los desconocidos que observaba en el Mall también influyeron, *(el tipo que se notaba tenía* lucas[5], *como que era más feliz, andaba con la mina que parecía modelo, le compraba cosas, se compraba cosas, yo cacho que hasta al perro le compraba cosas, tenía cara de relajo máximo, como de ser un winner por la vida)*. Finalmente Daniel señala un tercer elemento externo que influye en la idea principal: la publicidad, *(aparte es cosa de ver la tele, todo el rato la propaganda del auto nuevo… es como normal)*.

Dar a conocer la caracterización que el joven realiza del problema. "El padrino" y "El bichito"

Al buscar caracterizar la idea que Daniel señala como movilizadora de sus conductas, siguiendo con la lógica de la externalización, Daniel realiza dos caracterizaciones en distintos momentos de la intervención, que describen el carácter y el tipo de influencia que la idea cobra y tiene para ejercer su poder sobre las personas, en palabras de Foucault (1979), "nosotros experimentamos sobre todo los efectos positivos y constitutivos del poder", constituyéndose éstos como "verdades normalizadoras que configuran nuestras vidas y nuestras relaciones." (Foucault, 1979, citado en White y Epston, 1993). En primer lugar Daniel la caracteriza como la película *El Padrino*, señalando la idea de "tener más" cobra dos formas, en

---

[4] Suerte

[5] Dinero

primer lugar como el "viejo Padrino" (*cuando me dan ganas de salir a robar es como si una voz calmada, pero así como áspera. Es como un mafioso bien vestido en las sombras*), al mismo tiempo señala que toma forma de "ayudantes del Padrino" (*son pequeños y flacos, como enojados, es como esos ayudantes que tiene el mafioso, de esos flacos enojados que te hacen la mente*).

A su vez, en otro momento del proceso de intervención, Daniel caracteriza a la idea de "tener más" como un "bichito", (*si lo pienso en lo del Mall es como un bichito* [...]*es como la misma persona pero que cambió de cuerpo es chico, como verde con azul, es como un escarabajo bonito, de lindos colores, y eso lo hace malo, porque es llamativo*). Daniel diferencia ambas caracterizaciones en su relato, según el tipo de estrategias que, señala, utilizan para influenciar y

Viejo Padrino.   Ayudantes del Padrino.

hacer que cobre fuerza, refiriendo que al ser considerado como un "mafioso", es cuando debe, por obligación salir a ejecutar delitos, en cambio cuando toma forma de "bichito" hace alusión a la tentación que vive, refiriendo a la atracción que provoca la idea de robar en él en algunas ocasiones y que hace que resistirse le sea difícil.

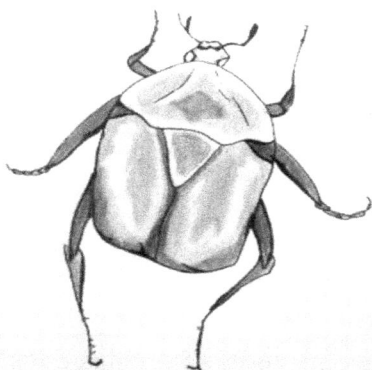

El "bichito".

Dar a conocer los efectos que ha tenido el problema en la vida del joven

Durante el proceso de paso por el mapa de externalización, pudimos realizar un análisis de los efectos que ha tenido en la vida de Daniel. Al respecto separa en tres categorías los efectos que ha vivenciado y a su vez, estas categorías poseen en sí mismas subcategorías. En primer lugar, señala identificar efectos a nivel personal, entre las que destaca consecuencias físicas *(Un par de veces casi me atropellan por ir arrancando, no vi. Una vez un loco en la calle se defendió y me agarró a combos* [...] *estaba el viejo que tenía la pistola y me disparó a mí y a mi amigo)*, y consecuencias emocionales *(sí, separa, angustia y te deja esclavo)*. Una segunda categoría son los efectos que produjo en relaciones significativas, las cuales divide en nivel de relaciones familiares y relaciones de pareja, que en común le llevan a reconocer en terceros, el sufrimiento provocado por sus acciones *(afecta a los seres queridos, la familia como que igual se duele, mi polola igual sufre)* y relaciones de amistad *(mi amigo, se llamaba Julio, murió cuando se daba a la fuga en una moto, chocó)*.

Dar a conocer la evaluación que el joven hace respecto de los efectos del problema

Durante las primeras sesiones, particularmente al realizar una primera evaluación respecto de los efectos que fueron expuestos, Daniel realiza una evaluación de dos tipos, señalando aspectos positivos y negativos de acción en las conductas que la idea externalizada solicitaba *(ambas, es bueno y malo al mismo tiempo, después de lo dulce viene a veces lo amargo)*, en relación a los aspectos positivos, Daniel me contaba que las consecuencias son resultado de estar participando en actividad delictiva, y señala que lo positivo viene dado en que es el medio por el cual se puede lograr las metas que "la idea" propone *(bien, si así funcionan las cosas, uno debe hacer lo necesario pa' lograrlo)*. Durante el proceso en el que mantuvimos conversaciones de tipo externalizadoras, y en distintas oportunidades hablamos y evaluamos los efectos de la idea de "tener más" en su vida, cerca del final del proceso, Daniel realizó una evaluación de los efectos a nivel individual y efectos a nivel familiar. A nivel individual, Daniel realiza otras subdivisiones, en primer lugar refiere una evaluación negativa respecto de aspectos personales, destacando el cansancio como principal consecuencia negativa experimentada por sí mismo tras perseguir las metas que el problema caracterizado prometía *(es como cansador, porque uno nunca logra tener más, o sea, podís tener más, pero siempre se puede más)*. La segunda subdivisión que señala, son las consecuencias negativas experimentadas en términos legales, siendo el principal hito referido el terminar con una sanción *(mal, porque terminé en esta sanción)*. A su vez, Daniel hace una evaluación en relación a sus figuras significativas revisando primeramente como un efecto negativo la eventual separación que tendría que vivir en caso de caer preso *(te separa de quienes quieres... me separa de mi mamita,*

de mi hermano, de la Pascal, de mi polola) y también señala preocupación y el dolor emocional que él reconoce que tanto su madre
y abuelo experimentaron producto de su detención *(yo creo que lo
que más afecta es la relación con mi mamá, a ella es a la que más le
duele... mi taita también me dice que sufre de verme en esta)*, y a su
vez imagina un hipotético escenario en el cual perdiese su libertad
respecto de lo que experimentarían sus hermanos menores, lo cual
también hace una evaluación negativa *(no quiero que mis hermanos
tengan que ir a verme a la cana como yo a mi viejo)*. En relación a
la experiencia vivida por su padre, Daniel señala que observa un estado de sin retorno *(mi viejo, como que él no tiene vuelta atrás)*, eva-
luando negativamente también el nivel de compromiso que genera
el estar en servicio de dichas ideas *(está terrible metido... por un
lado tiene consumido a mi viejo)*.

Dar cuenta de la posición que toma el joven ante los efectos del problema

En relación a la invitación a tomar una posición posterior de evaluar
los efectos que ha tenido el problema sobre la vida, y que permite:
"adoptar una postura ante el problema, generando una narrativa
rica y más apegada a la experiencia, que permita establecer una
relación diferente con el problema" (Payne, 2002), Daniel durante
un momento inicial de las conversaciones de externalización, señala
que no existen posibilidades de acción distintas a las que ha venido
ejecutando, refiriendo que es la forma en la cual el mundo funciona
(es lo que hay...) señalando que si bien existen otros objetivos que
le gustaría lograr, en términos concretos no son una posibilidad a
ejecutar según lo que señala *(igual me gustaría estudiar, intentarlo
por el otro medio, por el legal, pero si no resulta, hay que seguir en
la misma)*. Al profundizar en las conversaciones, aún en un tiempo

inicial del proceso, Daniel refiere querer dejar las conductas que ha
venido realizando a la fecha, sin embargo atribuye a la idea externalizada, una fuerza que le supera y le gana *(igual me afecta y quiero
dejar esto, como que El bichito me gana)*.

Al avanzar en las conversaciones, éstas se caracterizaban por un
tono emocional de frustración y cansancio por Daniel, rasgos que
eran minimizados por él mostrando una imagen de fortaleza y convicción en relación al delito, sin embargo el tener la idea externalizada,
permitió la exploración de Daniel en una nueva posición respecto
de su conducta delictiva y respecto de la idea externalizada, en la
cual explicita el deseo de desistir de su conducta delictiva, argumen-
tando tres movilizadores para poder realizar aquello. Al analizar los
movilizadores, se ven reflejados valores que emergieron mediante la
evaluación de los efectos del problema, de estos se destacan en Daniel
principalmente su preocupación por su familia *(me di cuenta que
me importan más mis hermanos, soy como un papá chico... me di
cuenta que me importan los míos... igual ahora voy a ser papá de
verdad)*. El segundo movilizador que lo llevó a tomar una posición
en contra del delito fue el decir que no se dejará influenciar *(al pen-
sarlo como a un mafioso, te envola, te cuentea con la ficha, para que
uno crea, pero es mentira)*, y finalmente señala su propia motivación
por querer cambiar, *(todo esto me ha hecho pensar en si vale la pena
arriesgarse y terminar como mi viejo y unos amigos... quiero ver de
hacer algo diferente ahora, se va a sorprender)*.

Reflexiones

Existe actualmente en Chile un modelo que se basa en la socioedu-
cación, que toma como principal referente un modelo basado en
aspectos abordados desde la modernidad como lo es la personalidad, estableciendo estrategias de intervención a su vez basadas

en modelos cognitivos conductuales que atribuyen las causas de la conducta infractora a características internas y estables del joven. En esta situación no se pone a consideración que el joven no viene solo al mundo a ejecutar conductas, sino que éstas son expresión de discursos sociales más amplios. Desde el modelo de intervención actualmente validado en nuestro país, se observa un intento por hacer que el joven sancionado, definido como un "delincuente" o "infractor", asimile las normas sociales, se reeduque para ser un miembro adaptado a la sociedad.

Michel Foucault, plantea que "el sistema de valores que se os inculca, ¿qué es, sino un sistema de poder, instrumento en manos de la burguesía? Cuando se os explica que está mal robar, se os da una determinada definición de la propiedad privada, se le confiere el valor a la propiedad que la burguesía le otorga". (Foucault, 2010). La relevancia de reflexionar respecto de la forma en la que cada un@ de nostr@s trabaja o conversa con el otr@, el descubrir que muchas veces no prestamos atención al hecho de que la realidad social se construye a través de las interacciones, validadas por el contexto en el cual cada uno de nosotr@s nos desenvolvemos, pudiendo ser precisamente quienes intervenimos en factores que contribuimos a saturar aun más los relatos que los jóvenes traen consigo y que permanecen invisibilizados, tanto en sus aspectos positivos como negativos, es decir, es otra forma del ejercicio de poder.

El posicionarnos desde una epistemología socioconstruccionista, al considerar una propuesta narrativa, pudiera parecer una apuesta arriesgada y contra la sociedad al hablar de sanciones por delitos cometidos, sin embargo el asumir completamente una visión de un mundo socialmente construido, nos invita a considerar al otro como producto de las distintas relaciones en el lenguaje que ha experimentado y que le han permitido, parafraseando a White y Epston (1993) narrarse a sí mismo de una forma determinada, con posibilidades específicas de acción (p. 27). Validar este hecho nos llevará, en primer lugar, a dejar de entender que las conductas ejecutadas, en este caso delitos, son producto de características internas estables, sino que de una manera alternativa nos hacen considerar el contexto en el cual esta conducta fue construida y validada, permitiendo a su vez ir a conocer genuinamente al otro y validarlo como otro legítimo, pues, "si aceptamos que las personas organizan su experiencia y le dan sentido por medio del relato, y que la construcción de estos relatos expresan aspectos escogidos de su experiencia vivida, se deduce que estos relatos son constitutivos y modelan las vidas y las relaciones" (White y Epston, 1993). Aproximarse en la intervención con un joven que está sancionado por la Ley de Responsabilidad Adolescente, desde las prácticas narrativas, particularmente desde la técnica de externalización, permitió que "la interpretación de sus actuales circunstancias vitales cambiaran con la generación de un nuevo relato que le proponía una historia y un futuro alternativo" (White y Epston, 1993).

BIBLIOGRAFÍA

FOUCAULT, M. (1979). *Discipline and punish: The birth of the prison.* Vol. Peregrine Books. London: Penguin.

FOUCAULT, M. (2010). *Obras Escogidas.* Barcelona: Paidós.

LATHER, P. (1991). *Getting Smart: Feminist research and pedagogy with/ in the postmodern.* New York: Routledge.

MARKEY, C. Y RUSSELL, S. (2009). *Conversaciones de externalización, mapa de toma de posición, preguntas para explorar el contexto externo*. Ejercicio práctico desarrollado para contextos de enseñanza.

PAYNE, M. (2002). *Terapia Narrativa: Una introducción para profesionales*. Barcelona: Paidós.

WHITE, M., Y EPSTON, D. (1993). *Medios narrativos para fines terapéuticos*. Barcelona: Paidós.

ZLACHEVSKY OJEDA, A. (2009). *El lenguaje visto desde Ortega y Heidegger, y la fundamentación filosófica de la psicoterapia conversacional*. Disponible en http://tesis.uchile.cl/handle/2250/108554

Espérame en el cielo corazón[1]

IDEAS Y PRÁCTICAS NARRATIVAS EN UNA HISTORIA DE PÉRDIDA DE LA PAREJA

Irene Salvo Agoglia

> Freud afirma que para que se complete el proceso de duelo es menester que quienes quedan con vida desarrollen una nueva realidad que ya no comprenda, lo que se ha perdido. Pero... hay que agregar que la plena realización del duelo puede restaurar lo que se ha perdido e incorporarlo en el presente. La recordación plena puede ser tan vital para el bienestar y la recuperación como el olvido de los recuerdos.
>
> MICHAEL WHITE, 1997

Quiero compartir con ustedes el trabajo narrativo realizado en torno a la temática de duelo a partir de la historia de Pablo, un consultante que vivenció la pérdida de su pareja y que llegó a consultar en un momento de enorme sufrimiento. A partir de su historia, generosamente compartida y de las conversaciones que sostuvimos inspiradas en la metáfora de decir nuevamente hola (White, 1997), pretendo reflexionar sobre la necesidad de interpelar constantemente nuestros supuestos culturales y premisas disciplinarias derivadas de concepciones tradicionales respecto de los procesos de

---

[1] Canción mencionada como significativa por el consultante durante el proceso terapéutico.

pérdida y duelo y dar a conocer cómo las ideas y prácticas narrativas sobre el duelo pueden resultar liberadoras y esperanzadoras para algunas personas. Junto con ello, intentaré ejemplificar cómo a veces el uso de los medios escritos y otras prácticas narrativas pueden colaborar a engrosar las contratramas terapéuticas.

En el territorio del duelo

Las experiencias de pérdida y los procesos de duelo son, sin duda, una de las problemáticas humanas con las que lxs terapeutxs nos encontramos con mayor frecuencia. En algunas ocasiones, emergen directamente como motivo de consulta, en otras oportunidades se asoman a medida que el diálogo avanza.

Tradicionalmente, la mayor parte de las conceptualizaciones en torno a las experiencias de pérdida y al posterior proceso de duelo, han seguido un *modelo de fases,* entendiendo el duelo como un proceso consecutivo y lineal que sigue una secuencia de etapas similares para la mayoría de las personas. En coherencia con ello, los diversos modelos que asumen esta mirada, orientan el trabajo psicoterapéutico hacia la realización homogeneizadora de diversas tareas y objetivos terapéuticos asociados etapa por etapa a la superación de cada una de ellas.

No obstante lo anterior, durante las últimas décadas, los modelos de corte construccionistas y narrativistas han desestimado la normatividad de la secuencia de etapas para la resolución del duelo y han subrayado que estandarizar el tipo, el ritmo y la intensidad de las experiencias individuales y familiares puede impedir la resignificación terapéutica de un suceso vital tan importante.

White (1997) ha observado que la aproximación psicoterapéutica tradicional busca "decir adiós" o "dejar ir", a través de la realización de tareas que lleven a aceptar la realidad de la pérdida y dejar ir al ausente para encontrar sentido a una "nueva vida". A partir del primer contacto, la persona que ha sufrido una pérdida parece haber perdido también su propio "yo" junto con la persona amada y expone libremente al terapeuta todo lo relativo a los efectos que ésta pérdida ha tenido en su vida, brindando todos los detalles de su sensación de vacío, de falta de valor de todas las cosas y de su sentimiento de depresión. Su desesperación es tal que, a menudo, lxs terapeutas suelen sentirse abrumadxs y sin salida al comienzo de la terapia, debido a que generalmente se ven incitadxs por estas personas a entablar conversaciones de "más de lo mismo" que son activadas por la metáfora del decir adiós (White, 1997). Frente a esto, White (1997) sostiene que la incorporación de la relación perdida resuelve problemas definidos como "duelo patológico o demorado" y permite que la persona llegue a establecer una nueva relación consigo misma, llegando a tener una actitud hacia sí de mayor aceptación, bondad y compasión. Incorporar la metáfora de decir "hola" no necesariamente es contrario a la utilización de la metáfora del decir "adiós". Existen muchas cosas a las que se deben decir "adiós", incluso a la realidad material y a muchas esperanzas y expectativas. Al parecer, el proceso de duelo es un fenómeno en el que hay que "decir adiós luego decir hola".

Nuestro amor es tan grande y tan grande que nunca termina

Pablo tiene cincuenta años cuando solicita ayuda psicoterapéutica debido a lo que rápidamente etiqueta como un "duelo patológico". Su motivo de consulta inicial se encuentra directamente relacionado con el diagnóstico realizado desde una perspectiva tradicional, en la que el psiquiatra derivante significa como patológico su proceso de sufrimiento en función del tiempo que lleva con parte de su sintomatología anímica. Un año y medio antes, su mujer, Eva (cincuenta años), había muerto de un cáncer pulmonar fulminante que la tuvo viviendo durante los últimos tres meses de su vida con enormes dolores y molestias respiratorias. Se trataba de un hecho altamente inesperado para Pablo, quien hasta ese momento significaba su vida colmada de plenitud.

Pablo y Eva habían disfrutado de un matrimonio de veintiséis años (en el que tuvieron tres hijos varones de veintiocho, veintisiete y diecisiete años) y una relación "rica y amorosa", que los dos valoraban en muy alto grado. Según el relato de Pablo, él y su mujer compartían un sinnúmero de cosas y afinidades: provenían del mismo estrato sociocultural, durante largos años trabajaron muy relacionados con la Iglesia católica, ella como cocinera de una congregación religiosa y él como funcionario de la misma, lo cual les hacia compartir un espíritu de trabajo común. Pero, por sobre todo, concluía que ambos compartían un fuerte amor por la vida familiar.

Después de la muerte de Eva, el mundo de Pablo se derrumbó. Agobiado por su dolor, desde aquel momento simplemente comenzó a "sobrevivir" como podía, sin experimentar consuelo de ninguna clase (no dormía, bajó considerablemente de peso, no podía levantarse, sufría de fuertes dolores en la espalda y de un prurito constante muy desagradable), desorientado, confuso y ansioso incluso barajaba la posibilidad de poner término a su vida. Fue en ese momento cuando consideró que necesitaba ayuda profesional y primero recurrió a un psiquiatra.

En los primeros encuentros que sostuvimos ofrecí contención y me ocupé de facilitar y validar la expresión de sentimientos considerados negativos desde su narrativa dominante, como la rabia, la tristeza, la culpa, la desesperanza, la impotencia, entre otros. Dada su ideología católica, también consideré fundamental ofrecer un espacio para hacer en voz alta y con una compañía algunos cuestionamientos fundamentales que él se estaba haciendo: "¿Por qué Dios permitió que esto pasara? ¿Por qué Dios separó esto que él mismo unió? ¿Por qué Dios hace sufrir a quien siempre creyó en él?"

Dado que me coordinaba con su psiquiatra y en un principio manifestaba signos de mucho sufrimiento, exploré ideas o deseos de suicidio u otras formas posibles de autodaño y me informé de su sistema de creencias y valores religiosos ante la idea del suicidio. En este sentido para Pablo pensar que al suicidarse no podría reencontrarse en el cielo con Eva, actuó como una importante razón para seguir vivo. La eventual destrucción del hogar en el que pusieron tanto amor con Eva y el daño a sus hijos, constituyó otro argumento de peso. Sin embargo, la fuerte sintomatología inicial de Pablo, requirió mantener por un tiempo la terapia psiquiátrica en paralelo y la indicación de múltiples tareas para que realizara en casa.

Puesto que Pablo llegaba derivado con una atrapante narrativa dominante de: "lo que me pasa es anormal", me concentré en explorar esta narrativa para comenzar progresivamente a deconstruir la idea de *duelo patológico* que terminaba siendo invalidante, con el objetivo de otorgar un carácter de "normalidad" a su proceso de pérdida y sacarlo de la autorotulación y de la pasividad a la que lo arrastraba.

A medida que fue avanzando el proceso, Pablo poco a poco se fue expresando: "Estoy cansado, todo me ha salido mal últimamente, ¿qué es lo que he hecho? ¿Por qué me sucede todo esto? Si Eva estuviera aquí todo sería distinto, juntos enfrentaríamos los problemas? Aquí estoy, en la pasividad, el dolor y el silencio que deja la muerte. "La lluvia empezó simplemente fina, luego comenzó el temporal llevándose lo que nunca imaginé". A poco andar, sumó espontáneamente a nuestras conversaciones un poema que había escrito:

Estoy solo, se juntó el silencio llenando mis sienes, apretando mi alma, dejándome quieto, se juntó todo el silencio y cayó de golpe sobre mi cuerpo, cegando mi vida, dejándome solo, rasgándome fuerte por dentro. Tristeza no te vistas con mi cuerpo, deja mi cuerpo para el propósito que Dios inventó.

Gracias a la capacidad expresiva de Pablo, en estos primeros encuentros pude acercarme a comprender parte de su sufrimiento e identificar algunos recursos que disponía y que podían ser utilizados terapéuticamente, en el caso de que él así también lo quisiera y aceptara[2]. Respecto de la historia de Pablo, es importante relatar que es el menor de cinco hermanos varones y su madre murió un mes antes de conocer a Eva, cuando él tenía diecisiete años y ella quince. A partir de ahí siempre estuvieron juntos y Pablo señala que Eva se convirtió en su todo: "Eva fue mi compañera, mi amante, mi amiga y también, como una madre". Este elemento de su historia me ayudó mucho a conocer el lugar que ocupaba ella más allá de ser su pareja y madre de sus hijos. Fue un elemento que ayudó a enriquecer la singularidad de su sufrimiento a manera de dar terreno a la posterior apertura de narrativas alternativas. La historia que Pablo ha construido del período inicial del pololeo[3] con Eva se resume en el siguiente poema que él mismo escribió:

Qué hermoso fue todo nuestro comienzo...
Estábamos solos, ¿te acuerdas? ¡Solos!
Sobre nosotros la noche,
sobre la noche las estrellas,
en nuestros corazones, el gozo,

---

[2] Ante la propuesta de escribir, Pablo me señaló rápidamente que le gustaba mucho la idea de trabajar de esta forma porque había dejado de escribir alrededor de la adolescencia y sentía que le podría ayudar mucho en su proceso.

[3] Forma en que se denominaba el "ser novios" en Chile.

en tus ojos, mi mirada,

en mi boca, tu aliento.

Entonces callamos,

no sabíamos si la oscuridad nos espiaba o se deleitaba,

fue mágico ese momento, nos embriagó de tal pasión

que hasta el mar se dio cuenta,

—entonces yo te amé, te amé tanto que se cansaron mis piernas,

y tu lloraste, mas yo besé tus lágrimas porque tenía sed de ti.

¿Dónde se fueron?, preguntaste.

Estábamos solos, ¿Te acuerdas?

El viaje de las narrativas dominantes a las alternativas

A medida que Pablo relataba su historia de vida y de pérdida, fue manifestando que se sentía en una situación imposible de modificar. La narrativa que dominaba la vida de Pablo no le ofrecía ninguna salida: su entorno y él mismo pensaba que debía despedirse de una vez de ella, que "tenía que dejarla partir", "decirle adiós". Al mismo tiempo, sentía que si se despedía de ella, la dejaba morir y que negaba parte de su propia identidad e historia, era una especie de traición a ella y a él mismo. Pablo logró expresar de esta forma la trampa de sentirse incapaz de acomodar todo lo que vivió con la idea de "dar vuelta la página" y la rabia que le producía sentirse presionado por su contexto social a hacerlo.

Pablo se sentía obligado a narrar su propia historia de una forma que contradecía su experiencia vivida y su identidad. Por esta misma razón, no le era posible anticipar nuevos acontecimientos y salir del sufrimiento, ya que le faltaban aquellos elementos que legitimaran y dieran un sentido de coherencia y perspectiva a su propia vida. A partir de esto, se colaboró en habilitar a Pablo a deconstruir diversas narrativas dominantes. Una conversación terapéutica no

enjuiciadora y despatologizadora le fue otorgando la libertad para
extrañar a Eva. De esta forma, incentivé aquellas conversaciones y
rituales personales donde podía recordarla y sentir alivio y acordamos incluso un horario diario en el cual realizar dichos rituales, de
manera que se sintiera libre para pensar y recordar y saliera de la
trampa de "olvidar lo inolvidable". Además, a través de preguntas
del tipo: "¿cómo ha hecho esta semana para recordar y honrar a
Eva?", seguimos potenciando la libertad de recordar.

Junto con ello, comenzamos a engrosar la contra-trama narrativa
mediante el diálogo terapéutico y el uso de metáforas y documentos escritos, especialmente la poesía producida por Pablo (White y
Epston, 1993). Comenzamos a explorar y a ampliar nuevas voces,
discursos subyacentes, acallados, subyugados, sometidos, desacre-
ditados, o subdominantes, acontecimientos extraordinarios, aquellas pequeñas grietas que, debidamente ensanchadas en el diálogo
terapéutico, permitieron la entrada de aire fresco en el ambiente
viciado de la narrativa dominante estancada de Pablo. Su participación activa en la conversación terapéutica y el propio contenido
de sus poemas, llevaron a deconstruir paulatinamente las narrativas
dominantes que lo atrapaban y a permitir la emergencia de narrativas alternativas variadas.

De esta forma, Pablo comenzó a sentirse capaz de acomodar
la visión de sí mismo. Además, mostró un tono general progre-
sivo, en el que los acontecimientos narrados en terapia se aproxi-
maban a la meta terapéutica deseada por él a medida que el tiempo
avanzaba. En la nueva narrativa se advertía lentamente un tono de
mayor aceptación y de mayor comprensión de la experiencia de sufrimiento vivida, a la vez que una mayor sensación de control y de
posibilidad de modificación de su situación actual, en definitiva,
de iniciativa activa.

Luego de acceder a estas narrativas alternativas y prestarles la atención que merecían, continuamos engrosándolas en contextos diferentes y más amplios al terapéutico mediante las preguntas derivadas de la metáfora del decir nuevamente "hola" (White, 1997) tales como: "si estuviera viéndose ahora a través de los ojos de la persona amada, ¿qué rasgos de usted mismo podría apreciar?, ¿qué conoce usted de sí mismo que lo hace sentirse animado cuando mantiene vivas aquellas cosas gratas que esta persona conocía de usted?, ¿cómo podría hacer saber a otros que usted ha reivindicado algunas de las cosas descubiertas de sí mismo que eran claramente visibles para la persona que amaba y que a usted personalmente le parecen atractivas?, ¿cómo puede influir en usted lo que ahora sabe de usted mismo en su próximo paso?, al dar ese próximo paso, ¿qué otro rasgo cree que podría hallar que fuera importante que usted conociera?". De esta forma, intenté resaltar los aspectos de la narrativa alternativa más ligada, entre otras cosas, a la iniciativa activa, a una forma narrativa progresiva, a un nivel de conciencia narrativo reflexivo, a una apertura a alternativas, a una visión de sí mismo más bondadosa y, de paso, honrar la historia de Pablo y Eva.

De esta manera, Pablo comenzó a dejar atrás la idea de haber perdido completamente a Eva y consideró que quizás habría maneras alternativas de encontrarse y comunicarse con ella. A medida que se percataba de la multiplicidad de voces sobre sí mismo (y sobre Eva) iba desapareciendo la sensación de "vértigo" que le provocaba pensar que la había perdido de forma absoluta y comenzó casi a parecerle "absurdo" obligarse a olvidar. Acerca de esto él mismo expresó:

En la libertad de saber que puedo recordar, pienso que aunque salga de este trance, nada podrá evitar que yo no te olvide.

Contar, llorar, lavarme por dentro ha sido lo mejor, no fue bueno para mí aislarme, he podido llorar hacia fuera, llorar por dentro me debilitaba mucho.

Existen muchas diferencias con respecto a antes. No es que me esté olvidando de mi mujer, sino que me siento menos angustiado, ya no tengo tanta tristeza.

No me gustaría olvidarla y sé que no lo haré.

Pablo comenzó a decidir cómo recordar de una forma tal que pudiera seguir siendo leal con ella, consigo mismo y con la historia de ambos, pero de manera menos dolorosa e invalidante. Una de las cosas que expresó en este punto fue: "el amor por mis hijos, creo que es la mejor manera de honrarla y mantener vivo su recuerdo".

Como forma de incorporar la voz de Eva en el espacio de terapia, pedí a Pablo que le escribiera una carta en la que le dijera todas aquellas cosas que quedaron pendientes[4], aquello que le gustaba de ella o lo que quería repetirle o contarle de su vida actual. Luego, le pedí que escribiera la carta que Eva le escribiría como respuesta a la suya, como una forma de construir una conversación entre ambos. Pablo llegó con el siguiente poema:

¿Sabes qué me gusta de ti, querida mía? Dije mirándote a los ojos.

Tu nariz cuando te pica anunciando un estornudo.

Tu enojo enamorado cuando te hago rabiar.

Tus instintos boxeriles cuando jugamos (me hacías reír).

Tus labios carnosos esperando los míos.

Tu forma delicada subiendo tu media.

---

[4] Uno de los dolores más grandes para Pablo fue que instantes antes de que Eva muriera no le permitieron entrar a la sala del hospital, situación que lo dejó sin decirle el último adiós y algunas cosas que hubiera querido expresarle.

El aroma agradable de tu cuerpo desnudo.

Tu llegada del sábado por las tardes, porque sabíamos que ahí partiría un comienzo de entrega, reconociendo nuestro tiempo para vivirlo apretado junto a la necesidad de tenernos y comprender que sin ti y sin mí, no descansábamos.

¿Sabes que más me gustaba de ti, querida mía?

Reconocer cada día tu don de mujer, vestida con un corazón hermoso y una sonrisa capaz de traspasar mi mente y anidar allí tu blanco espíritu juguetón.

Muchas cosas me gustaban de ti; algún día te las contaré todas...

Como otra forma de engrosar la contratrama realizamos una serie de tareas y prescripciones post-sesión, tales como revisar la caja de medicamentos e investigar para qué se tomaban cada uno[5], aprender a cocinar algunas comidas que Eva preparaba, almorzar en el casino con sus compañeros, llamar a algunas personas a las que quisiera contarle las cosas de las que se había dado cuenta y los cambios que había vivido durante ese tiempo, etcétera.

El objetivo de estas intervenciones fue resaltar la utilidad de la nueva narrativa de Pablo no sólo como marco de comprensión del pasado, sino como fuente de acciones futuras. El siguiente poema da cuenta de lo que para Pablo fueron significando algunas de estas nuevas prácticas:

Hoy hice pan amasado.
Debo admitir que no me quedó muy bueno,
pero mis hijos me dijeron lo contrario.
Todo lo hago por cariño hacia mis hijos,
de algún modo deseo que lo que comíamos antes

---

[5] Eva era la encargada de la caja de medicamentos antes.

no lo perdamos como costumbre.

Sin querer deseo ser "tú" a veces.

Sólo por creer que estás conmigo,

sentir que tengo aún poder de amarte,

como los demás lo hacen,

bajo una luna cualquiera

o como cualquier luna que ama al sol.

En la sesión Pablo añadió:

Eva está viva en las cosas que hago hoy. Yo estoy vivo en su recuerdo y ella está viva en mí. Cuando vengo para acá siento que ella me acompaña, cuando cuento cuánto nos queríamos, las cosas que me gustaban de ella y las cosas que a ella le gustaban de mí, ella sigue viva y yo puedo seguir viviendo.

Ritual de paso y reciprocidad terapéutica

Como una vía de fomentar la reflexividad en una fase de finalización, pedí a Pablo que redactara una carta sobre qué sentía que había conocido y aprendido de sí mismo y había logrado en el proceso terapéutico y cómo haría que lo que sentía como un beneficio se mantuviera. El elaborar un relato escrito sobre su historia en la terapia contribuyó a externalizar su capacidad de cambio y los factores que habían contribuido a ello. El cierre no fue planteado como el cese de la relación terapéutica desde la metáfora del duelo, sino desde la idea de ritual de paso (Epston y White, 2003), metáfora que resultaba sumamente útil para la especificación de los logros de Pablo y lo cuidaba, considerando que llegaba a consultar por una experiencia de pérdida y separación de un ser querido. Luego, puse un énfasis fundamental en sus propios recursos y méritos con la intención que se hiciera consciente de hasta qué punto había sido capaz de estar o sentirse mejor en este proceso tan comprensiblemente doloroso, así como también de liberarse de aquellas narrativas que limitaban que viviera este proceso de forma singular y única. Junto con ello, en este recorrido por lo bello y lo doloroso de su historia y en la comprensión de la práctica terapéutica como relación recíproca (White, 2003) agradecí a Pablo por todo lo que aprendí y comprendí como persona y terapeuta de la experiencia humana y de su vivencia de pérdida.

En este poema escrito por Pablo al final del proceso terapéutico se hace evidente el proceso reconstructivo no sólo como comprensión y genealogía del pasado, sino como fuente de acciones futuras. Pablo sintió que no sólo era necesario recordar a Eva para ser leal con ella, sino que además debía hacerlo como parte de un proceso identitario y de historización. De esta manera, se refleja una nueva narrativa que no sólo otorga sentido a su pasado, sino que además le permite planificar sus acciones futuras.

Si tú tan sólo vinieras y así me hablaras:
llora amor, llora ahora mismo
deja que las lágrimas laven tu pena
que alteró tu alma.
Borra también mi imagen, también de tus ojos
riega todo tu paisaje que se secó por mi partida,
dale nueva vida, nuevas flores, nuevo ímpetu
la importancia que debe tener otra primavera.
No muestres testimonios dolorosos, que sólo destruyen tus fibras.
Verás un nuevo sol que se despierta frente a ti,
afanoso por verte feliz.
En tu alegría, te bañarás
recordando que cada noche tiene un nuevo amanecer

en la acuarela de la naturaleza y en la abundancia de felicidad,
serás merecedor de un nuevo destino
en un latir mejor...
(Esto pienso cuando te recuerdo).

Para terminar

La metáfora dominante en nuestra cultura del "decir adiós" con la
que llegó impregnado Pablo, no hacía más que incrementar la sensación de deslealtad hacia la relación perdida y hacia sí mismo.
Olvidar a Eva era dejarla morir por completo, era dejar morir una
parte de sí mismo. El relato de esta historia muestra cómo ciertas
narrativas disciplinarias y culturales constriñen la identidad e historia personal y pueden resultar iatrogénicas para muchas personas.
En este sentido, emerge para mí la necesidad de tomar una postura
micropolítica a favor del consultante que ponga en entredicho los
mandatos que limitan y controlan sus experiencias vitales. El trabajo psicoterapéutico también es político (White y Epston, 2003)
y un ejemplo de ello es como el concepto de curación del "duelo
patológico" es sustituido por el de resignificación, rescatando así
la libre y singular dotación de sentido de la experiencia vivida por
Pablo, desafiando los mandatos culturales y disciplinarios normali-
zadores y patologizantes.

Hasta aquí llega la historia tejida en este texto. El recorrido
por lo bello y lo doloroso de esta experiencia me ha dejado muchos
aprendizajes como persona y terapeuta, por sobre todo, me ha enseñado a retener la prisa, a ser paciente, a no perder la confianza
en los recursos, a respetar otras visiones de mundo y a interpelar
mis propios conocimientos e ideas sobre las experiencias humanas.
Espero que poner a circular esta historia pueda generar también en
ustedes algunas reflexiones que sirvan para acompañar y colaborar
en los procesos de vida de otras personas que sufren.

BIBLIOGRAFÍA

PAYNE, M. (2002). *Terapia Narrativa. Una introducción para profesionales.* Barcelona: Paidós.

WHITE, M. (2003). *La experiencia narrativa en los terapeutas.* Barcelona: Gedisa.

WHITE, M. (1997). *Guías para una terapia familiar sistémica.* Barcelona: Gedisa.

WHITE, M. Y EPSTON, D. (2003). *Medios escritos para fines terapéuticos.* Buenos Aires: Paidós.

Terapia narrativa y cáncer de mama

Felipe E. García

La enfermedad del cáncer

Para la mayoría de la gente, hablar de cáncer significa hacer referencia a una de las enfermedades más catastróficas que puede sufrir el ser humano. Es un padecimiento que enfrenta al individuo a temas como el sufrimiento, el deterioro, la muerte y también a la trascendencia (Barroilhet, Forjaz y Garrido, 2005), por lo tanto recibir un diagnóstico de esta enfermedad puede considerarse como un evento vital estresante que afectará no sólo al individuo que es diagnosticado, sino también a su entorno familiar y social más directo (Cano, 2005). Por otro lado, las personas afectadas por el cáncer pueden reducir las alteraciones en su vida cotidiana si se mantienen implicadas en aquellas áreas que aún están revestidas de significado e importancia para ellas (Barroilhet et al., 2005).

El procedimiento terapéutico más empleado en el cáncer de mama es la mastectomía o cirugía radical (Carvalho, Mesquita, Almeida y Figueiredo, 2005). La mama es un órgano que la sociedad ha dotado con un significado cultural, psicológico, sexual y afectivo complejo, de tal modo que la alteración de la simetría corporal producto de la mastectomía es experimentada por la mayoría de las mujeres como una deformidad que puede interferir con la continuidad o establecimiento de relaciones íntimas (Rojas-May, 2006). Muchas mujeres afectadas por el cáncer pueden tener la percepción de que a partir del momento del diagnóstico sufren una pérdida de su sensación de femineidad, que dejaron de ser sexualmente atractivas y pueden creer que no volverán a ser capaces de experimentar ni dar placer, e incluso que su capacidad de amar y ser amadas está mermada definitivamente (Rojas-May, 2006; Olivares, 2007). Los efectos de la mastectomía se ven incrementados posteriormente como resultado de la quimioterapia que provoca, entre otras consecuencias, la caída del cabello, otro símbolo de femineidad de acuerdo a las construcciones sociales impuestas en esta cultura, que han sido aceptadas sin discusión y cuyos fundamentos machistas requieren ser deconstruidos y develados.

Nordin, Berglund, Glimelius y Sjoden (2001) observaron que los niveles de malestar emocional en personas con cáncer, a seis meses de tener un diagnóstico, dependen en gran medida de los niveles de malestar observados tras recibirlo. Estos resultados resaltan la importancia de que las personas cuenten con apoyo psicológico, para quienes lo requieran, desde el momento mismo en que les es dado un diagnóstico, ya que esto ayudaría a reducir las consecuencias psicológicas negativas que pueden desarrollarse a mediano plazo. En lugar de que esto ocurra, las formulaciones psicoterapéuticas que se han diseñado para intervenir en personas con cáncer se orientan más al tratamiento del malestar emocional que a la prevención misma de estos malestares.

James Pennebaker, uno de los principales investigadores de la expresión emocional como agente terapéutico a las formulaciones clínicas de intervención temprana en situaciones vitales estresantes, afirma que es necesario revisar aquellas técnicas que presionan al individuo a hablar acerca de sus emociones ya sea en contexto individual o grupal (Vera, 2005). Al parecer estas intervenciones poco respetuosas con las decisiones del cliente respecto a cuándo, con quién y por qué medios transmitir sus emociones respecto al cáncer provocan un efecto más bien adverso.

La terapia narrativa

Si bien es cierto que exponerse a sucesos traumáticos puede generar malestar emocional, no todas las personas reaccionan de tal modo. La diferencia, según Norman (2000) es "que algunas personas son hábiles en encontrar significado para sus experiencias horrorosas" (p. 305).

Si el intento de dar un sentido a experiencias negativas ha sido patrimonio tradicional de la religión y de la filosofía, a fines del siglo XX comienzan a consolidarse dentro de la psicología algunas escuelas que han destacado la capacidad de muchos supervivientes para encontrar un significado y un propósito a su experiencia traumática, utilizando el trauma como una oportunidad para reevaluar sus vidas en una forma más positiva. Entre estas escuelas, Kaminer (2006) destaca a la terapia narrativa de White y Epston, quienes afirman que las experiencias adversas son también historias de resiliencia y supervivencia y que estos aspectos pueden ser ampliados y enriquecidos a través del proceso terapéutico.

El enfoque narrativo de White y Epston (Epston, 1994; White, 2002; White, 2004; White y Epston, 1993) se basa en el supuesto de que las narrativas no *representan* la identidad y los problemas de la personas; más bien las narrativas *son* la identidad y los problemas. Al respecto, Carr (1998) señala que los problemas humanos aparecen y se mantienen a merced de las historias opresivas que dominan la vida de las personas. Pero estos relatos no sólo determinan el significado atribuido a sus vivencias, sino que también determinan qué aspectos de la experiencia vivida seleccionan para asignarles un significado. El objetivo de la terapia narrativa es ayudar al cliente a reescribir su vida, incorporando a su relato pedazos de la historia que han sido marginados de la experiencia, acontecimientos que constituyen excepciones a la narrativa actual; entonces la persona será capaz de dar un nuevo significado a su vida pasada y proyectar un futuro mucho menos opresivo que el manifestado en su presente. Además, este enfoque señala que los nuevos significados cobran mayor valor en cuanto son transmitidos y compartidos con la red social (familia, amigos) que rodea y sostiene a la persona, propiciando, por lo tanto, diversas instancias en donde es posible establecer esta conexión, ya sea en forma simbólica (cartas terapéuticas) o en forma directa (foros, talleres, encuentros familiares). Tal como propone White (2004), la terapia narrativa se caracteriza por contar la propia historia, examinar las raíces de la misma, buscando aspectos de esa historia previa pasados por alto, explorar cómo la incorporación de ciertos rasgos excluidos cambia el significado atribuido a diferentes eventos, anticipar cómo la auto-imagen, prioridades de la vida y relaciones sociales cambian como resultado de los nuevos significados y buscar un público como audiencia externa para la nueva historia de identidad.

Todos los elementos mencionados se encuentran implícitos en una propuesta de Petersen, Bull, Propst, Dettinger y Detwiler (2005), en la cual se sugiere un abordaje narrativo para prevenir malestar postraumático en personas que han sobrevivido al cáncer. Las autoras proponen un trabajo grupal, basado tanto en los postulados teóricos del enfoque narrativo como en datos obtenidos por experiencias terapéuticas anteriores e investigaciones dentro de la misma área.

Una enfermedad traumática como el cáncer, según Petersen et al. (2005), amenaza el sentido de cohesión del pasado, presente y futuro de la persona, lo que se puede advertir al escuchar el relato de su experiencia. El enfoque narrativo se basa en el principio de que las personas organizan sus experiencias a través del lenguaje. Sin embargo, al momento de narrar la experiencia, ciertas partes quedan fuera porque son menos atendidas que otras. Y cuando logran, finalmente, recordar éstas partes no vistas, las personas son capaces de formular una historia más completa de su experiencia. Si se anima a las personas a atender a las partes marginadas de sus experiencias, pueden crear historias íntegras y atribuir nuevos significados. En otras palabras, la terapia narrativa invita a las personas afectadas por el cáncer a involucrarse en una revaloración, construir nuevos significados e integrarlos en su experiencia. Debido a que construir significado es una actividad creativa, un trabajo terapéutico debe proveer un mecanismo para evocar y dirigir este importante recurso interno hacia la resolución del trauma.

Un taller con mujeres que luchan contra el cáncer

Con el fin de generar un espacio y una oportunidad en la que pudieran compartir sus reflexiones, temores e historias, si ellas así lo deseaban, construimos un taller en el que invitamos a participar a mujeres recién diagnosticadas con cáncer de mama (García y Rincón, 2011) tenían en común también el hecho de que en los exámenes, los médicos observaron que no había metástasis y determinaron que tenían un buen pronóstico. La invitación a estas mujeres y no a otras calificadas como de mayor gravedad, se debió a que estas últimas tenían apoyo psicológico por parte de las profesionales de la unidad de cuidados paliativos, en cambio nuestras mujeres, justamente por su menor gravedad médica, no disponían de algún acompañamiento. Tenía que acercarme a ellas personalmente cuando estaban en el pre o postoperatorio de sus cirugías (que en Chile se efectúan poco después del diagnóstico) sin la compañía de ningún otro profesional de la salud, de modo que no se sintieran forzadas a participar, aunque entiendo que el contexto hospitalario en el que esta conversación se producía podría haber encuadrado mi invitación como algo obligatorio. Si alguien se negaba o manifestaba dudas, le daba mis datos para que me buscara si necesitaba reflexionar y lo requería más adelante. Como sea, no recuerdo que alguien se haya negado, aun cuando al momento de confirmar su participación, días después, unas cuantas mujeres se abstuvieron por diversos motivos. Finalmente, en el primer taller contamos con nueve participantes de las cuales una sola se retiró después de la segunda sesión debido a que había iniciado su quimioterapia y su malestar físico le impedía desenvolverse como ella hubiera preferido.

En el desarrollo del taller, mi condición de hombre en un grupo exclusivo de mujeres no produjo efectos manifiestos. Por un lado, ayudó el que me acompañaba otra terapeuta mujer; por otro lado, la participación en las conversaciones y actividades seguía siendo voluntaria, nadie estaba forzada a opinar y el escuchar a las demás contando sus historias también parecía tener valor para el grupo; luego, las actividades iniciales más lúdicas e informales permitieron generar una mayor confianza colectiva; por último, mi participación no era directiva, pues lo que hacía más bien era promover algunas conversaciones o proponer actividades pero la mayoría de las veces eran ellas mismas las que desarrollaban tramas e historias que nos influían a todas.

De las historias compartidas en el taller, quisiera dar a conocer unos cuantos ejemplos:

La voz del cáncer

Josefina llegó triste y asustada. Había tenido un control en la mañana y cuando se acercó a la ventanilla, la administrativa a cargo le dijo: "para qué va a hacerse el tratamiento, si se va a morir igual". Uno de los principios que sustentaba nuestro trabajo era que jamás cuestionaríamos sus historias, por lo que no quisimos adentrarnos en la veracidad de su relato ni tampoco en una exacerbación de sus sentimientos negativos a través de una crítica abierta a la "desubicación" de la administrativa. Entendimos que su relato traslucía un miedo real, algo que le preocupaba y que potenciaba sus temores. Decidimos conversar con ella a través de un lenguaje externalizante (White y Epston, 1993), descubriendo que la que escuchaba era la "voz del cáncer", que le transmitía a través de la administrativa este mensaje negativo relacionado con su muerte. Le preguntamos entonces qué otras cosas le decía la "voz del cáncer", ya sea a través de los medios de comunicación, de otras personas o de sus propios pensamientos. Nos señaló varios mensajes: "te vas a morir", "no sacas nada con luchar", "nadie te va a entender", entre otros. A continuación, preguntamos: "¿has escuchado otras voces en tu vida que te hayan dicho cosas que no te gustaban?" Nos comentó que cuando era estudiante, sus compañeros la molestaban con que era gorda. "¿Y cómo lo hacías para que esas voces no te afectaran? ¿Cómo fuiste capaz de salir adelante a pesar de dichas voces? ¿Cómo hiciste para derrotar su influencia?" Surgieron entonces historias que estaban silenciadas, que hablaban más bien de sus fortalezas y de su capacidad para resistir la influencia negativa de dichas voces.

Un collage para la nueva historia

María Elena creyó, al momento de conocer el diagnóstico de cáncer, que se iba a morir. En la medida en que el taller transcurría, muchas cosas fueron pasando a su alrededor que le devolvieron la esperanza y las ganas de seguir luchando por su vida. Algunas tenían que ver con el taller y la posibilidad que entregaba de compartir sus experiencias con otras mujeres que estaban viviendo una experiencia similar, o involucrarse en conversaciones positivas que le permitieron reconocerse como una sobreviviente a muchos obstáculos que había encontrado en su vida, o realizar tareas que la llevaron a tener una visión más amplia de su lucha contra el cáncer, o desarrollar conversaciones sobre el cáncer con su marido. Otras cosas tenían que ver con su propia vida y en la que las participantes del taller era más bien espectadoras o quizás amplificadoras de dichas vivencias. Lo cierto es que una de las actividades finales del taller consistía en representar en un collage su cambio de narrativa, con la instrucción de mostrar cómo se veían ahora. El uso de un collage a partir de recortes de revistas se sustentaba en la posibilidad de expresar su narrativa en forma creativa, de modo de procurar simbolizar una experiencia que a veces no se puede compartir mediante las palabras (Peterson et al., 2005). Además, Maisel, Epston y Borden (2004) sugieren el collage como una forma de obtener una descripción visual que podría posteriormente ser ofrecida a otras personas en forma de testimonio para que lo examinen a su conveniencia. En concreto, a las participantes se les invitó a elaborar un collage que simbolizara sus creencias, sentimientos y emociones en relación a la enfermedad del cáncer de mama, explicitando a través de esta herramienta creativa lo que ha significado para ellas. No hubo instrucción específica, ellas podían construir su propio relato sobre su experiencia del cáncer y eso podía incluir, aunque no se limitaba a ello, historias sobre el diagnóstico, los eventos asociados con el tratamiento, los cambios en las relaciones, o el impacto en sus vidas. Después de un intervalo de descanso, las participantes mostraban su trabajo a las demás y comentaban su significado, en esta fase se alentaba la participación de todas en la elaboración de las historias, en un ambiente en el que se privilegiaba un lenguaje deconstructivo (White, 2004; Derrida, 1989), que facilitaba desmenuzar y profundizar en esos significados, y un lenguaje externalizante, que permitía percibir el cáncer como una entidad externa que ha aparecido en sus vidas y que debe ser derrotada. El collage de María Elena habla por sí solo.

El collage de María Elena.

Certificando la resistencia frente al cáncer

Sonia había sido invitada a participar del taller en el posoperatorio, su actitud fue receptiva y en el taller fue una de las más activas colaboradoras en contribuir a construir entre sus compañeras visiones alternativas, a través de preguntas y comentarios centrados en los recursos y en las experiencias positivas. Cuando terminó el taller, les entregué un certificado en una ceremonia que para muchas de las mujeres pareció significativa. Este certificado fue redactado en razón de las mismas vivencias que ellas habían compartido en el taller. Su escritura no estaba predefinida y por esta razón siento que para ellas su lectura fue importante y emotiva, pues reflejaba apropiadamente el contenido de sus conversaciones. Sonia agradeció el certificado y el taller se dio por concluido.

Uno de los resultados más maravillosos que pude apreciar, fue cuando semanas después de finalizado el taller, tuve la ocasión de visitar a Sonia para aplicarle algunas encuestas. Al entrar en su sala de estar, a la que cordialmente ella misma me invitó a pasar, sólo atiné a admirar sorprendido cómo el certificado lucía enmarcado en una de las paredes de su hogar.

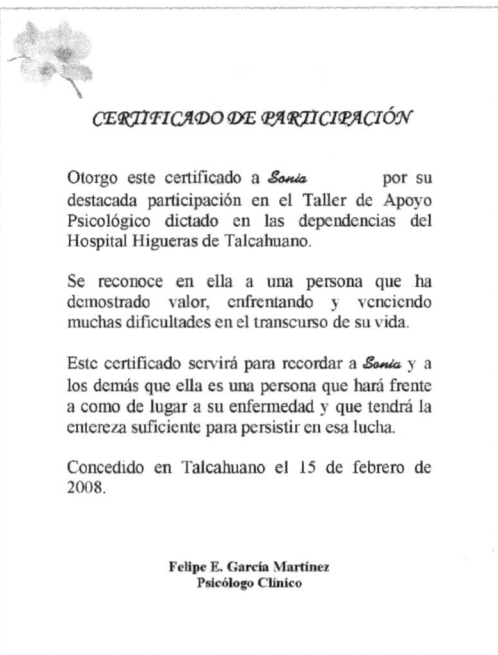

CERTIFICADO DE PARTICIPACIÓN

Otorgo este certificado a *Sonia*   por su destacada participación en el Taller de Apoyo Psicológico dictado en las dependencias del Hospital Higueras de Talcahuano.

Se reconoce en ella a una persona que ha demostrado valor, enfrentando y venciendo muchas dificultades en el transcurso de su vida.

Este certificado servirá para recordar a *Sonia* y a los demás que ella es una persona que hará frente a como de lugar a su enfermedad y que tendrá la entereza suficiente para persistir en esa lucha.

Concedido en Talcahuano el 15 de febrero de 2008.

Felipe E. García Martínez
Psicólogo Clínico

La experiencia para mí

La oportunidad que tuve de colaborar con mujeres diagnosticadas con cáncer ha sido una de las actividades más trascendentes de mi historia profesional y que además causó un impacto profundo en mi forma de entender la vida y las personas que trasciende lo psicológico e involucra mi vida entera. Las historias de estas mujeres plantándose de cara al cáncer y apoyándose mutuamente influyeron en mi decisión de dedicarme a investigar cómo las personas que enfrentan situaciones vitales extremas son capaces de resistir, sobreponerse e incluso crecer a partir de dichas experiencias.

Creo que tenemos mucho que aprender de las personas, mucho más de lo que podemos enseñarles, y que una actitud de curiosidad, de apertura a la experiencia y de sensibilidad a lo que el mundo nos quiere mostrar, son cualidades fundamentales de quienes nos dedicamos a construir espacios de colaboración en el que otras personas puedan explorar y elegir modos de enfrentar sus dificultades.

BIBLIOGRAFÍA

BARROILHET, S; FORJAZ, M. y GARRIDO, E. (2005). Conceptos, teorías y factores psicosociales en la adaptación al cáncer. *Actas Españolas de Psiquiatría, 3,* 390-397.

MAISEL, R; EPSTON, D. y BORDEN, A. (2004). *Biting the Hand That Starves You: Inspiring Resistance to Anorexia/Bulimia.* New York: Norton.

CANO, A. (2005). Control emocional, estilo represivo de afrontamiento y cáncer: Ansiedad y cáncer. *Psicooncología, 2,* 71-80.

CARR, A. (1998). Michael White's narrative therapy. *Contemporary Family Therapy, 20,* 485-503.

CARVALHO, A; MESQUITA, E; ALMEIDA, I. Y FIGUEIREDO, Z. (2005). Aspectos culturales en el proceso de padecer cáncer de mama. *Avances en Enfermería, 23,* 28-35.

DERRIDA, J. (1989). *La escritura y la diferencia.* Barcelona: Anthropos.

EPSTON, D. (1994). *Obras escogidas.* Barcelona: Gedisa.

GARCÍA, F. Y RINCÓN, P. (2011). Prevención de sintomatología postraumática en mujeres diagnosticada con cáncer de mama: Evaluación preliminar de un modelo de intervención narrativo. *Terapia Psicológica, 29,* 175-183.

KAMINER, D. (2006). Healing processes in trauma narratives: A review. *South Africans Journal of Psychology, 36,* 481-499.

NORDIN, K., BERGLUND, G., GLIMELIUS, B. Y SJODEN, P. (2001). Predicting anxiety and depression among cancer patients: A clinical model. *European Journal of Cancer, 37,* 376-84.

NORMAN, J. (2000). Constructive narrative in arresting the impact of post-traumatic stress disorder. *Clinical Social Work Journal, 28,* 303-319.

OLIVARES, M. (2007). Cirugía mamaria: Aspectos psicológicos. *Psicooncología, 4,* 447-464.

OLIVARES, M., SANZ, A. Y ROA, A. (2004). Trastorno de estrés postraumático asociado a cáncer: Revisión teórica. *Ansiedad y Estrés, 10,* 43-61.

PETERSEN, S., BULL, C., PROPST, O., DETTINGER, S. Y DETWILER, L. (2005). Narrative therapy to prevent illness-related stress disorder. *Journal of Counseling and Development, 83,* 41-47.

ROJAS-MAY, G. (2006). Estrategias de intervención psicológica en pacientes con cáncer de mama. *Revista Médica de Clínica Las Condes, 17,* 194-197.

VERA, B. (2005). Trauma y ventilación emocional. ¿Mito o realidad? *Cuadernos de Crisis, 2* (4), 7-13.

WHITE, M. (2002). *Reescribir la vida*. Barcelona: Gedisa.

WHITE, M. (2004). *Guía para una terapia familiar sistémica*. Barcelona: Gedisa.

WHITE, M; EPSTON, D. (1993). *Medios narrativos para fines terapéuticos*. Barcelona: Gedisa.

Una aproximación narrativa

UNA SENDA EN CONSTRUCCIÓN

Ana María Zlachevsky

Me formé en la Universidad de Chile, en la década de los sesenta bajo el influjo de una generación que enseñaba la ciencia como el único camino serio hacia el conocimiento del ser humano. El método científico se asociaba al psicoanálisis tanto como a la psicología experimental. Al respecto traigo unas palabras de Fritjof Capra (1985):

> En las primeras décadas de nuestro siglo, el pensamiento psicológico estaba dominado por dos influyentes escuelas —el conductismo y el psicoanálisis—, muy diferentes en cuanto a sus métodos y a sus ideas sobre la conciencia, y sin embargo adscritas, en su esencia, al mismo modelo newtoniano de la realidad, (p. 194).

Para dicho autor ambas escuelas surgieron en una época "en la que el pensamiento cartesiano estaba dominado por el modelo newtoniano de la realidad: por tanto, ambas imitaron los modelos de la física clásica, incorporando en sus esquemas teóricos los conceptos básicos de la mecánica newtoniana" (p. 194). La objetividad no era puesta en duda sino un imperativo a alcanzar, tanto para quienes se orientaban al psicoanálisis como para quienes se orientaban a la psicología llamada experimental.

Por ese entonces intentaba aprender ambos enfoques, lo que se mantuvo hasta el año 1969, en que llega Sergio Yulis a Chile (1936-1980), específicamente a la cátedra de Técnica de Tratamiento Psicológico en la Universidad de Chile. Con sus reflexiones e interpelaciones sobre el fenómeno humano, se produjo mi primer cuestionamiento serio al quehacer psicológico. En ese entonces me sentí absolutamente seducida por la lógica del análisis conductual del comportamiento y el rigor de la ciencia natural.

En los inicios de los setenta ingresé a trabajar a la Universidad de Chile, pero sólo logré estar ahí hasta el año setenta y tres, en que fui exonerada como tantos otros colegas, con las consecuencias espantosas que ello tuvo. Gracias a algunos amigos de mis padres logré entrar a la Universidad de Concepción, donde me ofrecieron la cátedra de Personalidad para impartir a los estudiantes de Filosofía. Lo recuerdo como una de las más arduas tareas intelectuales que debí enfrentar. Los alumnos me ponían constantemente a prueba y debía pasar horas estudiando y preparándome para mis clases.

En el Departamento de Educación de esa casa de estudios no sólo me desempeñaba como docente sino también como terapeuta. Ello me llevó a tener que dialogar con psiquiatras y sus diagnósticos. La histeria, los maníaco depresivos, esquizofrénicos, la fenomenología jasperiana y las psicopatías de Schneider, rondaban por mis reflexiones, pero no me hacían sentido y siempre descubría que los diagnósticos no calzaban con lo que le ocurría a las personas. Sentía que algo andaba mal con las calificaciones que se hacían de las personas. Muchas veces discutía con mis colegas y les planteaba que los problemas psiquiátricos parecía que obedecían más a dificultades económicas, que a enfermedades mentales, y que en los diagnósticos no considerábamos el contexto. Por supuesto no era escuchada y recibía de vuelta algún diagnóstico que me hacía dudar de mí misma.

Recuerdo a un psiquiatra que en una reunión clínica me increpó diciendo que yo tenía una "personalidad fanática litigante", con un serio problema edípico no resuelto y que debía tratarme.

El paciente debía ser claramente "descrito" y era imperioso incluirlo en una u otra categoría. De esa manera, los terapeutas nos veíamos obligados a mirar al paciente como sujeto, no sólo distinto de nosotros, sino diagnosticable. Necesitábamos ser capaces de ordenar el mundo del paciente y transformar su comportamiento en datos objetivos susceptibles de verificación. No siempre lo lograba, entonces volvía a los libros y a dudar de mis observaciones. No lograba entender "bien" cómo las personas se vivían la vida. Recuerdo a una mujer, madre de tres hijos pequeños a quien su marido le pegaba. Cuando le pregunté por qué no lo abandonaba, me miró con sorpresa a los ojos diciéndome, "entonces mis hijos no comen".

A medida que fue pasando el tiempo, tuve que empezar a enseñar a hacer psicoterapia. Mi obligación ya no sólo era con mis pacientes, sino que ahora debía enseñar a mis alumnos a hacer ciencia. Me costaba exigirles diagnosticar. Entendía sus críticas a los diagnósticos y lo difícil que les era ser precisos. Por ese entonces llegó a mis manos un libro de Tomás Szasz y entonces supe que existía un movimiento llamado antipsiquiatría.

Szasz, psiquiatra húngaro radicado en los Estados Unidos, pone en duda la realidad de la enfermedad mental entendida como un suceso que ocurre al interior del cerebro, y hace pública su tesis en la obra *Dolor y placer*. Para Szasz, la enfermedad mental no era otra cosa que una etiqueta, una palabra y no tenía existencia en sí. Tocada por ese movimiento que hacía eco en mis propios pensamientos, empecé a estudiar sobre ello. En el Chile de entonces no era fácil conseguir libros y artículos que se refirieran a lo que ahora me interesaba, no existía internet y las comunicaciones con el extranjero eran caras y dificultosas. Recuerdo con especial simpatía un libro que me regalaron mis estudiantes de filosofía, de un autor escocés llamado Ronald David Laing, me refiero a *El yo dividido: un estudio sobre la salud y la enfermedad.* Dado el interés de Laing por la fenomenología y el existencialismo, rechaza gran parte de los asuntos que gobiernan el pensamiento psiquiátrico de la época, poniendo el acento sobre otra forma de entender la salud mental, el contexto del que el paciente forma parte. Para él la enfermedad mental, específicamente la esquizofrenia, no era producto de algo que le pasaba a la persona en su cabeza, sino producto de un conflicto existencial.

Si bien los antipsiquiatras no cuestionan el hecho de que algunas personas tengan problemas emocionales o problemas que llaman psicológicos, tampoco cuestionan que la psicoterapia sea útil; lo que cuestionan es el origen, poco claro, de estos problemas así como el llamarlos enfermedades mentales. Sobre todo, discuten las opciones médico-farmacológicas de los tratamientos y el comprender los problemas psicológicos como problemas *de la persona* y no del contexto en que la llamada enfermedad mental emerge (familia, escuela, exigencias sociales y laborales, relación de pareja, etc.). David G. Cooper (1985), psiquiatra sudafricano, afirmaba que lo que se llamaba locura es producto de un estilo de sociedad, y que su verdadera solución pasaba por una revolución social y por una acción política, no por un diagnóstico y tratamiento de la persona, mal llamada, a sus ojos, enferma. Había encontrado referentes intelectuales que compartían mi desazón frente a los diagnósticos psiquiátricos.

La antipsiquiatría me parecía fascinante, sus planteamientos eran para mí una excelente crítica a los diagnósticos, pero no decían qué hacer con el paciente que sufría algún dolor. En esa encrucijada llegó a mis manos uno de los primeros libros de Bandura (Bandura y Ribes, 1975). Sus hallazgos sobre la posibilidad de incorporar largas y numerosas cadenas de respuesta a nuestro repertorio conductual por el simple hecho de observar a otro cuando actuaba, me parecieron sorprendente. El aprendizaje imitativo me abrió el camino a la terapia cognitiva, que me decía cómo proceder sin la necesidad de realizar diagnósticos. Me hacía sentido entonces los planeamientos de Michenbaum, Aron y Beck, quienes planteaban que "el individuo no reacciona tanto a las cosas mismas, cuanto a las percepciones especiales que de ellas tiene y a las interpretaciones por las cuales dota a los objetos de significaciones especiales para después reaccionar afectivamente a estos" (citado en Jürgen, 1990, p. 200). Desde ese modelo empecé a incluir en el horizonte terapéutico el concepto de creencia y significación, ya no sólo como concatenación de estímulos y respuestas, sino como una forma de significar el mundo.

Corrían los ochenta y nuevamente sufrí la exoneración de la Universidad, esta vez de Concepción. Con tres hijos que criar, deudas y dudas volví a Santiago. Logré entrar a trabajar a INACAP[1], donde fui contratada como Directora Académica de esa institución, gracias a un amigo común del entonces Director Ejecutivo de INACAP, Oscar Coddou. Una de las primeras acciones que me tocó organizar en mi nuevo cargo fue una charla de Carlos Sluzki, traído por el Instituto de Terapia Familiar de Santiago, el ITF. En mi calidad de autoridad en mi nueva institución laboral, me tocó presentar a Carlos y buscando datos para su presentación, supe que existía un movimiento

---

[1] El INACAP es un sistema integrado de educación superior, constituido por la Universidad Tecnológica de Chile INACAP y el Instituto Profesional INACAP y el Centro de Formación Técnica INACAP.

que se llamaba sistémico. Este movimiento, lo vi cercano a la antipsiquiatría y empecé querer saber más sobre ello. La idea de que la
enfermedad mental, no era tal, sino que era una manifestación de
una "disfunción familiar", que no se alojaba al interior de la mente
del paciente y que el contexto era central para entender lo que a
alguien le pasaba, me hacía sentido. Esos planteamientos vinieron
a dar respuesta a mis inquietudes terapéuticas y supe que tenía que
volver a estudiar.

Me seducía aprender este nuevo entendimiento, *lo sistémico*.
Desde este nuevo horizonte entré al ITF a formarme como terapeuta. Siendo alumna, conocí a muchos autores que me marcaron,
entre los que puedo recordar al psiquiatra Murray Bowen (Zlachevsky y Pena, 1996), quién en la década de los cincuenta, planteaba
la importancia que tiene la familia en la producción de los síntomas de alguno de sus miembros. Boszormenyi Nagy y su idea de
lealtades invisibles, no me dejó indiferente y recuerdo haber leído
con entusiasmo su libro *Lealtades Invisibles* editado junto a Spark,
en 1973.

Indudablemente el grupo de terapia familiar más conocido en
el Chile de entonces era el de Palo Alto, uno de los centros donde
el estudio de los sistemas tuvo mucho qué decir. Las dos entidades
diferentes que formaban lo que se conocía como la escuela de Palo
Alto me atrajeron y empecé a estudiarla con especial dedicación.
Conocí el llamado Proyecto Bateson (1952-1962), del equipo que
formara el antropólogo y epistemólogo Gregory Bateson, orientado
a investigar la naturaleza de la comunicación en términos de los
distintos niveles de abstracción presentes en un proceso comunicacional. Como también el de John Weakland, Jay Haley y Don Jackson
quienes en el año 1959, crean el Mental Research Institute (MRI) de
Palo Alto, ampliando al área clínica los trabajos específicamente
referidos a la comunicación esquizofrénica planteados por Bateson.

En 1960 se integra a este grupo de trabajo Paul Watzlawick y en 1967, el M.R.I. funda el Brief Therapy Center (BTC), centro psicoterapéutico y docente, donde se desarrolla lo que hoy se conoce como el modelo de terapia breve sistémica.

Los planteamientos sistémicos desde la teoría general de sistemas hasta la cibernética de segundo orden, me llevaron a mirar no cómo se comportan las personas sino a ver pautas interaccionales que se repetían en el tiempo. No fue fácil ya que el cambio de mirada implicaba desafiar la forma lineal que tenemos de describir en la cultura occidental, la que nos enseñan desde pequeños: "sujeto, verbo, predicado". Son muchos los terapeutas que incidieron en mi pensamiento, difíciles de resumir en este escrito, pero no puedo dejar de mencionar a Jay Haley, Salvador Minuchin, Cloé Madanes, Braulio Montalvo, Mauricio Andolfi, Harry Aponte, Karl Tomm, Milton Erickson, Mony Elkaim, entre otros.

Estando en el ITF, tuve la suerte de conocer personalmente a Humberto Maturana. Su presencia en mi vida marcó un antes y un después. De ahí en adelante no sólo se modificó mi comprensión de la psicoterapia sino que incidió en mi vida personal. Su invitación a aceptar que la forma como alguien construye su mundo es una de las formas de hacerlo y, en principio, toda construcción es tan válida como cualquiera, me llevaron a entender el mundo de otra manera. Este giro en mi pensamiento tuvo consecuencias que nunca previ. Seguí pensando que son las interacciones y el contexto el que le da sentido a lo que ocurre, pero, ahora mi interés pasó a estar puesto en las redes de conversaciones. Empecé a ver cómo los niños van cambiando en un proceso en el que tanto los adultos como aquellos cambian juntos en forma congruente, en tanto permanecen en interacciones recurrentes. Lo que hace cada uno de los personajes que componen un sistema familiar tiene sentido para todos ellos. Aprendí con Maturana que el lenguaje no es un intercambio comunicacional solamente sino que es un modo de vivir. Que existimos como seres humanos en el flujo de coordinaciones consensuales de coordinaciones consensuales de conducta que es el lenguaje. Lo que nos hace humanos es el lenguaje.

El biólogo, en su artículo "Ontología del conversar", sostiene que el inicio de lo humano, que remite a tres y medio millones de años atrás, aparece con el surgimiento del lenguaje:

> El lenguaje como fenómeno biológico consiste en un fluir de interacciones recurrentes que constituyen un sistema de coordinaciones conductuales consensuales de coordinaciones conductuales consensuales. De eso resulta que el lenguaje como proceso no tiene lugar en el cuerpo (sistema nervioso) de los participantes en él, sino que en el espacio de coordinaciones conductuales consensuales que se constituyen en el fluir de sus encuentros conductuales recurrentes. (Maturana, 2003, p. 87).

Ese aparente trabalenguas que me costó entender, una vez descifrado me pareció genial y empecé a entender de otra manera a las familias y las parejas que atendía. Empecé a mirar cómo los niños le hablaban a sus padres, no solamente con palabras, sino con todo su cuerpo. Decodificaba posiciones, posturas y gestos, describiendo interacciones mutuas entre los participantes. Cada vez que veía a un niño alterarse durante una sesión, sabía que tenía que dirigir mi atención a los padres. El lenguaje, el comportamiento de cada sistema, era único y se puede entender si se sigue la historia de encuentros recurrentes entre los personajes que interactúan entre sí. El estudio del lenguaje pasó a ser importantísimo para mí. Los seres humanos somos lo que somos *en* el lenguaje: "sólo nosotros los humanos vivimos en el lenguaje", (Maturana, 2003, p. 108), y es desde el lenguaje que reflexionamos sobre lo que nos pasa en la vida. Cuando reflexionamos sobre el lenguaje inevitablemente *estamos ya* en él. Siempre estamos con otros conversando e "inevitablemente formamos parte de una dinámica sistémica".

Otro hecho importante en mi devenir intelectual fue la visita a Chile de William H. O'Hanlon, a fines del año 1992. Dictó una conferencia organizada por la Universidad de Chile, donde por ese entonces era docente. En esa conferencia planteó que la terapia que él realizaba la llamaba orientada a las soluciones. Trabajaba con Steve De Shazer, y se basaban en dos principios que alejaban a la psicoterapia del paradigma científico y cibernético de primer orden: el Principio de incertidumbre de Heisenberg y el Principio de Pigmalión (Profecía autocumplida). O'Hanlon, en las interacciones informales que logramos tener durante su estadía en Santiago, afirmaba seriamente el hecho de que en el hacer clínico el terapeuta *tiene algo que ver* —es decir, no es neutral—, y por lo tanto, las operaciones de distinción que realiza requieren ser tomadas como *intervenciones propias*. Empezó a dar una importancia primordial al uso del lenguaje y a las palabras que empleaban los terapeutas para trabajar en terapia. La utilización del lenguaje en términos "creativos es tal vez el método indirecto más influyente para crear contextos en los que se perciba el cambio como inevitable", (O'Hanlon y Werner-Davis, 1993, p. 71). De Shazer y O'Hanlon sostienen que el problema se mantiene por el modo de percibir la situación que aqueja a quienes consultan, y por el modo de decir y decirse que las cosas son de una determinada manera. El lenguaje pasa a tener un rol protagónico en la manera de pensar la psicoterapia. Bertrando, refiriéndose a De Shazer, afirma que:

> Después de 1990 exacerba su interés hacia el lenguaje, revelando que, para él, el "sistema" siempre ha sido un sistema lingüístico y que las palabras son el elemento más importante de la transacción

terapéutica. Como buen conocedor de Erickson, no ignora la importancia de los elementos no verbales, pero todo el resto es sencillamente
parte del contexto de las palabras, no un código secreto a interpretar.
(Bertrando y Toffanetti, 2004, p. 270).

Con esas ideas, empecé a tener cuidado con lo que decía y hacía en
las sesiones de psicoterapia. Empecé a notar que cuando alguien nos
pregunta por lo que hemos hecho o por algún episodio de nuestras
vidas, le relatamos una historia. Una historia hilada, con sentido,
organizada sobre la base de conectores lógicos y de secuencias temporales. La vida de cada uno de nosotros, es una historia construida, en donde el actor principal del relato es la persona que nos
está relatando los acontecimientos (Zlachevsky, 2003). El contar y
contarse historias es, tal vez, una de las prácticas más antiguas del
pensamiento humano. Todos narramos historias. Sin darme cuenta
había empezado a incluir la palabra narrativa en mi modo de hacer
psicoterapia.

Me empecé a alejar del ITF y desde el año 1993 empecé a formar psicólogos en lo que entonces bauticé como psicoterapia sistémica centrada en narrativas, nombre que debo a mis alumnos de
esa época.

Como hablaba de narrativa empecé a ser confundida con la postura narrativa de White y Epston, considerados los padres de esta
forma de hacer psicoterapia. No me quedó más que estudiar sobre
lo que decían. Me sentí muy atraída por el libro *Medios narrativos
para fines terapéuticos*, en el que plantean que las narrativas surgen
como respuesta a lo siguiente:

En un esfuerzo por dar sentido a sus vidas, las personas se enfrentan con la tarea de organizar su experiencia de los acontecimientos
en secuencias temporales, a fin de obtener un relato coherente de sí

mismas y del mundo que las rodea. Las experiencias específicas de sucesos del pasado y del presente, y aquellas que se prevé ocurrirán en el futuro, deben estar conectadas entre sí en una secuencia lineal, para que la narración pueda desarrollarse. (p. 27).

Y para que el relato pueda ser entendido por otro.

La terapia narrativa, de White y Epston, cuestiona el papel del terapeuta como experto. Estos autores valoran los saberes locales o populares y sostienen que por lo general se descalifican, desechando la sabiduría, los recursos, valores, actitudes, que forman parte de la historia de las comunidades. Se podría decir que sus planteamientos están basados en los trabajos de antropólogos como Gregory Bateson, Clifford Geertz y Bárbara Myerhoff, y en reflexiones filosóficas de Michel Foucault y Jacques Derrida. (White, 2002).

Si bien mi interés en la narrativa encontraba mucho eco con las propuestas de los australianos, sentía que el trabajo narrativo del grupo australiano era un trabajo más orientado a lo comunitario que un modo de hacer psicoterapia con sistemas particulares en sufrimiento. Aunque indudablemente sus propuestas podían también ser utilizadas en la atención psicoterapéutica.

A pesar de todo mi recorrido no encontraba respuestas que me satisficieran completamente. Me empecé a acercar tímidamente al construccionismo social y empecé a conocer a Kennet Gergen con mayor detención. Me llamaron la atención sus planteamientos expuestos en el libro *Realidades y relaciones: Aproximaciones a la realidad social*, editado en 1996, en el que afirma que la mayor dificultad para visualizar rutas alternativas de pensamiento hacia la comprensión del individuo relacional y la génesis del sentido, está en que la mayoría de las afirmaciones que sustentan el pensamiento nuevo están basadas en el paradigma *anterior* al que se quiere imponer. De esta manera, es posible decir, con Reyes y Mendoza

(1999), que "muchas de las elaboraciones teóricas generales a partir de una redefinición de la ontología de la realidad social cayeron inmediatamente dentro de los marcos de referencia del empirismo lógico y la experimentación" (p. 77), de tal modo que las nuevas propuestas fueron entendidas a la luz de las corrientes imperantes en las ciencias sociales sustentadas en el modelo moderno de la realidad. Así, el construccionismo social ha sido interpretado a la luz del movimiento cognitivo, de las teorías de la atribución causal, del movimiento construccionista lógico, entre otros. Por ello, reiteran Reyes y Mendoza, "apropiarse de la perspectiva construccionista parece sumirnos en una situación de levitación ontológica. El construccionismo se declara ontológicamente mudo" (Ibíd.). Refiriéndose a ello, Gergen (1996) afirma que para esa corriente "cualquier cosa que sea, simplemente es" (p. 98), no requiere de mayores análisis, los que podrían llevar a perderse en lo que se considera grandes divagaciones y a distanciar la reflexión de lo que es visto como lo más importante, "modificar la vida de las personas".

No estaba de acuerdo con esa afirmación y pensaba que era necesario dar una respuesta seria a qué se entiende por el ser de lo humano, es decir una respuesta ontológica. ¿Por qué una ontología? Porque en la medida en que el construccionismo social incluye distintas formas de hacer terapia, la idea de persona requiere haber sido meditada para ejercer apropiadamente el oficio de terapeuta. Si bien, como afirman Gergen y Warhuus (2001), "no existe un solo método de hacer terapia sino tantos como terapeutas existan" (p. 13), a mis ojos, la comprensión de ser humano que esté a la base de la práctica terapéutica debe ser explicitada; de lo contrario, se cae en técnicas terapéuticas que no tienen un sustento ontoepistemológico, y la psicología sigue siendo una disciplina predominantemente técnica, carente de fundamento. En esta explicitación jugaría un papel determinante la filosofía.

En mi práctica cotidiana orientada a enseñar psicoterapia, me empezó a llamar la atención la diferencia que aparecía entre lo que las personas decían antes de ingresar a atender a una persona o sistema consultante y lo que hacían dentro de la sala de terapia. Recuerdo en especial a una psicóloga que se persignaba antes de cada sesión y frente a mi pregunta ¿por qué lo haces? me contestaba con evasivas. Empecé a prestar especial atención a esos hechos y a preguntarles a mis alumnos por sus creencias sobre "el sentido de lo humano" pero, para mi asombro, por lo general me decían que no formaba parte de sus inquietudes.

Otro hecho que también empezó a llamarme la atención era que en ocasiones los terapeutas hacían o preguntaban algo que después me reportaban diciendo que no sabían por qué lo hacían. Como que las palabras les brotaban de la boca sin ellos quererlo. Decían que era "intuición". Emplazaba a mis estudiantes a que me hablaran de sus planetamientos sobre el ser de lo humano y empecé a revisar las propuestas psicoterapéuticas desde la óptica de "cómo entienden al ser humano". Empecé a pensar que para ejercer como psicoterapeuta es fundamental tener una postura clara de cómo cada quien comprende al ser humano. En un intento por clarificar mi propia postura entré a estudiar filosofía a la Universidad de Chile.

Ahí me encontré con más interrogantes que respuestas, pero, puedo decir que, sin una reflexión ontológica, cualquiera aproximación epistemológica o teórica a la psicoterapia se transforma en una utilización de técnicas y manuales pragmáticos usados al azar y que, por lo general, provienen de posturas totalmente disímiles frente a la comprensión de lo humano. Como sostiene Heidegger (1998):

Toda ontología, por rico y sólidamente articulado que sea el sistema de categorías de que dispone, es en el fondo ciega y contraria a su finalidad más propia si no ha aclarado primero suficientemente el sentido del ser y no ha comprendido esta aclaración como su tarea fundamental. (p. 34).

Desde entonces mi interés ha sido lograr desarrollar una propuesta psicoterapéutica que incluya la mirada ontoepistemológica. Una mirada que invite a que cada terapeuta sea capaz de hacerse cargo de su propia comprensión de lo humano. Pienso que dar ese tipo de respuesta permite que el terapeuta se haga responsable de lo que hace, dice o deja de hacer. Ello lo logré, para mí, en mi tesis de doctorado que intitulé *El lenguaje —visto desde Ortega y Heidegger—, y la fundamentación filosófica de la psicoterapia conversacional.* En dicho escrito vinculo la práctica psicoterapéutica con conceptos filosóficos que para muchos psicoterapeutas son abstractos y genéricos, por tanto, no susceptibles de consideración en la práctica de un quehacer como el que llevan a cabo, pero, que a mí me dejan tranquila. En mi tesis logro presentar la razón histórica, la razón narrativa y la conversación como sustentos del quehacer terapéutico. Muestro que lo que tienen en común las posturas narrativas es el hecho de que narran una historia, la que tiene un principio y un fin, así como un relato secuenciado de acciones en el tiempo, que constituyen el hilo narrativo. Ese hilo narrativo hace pensar, con Ortega y Gasset (1966), que el ser humano no tiene naturaleza, sino historia. Al afirmar esto, el filósofo español se está refiriendo a la persona en el sentido de vida humana personal y, por tanto, en un sentido biográfico. El hombre, en tanto biográfico, no es estático, sino dinamismo y movimiento. En el dinamismo de su existir se encuentra con otros con quienes conversa y dialoga. Esa idea me lleva a acoger el concepto de Taylor (1993) sobre el hecho de que la génesis de la mente humana no es monológica, sino dialógica. Es con otros con quienes nos vamos encontrando o desencontrando, así como aprendiendo a comportarnos.

Indudablemente mi devenir fue en compañía; en la relación con ciertos interlocutores que fueron esenciales para lograr mi propia autodefinición. De cierta manera, fue con algunos compañeros de conversación pero también con quienes actualmente converso. Como dice Taylor (1993) "el yo sólo existe dentro de lo que denomino la 'urdimbre de la interlocución'" (p. 52).

En mi caso, esa urdimbre se fue construyendo con mis hijos, pacientes y con aquellos que se dicen mis discípulos y alumnos, los que sufrieron las innumerables dudas que me nacieron a lo largo de mi carrera, y a quienes hoy sólo puedo decirles gracias. Gracias por haberme permitido explayar mis marcos referenciales, los que fueron cambiando a lo largo del tiempo; como diría Shotter (comunicación personal, Santiago de Chile, 22-23 de octubre de 2009), siempre "hay que ir más allá del límite", del límite que nos impone la cárcel de nuestras creencias y prejuicios.

Así como la narrativa, como comprensión terapéutica, fue importada al campo de la psicoterapia desde el género literario, lo que requiere aceptar, como dice Taylor (1993) que "el rasgo decisivo de la vida humana es su carácter fundamentalmente *dialógico*. [...] Las personas, por sí mismas, no adquieren los lenguajes necesarios para su autodefinición" (p. 52,), no me cabe duda que quienes vienen después de nosotros llevarán la terapia narrativa más allá de los consultorios y del campo de la clínica. Ya lo hicieron los vanguardistas de la comunidad australiana. Imagino la mirada narrativa en colegios, en clubes, en espacios sociales, en cada lugar donde existamos en sociedad. Pienso que cada uno de nosotros podrá, gracias a esta mirada, lograr desarrollar sus recursos y ser valorados en la diversidad como una oportunidad. Me imagino a personas que se encuentren, personas distintas que sean capaces de escuchar y escucharse y que logren hacer ver sus diferentes maneras de pensar, sin susto, sin poner en duda sus propias creencias.

Después de más de cuarenta años ejerciendo y enseñando psicoterapia, de haber sido alguna vez etiquetada con una categoría diagnóstica y de haber visto a mis pacientes encerrados en las cárceles de sus etiquetas o de los hospitales psiquiátricos, puedo decir que ésta es una disciplina en construcción y que estamos construyéndola paso a paso. Entrando a comprender no sólo la psicoterapia de otra forma, sino la interacción humana. La vida es un misterio, la psicoterapia es un misterio, y cuando el paciente se despide agradecido, no queda otra cosa que agradecerle de vuelta, en tanto su sonrisa y su estar bien es un regalo para el terapeuta, regalo que no permite ser expresado en palabras.

BIBLIOGRAFÍA

BANDURA, A. Y RIBES, R. (1975). *Modificación de conducta: análisis y agresión y de la delincuencia*. México: Trillas.

BERTRANDO, P. Y TOFFANETTI, D. (2004). *Historia de la terapia Familiar. Las ideas y los personajes*. Barcelona: Paidos Ibérica.

BOSZORMENYI-NAGY, I. (1994). *Lealtades Invisibles*. Buenos Aires: Paidós.

CAPRA, F. (1985). *El punto crucial*. Barcelona: Integral.

COOPER, D. G. (1985). *Psiquiatría y antipsiquiatría*. Barcelona: Paidós.

GERGEN K. (1996). *Realidades y relaciones. Aproximaciones a la construcción social.* Barcelona: Paidós.

GERGEN, K. Y WARHUUS, L. (2001). "La terapia como construcción social. Dimensiones, deliberaciones y divergencias". En *Sistemas Familiares,* 17, 11-27.

HEIDEGGER, M. (1998). *Ser y tiempo.* Santiago de Chile: Universitaria.

JÜRGEN, K. (1990). *Corrientes Fundamentales en psicoterapia.* Buenos Aires: Amorrortu.

LAING, R.D. (1964). *El Yo dividido: un estudio sobre la salud y la enfermedad,* México: Fondo de Cultura Económica.

MATURANA, H. (2003). *Desde la Biología a la Psicología.* Santiago de Chile: Universitaria.

O'HANLON, W.H. Y WERNER-DAVIS, M. (1993). *En busca de soluciones.* (2ª Ed.). Barcelona: Paidós.

ORTEGA Y GASSET, J. (1966). *Historia como sistema.* (5ª Ed.) Madrid: Revista de Occidente.

REYES, R. Y MENDOZA, R. (1999, julio). "De la ontología muda a las retóricas de la calidad". Presentado a la *Primera Conferencia Internacional Desarrollo Humano y Sociedad: Balances de fin de siglo.* Universidad de La Habana, Cuba.

SZASZ, T. (1988). *Pain and Pleasure: A Study of Bodily Feelings.* New York: Syracuse University Press.

TAYLOR, C. (1993). *El multiculturalismo y la política del reconocimiento.* México: Fondo de Cultura Económica.

WHITE, M. (2002). *El enfoque narrativo en la experiencia de los terapeutas.* Barcelona: Gedisa.

WHITE, M. Y EPSTON, D. (1993). *Medios Narrativos para fines terapéutico.* Buenos Aires: Paidós.

ZLACHEVSKY A. M. (2003). "Psicoterapia sistémica centrada en narrativas: una aproximación". En *Límite* (Universidad de Tarapacá, Arica) 10, 47-64.

ZLACHEVSKY, A. M. (2010). *El lenguaje —visto desde Ortega y Heidegger—, y la fundamentación filosófica de la psicoterapia conversacional.* Tesis para optar al grado de doctora en Filosofía, mención en Metafísica, Universidad de Chile.

ZLACHEVSKY A. M. Y PENA G., L. (1996). *Murray Bowen. Apunte para el curso de Psicoterapia Sistémica,* Santiago de Chile: Universidad Central.

La construcción de informes a tribunales como un rito de legitimización de la vida y lucha de las personas que han sufrido abuso sexual

DESAFÍOS, PRÁCTICAS Y REFLEXIONES O PIQUEROS, VOLTERETAS Y GUATAZOS[1]

Alexis Bustos Villarroel y Felipe Paredes Ramos

El fenómeno de la revictimización por el paso judicial ha sido ampliamente descrito[2]. No obstante, en nuestra experiencia esta vincu-

---

[1] Piqueros, volteretas y guatazos, hace alusión a los términos empleados para dar cuenta de cosas que se han hecho y no han salido como se las tenía planificadas. También el "piquero" dice relación con el atreverse a hacer algo que no se hace habitualmente, se suele decir: "me tire un piquero no más" o "te tiraste un piquero". Por su parte, la "voltereta" es, en el mismo acto de atreverse a hacer algo o a innovar, se dan ciertas "volteretas" o cambios en la dirección en lo que se está haciendo. Y, finalmente el "guatazo" es cuando hacemos algo y sin duda, nos equivocamos o erramos en lo que se intentaba conseguir.

[2] Véase: "Guía para la evaluación pericial de daño en víctimas de delitos sexuales", Fiscalía de Chile, 2010. "Evaluación pericial psicológica de credibilidad de testimonio documento de trabajo interinstitucional posibilidad de legitimización de los mismos en nuestro contexto local". Fiscalía de Chile, 2008. (ambos documentos disponibles en http://www.fiscaliadechile.cl/Fiscalia/biblioteca/estudios.do). "Significados y vivencias de los adultos responsables en el proceso de evaluación psicosociojudicial en el Tribunal de Familia de Valparaíso". Tesina efectuada en el contexto local Valparaíso-Chile, solicitar a los autores si lo desean (artículo de la tesina disponible en: http://ediciones.ucsh.cl/ojs/index.php?journal=Perspectivas&page=article&op=view&path%5B %5D=182&path%5B%5D=139)

lación puede implicar no sólo una vivencia que signifique el revivir un trauma, sino también una oportunidad. Queremos hacer patente en qué contexto esta relación con el poder judicial puede representar una oportunidad para el alivio del dolor; queremos evidenciar y honrar los actos de resistencia que hemos observado en los niños, niñas y adolescentes con los cuales trabajamos y finalmente tomar la idea de los documentos terapéuticos y darle una nueva posibilidad de legitimización de los mismos en nuestro contexto local.

Un poco de contexto

Desarrollamos nuestro trabajo en un programa de reparación de maltrato grave y abuso sexual, el cual trabaja en estricta relación con los tribunales de justicia de nuestro país. Por una parte, con tribunales de juicio oral en lo penal, quienes están a cargo de efectuar los juicios en materias de abuso sexual, en su amplia gama de expresión, materias que se encuentran relacionadas con nuestro proyecto. Por otra parte y más fuertemente, trabajamos con los tribunales de familia, los cuales velan materias referidas a la familia, los niños, niñas y adolecentes. Sus diversas problemáticas y situaciones en las cuales debe mediar la instancia judicial, con el objeto de resolver alguna problemática, vulneración de derechos o sospecha de vulneración de derechos fundamentales.

En Chile desde la ratificación en 1990 de la Convención Internacional de Derechos del Niño, se generaron una serie de instancias formales de trabajo con la infancia. De esta manera surgió el SENAME[3], el cual posee una oferta programática que pretende abordar las distintas problemáticas que afectan a la infancia. Dentro de

---

[3] Servicio Nacional de Menores, es un organismo gubernamental centralizado, colaborador del sistema judicial y dependiente del Ministerio de Justicia. Se encarga de la protección de derechos de niños, niñas y adolescentes, además de regular y controlar la adopción en Chile.

ellas, destacan los proyectos de reparación de maltrato grave y abuso sexual —en adelante PRM—, en los cuales se aborda el trabajo reparatorio en casos de maltrato grave y abuso sexual infantil.

Un aspecto fundamental en el contexto de trabajo en lo judicial son las audiencias que se realizan en los tribunales de familia, las cuales —como mencionamos— buscan pronunciarse respecto de temáticas referentes a la infancia y adolescencia. Para ell@s, la instancia de la audiencia, se posiciona como un elemento central en la toma de decisiones frente a las familias y sus problemáticas. Las audiencias en sí, son un momento sumamente formal, ritualizado y ordenado en el cual se expresa cada miembro de la sala de audiencia, integrados por: juez@, consejer@ técnic@, abogad@s, padres, madres y por supuesto los niñ@s.

Frente a este paso por las audiencias, se generan una serie de sensaciones, las cuales se registraron en el estudio realizado durante los años 2010 y 2011 en un tribunal de familia en particular[4].

El trabajar con la realidad del abuso sexual infantil inmerso en un contexto judicial como lo son los tribunales de familia, fiscalías o tribunal de juicio oral en lo penal, supone una complejidad mayor, en tanto, el sujeto psicosocial[5] y el sujeto jurídico son diferentes y hasta incompatibles. En esta parte queremos cambiar la palabra sujeto por lenguaje, entones el lenguaje jurídico y el lenguaje psi-

---

[4] "Significados y vivencias de los adultos responsables en el proceso de evaluación psicosociojudicial, en el Tribunal de Familia de Valparaíso". Tesina efectuada en el contexto local Valparaíso-Chile, solicitar a los autores si lo desean (artículo de la tesina disponible en: http://ediciones.ucsh.cl/ojs/index.php?journal=Perspectivas&page=article &op=view& path%5B%5D=182&path%5B%5D=139)

[5] Dicho concepto hace referencia a la forma de trabajo particular denominada psicosocial, en la cual se trabaja generalmente en equipos multidisciplinarios. De igual manera hace alusión a una cierta forma de comprensión de las personas inmersas en un contexto particular, el contexto psicosocial.

cosocial van a diferir completamente. Por una parte, lo judicial se basa en los hechos observables, las pruebas, la "objetividad" y el resultado; por otra parte, el lenguaje psicosocial intenta integrar la complejidad, la posibilidad, lo "subjetivo", el proceso y en general el modo subjuntivo de la cultura (entre muchas otras diferencias) pero, el lenguaje judicial —al menos en nuestro país—, posee un estatus superior el cual se traduce en lógicas directivas y verdades objetivas a las cuales se puede acceder.

Finalmente, en este contexto realizamos un trabajo terapéutico multidisciplinario, en el cual distintas profesiones como la psicología, el derecho, el trabajo social y la psiquiatría infantojuvenil, intentan dar respuesta al fenómeno del abuso sexual infantil —en adelante: ASI.

Dime los diagnósticos que tienes y te diré qué eres[6]

Con frecuencia nos encontramos con familias, niños, niñas y jóvenes que poseen una serie de diagnósticos de diversa índole, médicos, psiquiátricos, psicológicos, entre otros. Muchas de estas familias ingresan a nuestro proyecto, de esta manera frecuentemente nos encontramos con diagnósticos que rotulan, determinan y cosifican a las personas. Es más, nos hemos encontrado con diagnósticos que dicen: "el joven tiene esquizofrenia juvenil" o "la joven tiene una esquizofrenia leve" o también: "la persona se está despersonalizando de a poquito". Lo anteriormente mencionado no es parte de una fantasía de los autores, sino de diagnósticos efectuados por

---

[6] El subtítulo mencionado hace relación con un dicho chileno, el cual versa: "dime con quién andas y te diré quién eres", por ejemplo: si la persona, anda o se relaciona con otras personas en conflicto con la justicia, será llamado delincuente por el solo hecho de juntarse con personas que tengan problemas con la justicia. Más bien, se transforma en una correlación espuria, sin fundamento, o bien, en un prejuicio enjuiciador.

profesionales de la salud mental[7] —en este apartado no es que desconozcamos la realidad del diagnóstico, sino más bien lo ponemos entre paréntesis. Como un elemento más de la complejidad de lo que significa ser humano.

El diagnóstico es una realidad con la que debemos trabajar, no la desconocemos pero en ningún momento guiará nuestras prácticas. En nuestra experiencia laboral anterior pudimos ser testigos presenciales de una crisis importante, una crisis de sentido. Trabajando para otra modalidad de SENAME, precisamente la modalidad diagnóstica, vimos cómo entra en crisis la realidad de los discursos "objetivos" y estáticos que suelen encontrarse en los documentos formales esgrimidos como diagnósticos de las personas, así se trate de diagnósticos médicos, psicológicos, sociales, psiquiátricos entre muchos otros. La principal fractura de sentido ocurrió al momento de conocer las prácticas narrativas, en contraposición a las teorías que deben sustentar las conductas humanas. De esta forma, el comienzo de esta fractura se caracteriza por los siguientes principios éticos (White, M. 1993):

- El problema no es la persona, el problema es el problema.
- Las historias moldean nuestras vidas. Existen historias dominantes/problemáticas que saturan nuestras vidas, pero también, existen historias subyugadas/alternativas.
- La posición del terapeuta es descentrada pero influyente.
- Una ética de la colaboración, no del control.
- La imposibilidad de conocer o tener acceso a una realidad

---

[7] No pretendemos aquí abordar a cabalidad los sobre-diagnósticos o los diagnósticos erróneos, mencionamos ello a modo de ejemplo y cómo la formalidad de lo que significa tener un diagnóstico tal, puede impactar y afectar la identidad de la persona, totalizando su identidad y cosificando su actuar en el mundo.

"objetiva", ya que todo conocimiento requiere un acto de interpretación (idea basada en los planteamientos de Gregory Bateson).

De igual forma, incluimos otros principios o planteamientos que encontramos interesantes de implicar en nuestra práctica:

- La experiencia de una persona y su emocionalidad son inaccesibles a un tercero.
- A lo que uno tiene acceso es a una descripción de una experiencia x, y esa experiencia x está caracterizada por la interpretación subjetiva e intersubjetiva de quien la vivió (Bohanan, 1993; Schütz, 1993; White, 1993; Bustos, A. 2013).
- Todo acto de conocimiento requiere una interpretación y la interpretación siempre es subjetiva. También se relaciona con los aprendizajes y la experiencia previa (Bateson, 1976; Bohanan, 1993; Schütz, 1993).
- La experiencia de esa persona, no la determinará como ser humano, por el contrario, contribuirá al acervo de conocimientos y engrosará su repertorio de experiencias (Schütz, 1993, White, 1989).
- La historia que se cuenta de la experiencia, siempre es una historia incompleta (White, 1993; Bustos, 2013).

Fue entonces que empezamos a interesarnos por esta nueva forma de ver al ser humano, no la objetiva, sino la que despliega las infinitas posibilidades del ser, la persona intersubjetiva inmersa en experiencias. Nos empezamos a desinteresar por los discursos dominantes y técnicas de poder. Empezándonos a involucrar en los microrelatos y sobre todo, en los relatos excluidos, y las posibilidades que brindan las narraciones subyugadas, aquellas que posibilitan más que otras que cierran posibilidades; las que posibilitan la reautoría, la renarración, la reescritura de las historias y a su vez, de las vidas (White, M. 2004; Morgan, A. 2000; Bustos, A. 2013).

Comenzamos a distanciarnos de la objetividad, neutralidad y parcialidad de los diagnósticos porque nos empezamos a interesar por las voces de las personas y las posibilidades de ser incluidas en sus propios procesos (informes o diagnósticos), en cómo poder enriquecer sus historias, en cómo escuchar lo que tienen que decir y, sobre todo, en cómo las personas recobran las riendas de sus propias vidas, es decir, estamos atentos al agenciamiento de las personas con quienes trabajamos. Aquí cobra real importancia el concepto de agencia personal propuesto por White:

> El modo narrativo sitúa a la persona como protagonista o como participante en su propio mundo. Es un mundo de actos interpretativos, un mundo en el que volver a contar una historia es contar una historia nueva, un mundo en el que las personas participan con sus semejantes en la "re-escritura", y por tanto en el moldeado, de sus relaciones y su vida. (1993).

Otra cosa es con guitarra[8]
Las grietas y cuestionamientos descritos en el apartado anterior nos llevaron a repensar nuestras prácticas, respecto a cómo traducir estas ideas de una forma que pudiese honrar la lucha y resistencias

---

[8] Esta expresión, es ampliamente utilizada cuando se quiere decir que lo que se intenta hacer es más difícil de lo que se creía o lo que se tenía presupuestado. Suele ser un dicho ampliamente utilizado en Chile.

de los niños, niñas y adolescentes con los cuales trabajamos. Estas reflexiones han ido generando fisuras en nuestros discursos dominantes sobre lo posible de comunicar a una instancia "tan formal" como lo son los tribunales de familia. El lenguaje resolutivo y objetivo que se nos exige en dichas instancias en la búsqueda de una toma de decisión más expedita, concreta y simple, hace que muchas veces la complejidad de las personas y las situaciones en las que se encuentran se pierdan en un lenguaje técnico-legal que las oculta. La sensación de incomprensión por parte de los y las niñas y sus familias aumenta tras el paso por el sistema judicial (ver citas 2 y 5).

El darnos cuenta de este proceso implica reconocer el cómo nosotros formamos parte del mismo sistema u operativo social. Al no reconocer nuestro rol participante y no cuestionar dicho lenguaje y sus efectos, disminuye nuestra posibilidad de efectuar cambios a la cultura que sostiene estas dinámicas. No obstante, al enfrentarnos a esta posibilidad (entre muchas otras) de explicar los fenómenos, nos hemos sentido llamados a someternos a dicho discurso y no comprender nuestro rol crítico en los pequeños actos y grietas que podemos ampliar y/o cambiar en orden de rescatar los discursos subyugados de las familias y sus comprensiones.

Queremos compartir los pequeños actos de resistencia y las búsquedas para encontrarlos. Evidenciaremos tanto los aciertos como los desaciertos en la búsqueda de abrir esta conversación a posibles nuevos interlocutores que nos ayuden a seguir desarrollando alternativas.

Cambio en el lenguaje de los informes y oficios

Aquellos autores que han dado vida a las prácticas narrativas, han recalcado ampliamente la importancia del uso de las palabras en cuanto a que estas construyen realidades (White, M. 1993). Los actos de distinción son performativos y en la medida que se reactualizan en los diversos intercambios sociales van definiendo aquello que se entiende como sentido común, lo incuestionable y dado por hecho. El discurso legal a partir de su praxis tiende a visualizarse como inequívoco, objetivo y por ende decisor, de lo que es real o no. Un delito es definido como tal a partir de la práctica lingüística que sucede en las instancias de un tribunal. Llevándolo a nuestro quehacer, un acto violento o abusivo es definido socialmente como tal a partir de lo ordenado por el tribunal correspondiente. El intercambio social de una conversación informal sobre un delito que por ejemplo podamos haber visto en la televisión, no reviste las mismas consecuencias para las personas involucradas que el mismo intercambio social en las instancias legales. El poder que se desprende de la posibilidad de accionar mecanismos legales tales como medidas de protección, sanciones penales, etcétera, da un salto abismal en términos de legitimización y validación.

Con esta comprensión a la base, uno de los primeros cambios que hemos intentado implementar, es el cambio del lenguaje de los informes y oficios a tribunales. Parece un acto simple, no obstante reviste una gran complejidad al tener que construir nuevos criterios y condicionantes a la forma de escribir a las instancias judiciales. Aquello que logramos consensuar y que significó el reflexionar a partir de una ética que se focalice en la agencia de las personas fue:

a) Trabajar bajo el entendido de que el lenguaje judicial tiene como objetivo una toma de decisión frente a una situación en particular (iniciar, mantener o dar por terminada una medida legal). Por las características propias de este objetivo, existe una tendencia a favorecer un lenguaje que se inclina a objetivar, simplificar y recalcar lo problemático de las situaciones familiares.

b) Dicho lenguaje, si bien cumple el objetivo de favorecer la toma de decisión de un tribunal, muchas veces no da cuenta de aquello que la persona desea expresar de su propio proceso. Por ende carece de sentido para las personas, en cuanto no son agentes de lo que se está diciendo de ell@s. El diagnóstico y lo informado les sucede, no lo construyen ni definen. El informe se vuelve ajeno y carente de valor terapéutico para la propia persona.

c) Creemos que un informe o documento debe cumplir ambos fines. Tanto el informativo a las instancias legales, para una toma de decisión oportuna, como el proceso terapéutico para la legitimización de cambios, procesos, luchas, resistencias, reconocimiento de recursos, etcétera.

d) Queremos que dichos textos sirvan para honrar la vida de las personas y que den pie a conversaciones de reautoría (White, 1993).

e) Describir el problema, de forma que quede claro que el problema es el problema y no es la persona ni su familia, dejando patente los desafíos frente al mismo.

Un ejemplo de esto es el siguiente párrafo de uno de los oficios a tribunal de familia de Viña del Mar, Quilpué y otras instancias formales, que escribimos la siguiente descripción:

INTENTANDO RESCATAR LOGROS AISLADOS
Y RESPUESTAS AL TRAUMA:

"...se efectúa un trabajo de reconstrucción de historia vital y reescritura de vida de J, teniendo presente que, la conducta de PAS[9] se produce cuando él tenía doce años y su hermana agredida F, seis años respectivamente"

---

[9] Prácticas de abuso sexual en niños/adolescentes o prácticas abusivas sexuales.

"[...] se descubren eventos o logros aislados que contribuyen a engrosar la historia subyugada de J, la cual tendía al otorgamiento de rótulos negativos, que abarcaban gran parte de la historia vital de J..."
"[...] se han orientado sesiones para rescatar los motivos de orgullo familiar, con el objeto de amplificar los eventos aislados positivos, en contraposición de la historia saturada y problemática..."

"[...] dichos recursos dicen relación con la capacidad de desviar o descentrar la atención de las emociones negativas, como medida para ello, se refugia en el dibujo, la música o en la tranquilidad como medio para recobrar una emocionalidad más sana..."

Pese a los esfuerzos de cambiar la redacción, tales actos no tuvieron el impacto deseado en términos de suscitar conversaciones que honraran los procesos de las personas y rescataran los conocimientos locales de las familias y sus problemas. O por lo menos no para ellos que era finalmente el objetivo buscado. Lo que esperábamos era incluir las voces y formas de las personas con las que trabajamos a la luz de las prácticas narrativas. Y en ello, esperábamos generar efectos en las mismas personas, pero en verdad lo único que hicimos fue cambiar el lenguaje y generar efectos en nosotros mismos como terapeutas que adherimos a las prácticas narrativas en tanto en esta etapa no incluimos del todo la voz de las personas, ni mucho menos les invitamos a reflexionar sobre qué cosa específica querían contar al tribunal. Al reflexionar sobre esto, nos cuestionamos aún más nuestras premisas, pensando que el informe es solamente una fase o parte de la dinámica entre las personas y el sistema judicial. La importancia de recabar la historia completa de la relación era fundamental para dar fuerza al documento. Un documento descontextualizado no se sentía como propio aunque fuese escrito con buenas intenciones por terceros.

ALGUNAS CONSIDERACIONES PARA EL PROCESO DE DOCUMENTACIÓN

Lectura conjunta de la historia de informes

Existe una práctica en Chile, en relación a los informes a tribunales de la que no nos habíamos percatado cabalmente. Los informes a tribunales raramente son leídos por las personas, y si se hace, se encuentran en unlenguaje técnico, el cual, les oculta muchas veces el significado de lo dicho. No obstante, estos textos son fundamentales para las decisiones sobre los asuntos familiares. En nuestra práctica, nos hemos encontrado con muchas personas que no saben la razón por la cual se encuentran en un programa de SENAME u otro similar. Su historia judicial los vuelve tendientes a desconfiar de los procesos, de hecho, muchos de los problemas de adherencia a los programas de reparación u otros programas de SENAME pueden entenderse desde el prisma de la falta de sentido de ir a tal o cual lugar.

Tomando en cuenta la reflexión anterior, nos pusimos como meta el revisar la historia de los informes con las familias, los niños, niñas y lxs adolescentes. La idea era *traducir* lo que se opinaba sobre ellos y sus problemas. Para esto fuimos cuidadosos en el lenguaje, no deseábamos que las conversaciones en torno a estos informes se transformaran en discusiones alrededor de la legitimidad o no de las percepciones de profesionales o los tribunales (en el caso de actas de audiencia). Intentamos en todo momento plantear esta visión, como un punto parcial pretendiendo centrar la conversación en torno a qué podría haber pasado, en el momento de la evaluación que estos profesionales escribieron lo representado en los informes y qué de aquello que se escribió no expresaba cabalmente su relación con el conflicto o problema que le aquejaba. El efecto de este tipo de lenguaje relativizado de un discurso objetivo, abrió grietas en las conversaciones permitiendo a las familias opinar abiertamente de lo escrito sobre ellas. Si bien, muchas personas sintieron rabia y decepción de lo que se estaba planteando en tribunales, también hubo personas que se sintieron representad@s. No obstante, estas últimas argumentaban dificultades situacionales señalando que respondían a contextos específicos y no a cualidades intrínsecas inamovibles. Ambas sensaciones dieron pie a una toma de posición en torno a lo que se hablaba de ellas, manifestando sus ganas de ser escuchadas y por ende brindando un contexto con sentido para la próxima etapa.

Escribiendo en conjunto

La contextualización que brinda la revisión de la historia de los informes, provee un piso desde donde conversar. Permite posicionar el informe a tribunales como una instancia de ser escuchad@ *versus* una historia a ser descrit@. De la misma forma posiciona el texto como una evidencia de lo trabajado, en términos terapéuticos y el consenso de aquello que se seguirá elaborando y los objetivos que se plantean a futuro. Preguntas que nos ayudaron en este espacio y que facilitó la escritura de oficios e informes a la judicatura fueron:

Preguntas de evaluación del proceso

¿Qué te gustaría que el tribunal sepa del proceso terapéutico que estamos llevando? ¿Por qué es importante para ti? ¿Qué creencia, sueño o intención esconde aquello que es importante que aparezca en este informe? Si hubieran escuchado esto que es importante para ti, ¿crees que se habría decidido otra cosa?

Preguntas sobre lo importante para la persona

¿Te gustaría contarle al tribunal sobre los pasos que diste para tomar esas decisiones, o para hacer lo que hiciste? En esa misma línea, ¿crees que es útil informar al tribunal sobre tus logros, alcances o aprendizajes? De ser así, ¿qué es lo más importante que deberían saber sobre lo que es importante para ti? ¿Hasta qué punto o qué aspectos podemos comunicar esto que es importante para ti? ¿Cómo te imaginas la recepción de lo que vamos a informar? ¿Cuál crees que será el impacto en las personas del tribunal, con esto que quieres contar de ti?

Preguntas de predicción

Proyectemos este proceso y sus logros a futuro, ¿qué te gustaría incluir en el informe sobre las proyecciones del trabajo que estamos haciendo? ¿Rescatando estos logros qué crees que sucederá con tu vida y los desafíos que estás enfrentando?

Tras estas entrevistas comenzamos a incluir en los informes o documentos formales, las respuestas textuales que entregaban las personas con las que trabajamos, algunas de ellas a continuación:

"… quiero superar estas barreras que alejan a la gente…"

"… dejar los fantasmas del pasado atrás…"

"Disfrutar de mi familia, de mi esposo, de mis hijos y de la vida."

Queremos mencionar una vez más, algunas cosas que creemos importantes de la redacción de oficios, diagnósticos u otro documento formal. Las cartas "formales" como las denomina White (1993) hacen alusión a comunicaciones entre profesionales acerca de las personas y sus problemas. Generalmente se escriben en un lenguaje técnico y en la mayoría de los casos, las personas no tienen acceso a estos documentos, los cuales tendrán influencia directa en sus vidas y en lo que ocurra en las instancias judiciales. Por otra parte y —siguiendo a White—, en una terapia relatada, las cartas o documentos que allí se producen, se hacen en conjunto, son una realidad co-construida, no son propiedad del profesional, muy por el contrario, son propiedad de la persona, quien puede tener la opción de compartir o restringir el uso del documento terapéutico co-construido.

El informe de avance u oficio a tribunal es un documento obligado a realizar por los PRM y sus profesionales. Por ende se distancia de lo propuesto por White en alusión a los documentos terapéuticos. Pero nos hemos dado cuenta que reviste una oportunidad en términos reparatorios y es esencial incluso si pensamos en contextos coactivos, donde el aunar una voz en un consenso de la importancia de poner en papel y los efectos que puede tener el documento, amplía las posibilidades de conversaciones que invitan a l@s involucrad@s a tomar posición con respecto del presente, pasado y futuro de la terapia.

Inclusión de la abogada en las sesiones terapéuticas

En concomitancia con lo descrito en el apartado anterior, nos dimos cuenta que el poder proyectar y conversar sobre los alcances de las decisiones judiciales necesitaba la comprensión de terminología propia del sistema legal. La inclusión en las sesiones terapéuticas de la abogada y su intervención fue el siguiente paso. Este ejercicio nos dio luces en cuanto a la práctica de traducción, la cual se basó no sólo en el elemento psicosocial, sino que, al abordar el ámbito judicial desde la experticia/experiencia de una persona representante de este lenguaje, permitió que las familias y los niñ@s pudieran comprender de mejor forma los diversos escenarios e implicancias que se proyectaban a partir de lo dicho en los informes. Como plantea Lyotard (2004) las reglas del juego lingüístico y social quedaban en evidencia. La democratización de los saberes a partir de la práctica de traducción y negociación, en conjunto con la construcción de un lenguaje común y cercano a todas las partes, permitió el aumento en la sensación de agencia por parte de las familias y constituyó un ápice fundamental en la construcción conjunta de un informe a tribunales.

Creemos que lo descrito en este apartado da cuenta de los elementos micropolíticos que pueden emerger en el contexto terapéutico y estamos expectantes de los resultados a largo plazo de este tipo de prácticas (Bustos, 2012).

La audiencia como rito de pasaje. Honrando la vida de las personas
La metáfora del rito ha sido trabajada arduamente por los teóricos fundacionales de las prácticas narrativas (White y Epston, 1998) En lo concerniente al trabajo con familias y niñ@s que han sobrevivido a un abuso sexual pareciese que existe un consenso en relación a dos elementos constantes a trabajar; por un lado la aparente detención de algunos procesos a nivel de desarrollo que redundan en sintomatología con altos montos de emocionalidad y disrupción/ desregulación conductual y por otro lado, la sensación de usurpación en las víctimas de la agencia personal a partir de la experiencia traumática. White, Janet Adams-Westcott y Deanna Isenbart lo plantean de la siguiente forma: "En todas las familias los ritos son una parte importante de su evolución a lo largo del ciclo vital. En las familias que tuvieron alguna experiencia de abuso sexual infantil intrafamiliar, esa evolución se detiene y la conducta ritual permanece subdesarrollada, rígida o se vuelve hueca." (Durrant y White, 2006).

Las audiencias son en sí mismas rituales cargados de símbolos y gestos que articulan las relaciones de poder que brindan de contexto al llamado poder judicial. No es poco común, que frente a este baile de pautas/formas desconocidas, la primera reacción sea de estupefacción, no comprensión y retirada.

El trabajo que hemos mostrado hasta este punto del capítulo prepara a la familia y l@s niñ@s para que visualicen el espacio de la audiencia como un espacio que suscite no sólo estas emociones y reacciones, sino que más bien se transforme en un espacio más de legitimización de esfuerzos, luchas, resistencias y logros. La articulación conjunta de un discurso común, con sentido, vuelve el texto y los actos posteriores en una cadena de prácticas que permiten que lo ceremonial del proceso judicial se direccione en el proceso reparatorio de l@s niñ@s y no al revés.

Bailando con el feo[10]

Al momento de finalizar nuestro texto, comenzaron a surgir una serie de dudas de cómo terminar esto que habíamos empezado. De esta forma, surge la posibilidad de terminar con la propuesta de un mapa andamiado de preguntas que se relacionen al trabajo que se desempeña junto o para los tribunales de justicia. Pero hacer eso significaba una tarea demasiado compleja y ambiciosa, lo que nos hizo tomar la decisión de finalizar posibles categorías o temáticas de indagación, estrictamente relacionadas con lo que escribimos en el presente artículo.

---

[10] Variante nuestra del dicho popular chileno "bailar con la fea" el cual hace referencia al tener que lidiar con condiciones adversas. Lo incluimos en este contexto entendiendo las dificultades que representa el lidiar con el poder judicial para los profesionales del área social y lo que implica en términos de no dejar al "feo" aparte, sino incluirlo en el baile de lo terapéutico.

1. Posible mapa de acción.

2. Opinión frente a la historia de informes judiciales —implica toma de posición de las personas con quienes trabajamos.

3. Rescatar aquello que es importante para las personas de recuperar, comunicar y ampliar a tribunales, aspectos de sus vidas y de sus procesos terapéuticos. (Logros, reconocimientos, esperanzas, sueños, etc.).

4. Intencionar conversaciones que busquen ampliar la sensación de agencia en torno a lo que se va a decidir en una audiencia/tribunal — conocimiento judicial (participación abogada, entendimiento de lo que se va a decir).

5. Escritura conjunta de informes a judicatura.

6. Ritual—audiencia.

Finalmente, estos documentos y acciones tienen la intención de desafiar las técnicas de poder. En relación a las técnicas específicas de poder utilizadas por otros, en el caso de los diagnósticos y sobrediagnósticos. Respecto de la participación, como vehículo o instrumento de poder, en este caso, en la inclusión de las personas en los informes que se envían a tribunal y, en el sometimiento de las técnicas del sí mismo o, en la cosificación de algunas perspectivas "objetivo-legales"(White, 1993).

Si bien, nos hubiese gustado finalizar con un extracto de algún informe, por razones que atañen al tema de resguardar la información, no podemos hacerlo. En tanto, dichos informes son parte de investigaciones penales vigentes o son parte de medidas de protección de los distintos tribunales de familia del país; pero para subsanar esto, ejemplificaremos el cómo quedan las partes de un informe redactado bajo estos lineamientos, el párrafo que verán a continuación es ficticio y no es parte de ningún informe, sólo es una ejemplificación para nuestr@s lectores.

NIÑA

Sr. Juez, déjeme contarle que, ya no tengo miedo del sr. X, él ya no me puede hacer daño. He aprendido a pedir ayuda, me han enseñado cómo me puedo cuidar. También, el miedo que sentía, que era del porte del mundo entero, ahora es chiquitito, es del porte de una moneda y mi mamá me ha ayudado mucho con eso, cada vez que ella iba a audiencia y ella salía ganando, el miedo se hacía más chico. Cada vez que mi mamá me protegía en el tribunal y no podía ver al Sr. X, el miedo desaparecía… No fue fácil, me preparé con ayuda de varias personas, estuvieron para mí cuando las necesité. Gracias a ellos también, pude superar el miedo…

ADULTA

Quiero dejar los fantasmas del pasado atrás. Quiero disfrutar de mi familia, de mi esposo, de mis hijos y de la vida. Quiero derrumbar las barreras que he puesto a mi familia. Antes creía que era mi culpa, que tenía algo malo dentro mío, que me merecía las cosas malas que me pasaron. Me preparé de a poco, antes no quería contarle a nadie, ni mi esposo sabía… A él fue el primero que le conté, recibí todo su apoyo, después le conté a mi suegra, ella también me apoyó… las barreras se empezaron a caer, ya sabía que podía acercarme a mi familia y contar con ella… Enterré a la Paula en la quebrada, ahora, la Paula antigua volvió, la que se ríe, la que disfruta, la que habla con los demás…

BIBLIOGRAFÍA

Bateson, G. (1976). *Pasos Hacia una ecología de la mente*. Buenos Aires: Carlos Lohlé.

Bohannan, P. (1993). *Antropología, lecturas*. Madrid: McGraw Hill.

Bustos, A. (2014). *Crónicas de una Fractura*. Primer encuentro de Terapeutas Encapuchadxs, Encuentro efectuado en el Bar Cívico de Valparaíso, Chile, 4 de Enero del 2014.

Durrant, M. y White, Ch. (2006). *Terapia del abuso sexual*. Barcelona: Gedisa.

Epston, D. y White, M. (1993). *Medios narrativos para fines tearpéuticos*. Barcelona: Paidós.

Lyotard, J. (2004). *La condición postomderna*. Madrid: Cátedra.

Morgan, A. (2000). *What Is Narrative Therapy?* Adelaide: Dulwich Centre Publications.

Paredes, F. (2014). *Enfrentando el silencio; actos de resistencia frente al dolor de comunicar y preguntar*. Primer Encuentro de Terapeutas Encapuchadxs, efectuado en el Bar Cívico de Valparaíso, Chile, 4 de Enero del 2014.

Schütz, A. (1993). *La Construcción significativa del mundo social*. Madrid: Paidós.

White, M. (2004). *Guías para una terapia familiar sistémica*. Barcelona: Gedisa .

White, M. (2002). *El enfoque narrativo en la experiencia de los terapeutas*. Barcelona: Gedisa.

White, M. (2007). *Maps of Narrative Practice*. New York: Norton. (trad. cast. *Mapas de la práctica narrativa*. Santiago de Chile: Pranas Chile Ediciones. 2016)

White, M. (2011). *Narrative Practice, Continuing the conversations*. New York: Norton. (*Práctica narrativa. La conversación continua*. Santiago de Chile: Pranas Chile Ediciones. 2015)

ÜL (Cantos)

RESCATANDO SONIDOS Y RITMOS DE UN LATIR CON MEMORIA

Christian Beraud

Dedicado a la memoria de Ana Celia Huichapani Levitureo

MARI KECHU	XV
Kiñe anthü mapugetulleaymi	Algún día formarás parte de la tierra
¡Tukulpafe!	¡Recuérdalo!
kiñe anthü mapugetuaymi	Algún día serás tierra
kam mamüllo	serás árbol
kam kachuo	hierba
kam raq metawe.	o cántaro de greda.
Kam chem kachu chiy	Quizás seas cualquier pasto
Ka iyaetew ta pu mansun.	y te coman los bueyes.
Fachi anthü mülege ta iñche mew.	Aprovecha hoy de estar conmigo
Poyeen.	Ámame.
Wüle ta naq anthü	Mañana será tarde.
Mapugetuaymi.	Serás tierra.

Chihuailaf, Elicura. Ülkantun ka Epew Chile Mapu Mew: *Kiñe Chillkatufe*

En este texto quiero contar la historia de mi conversación con Ana, una mujer de herencia mapuche por parte de su abuela materna y chilena por el lado de su abuela paterna, entre los cuarenta y los cincuenta años de edad, profesora de lenguaje, con mucha credibilidad en el contexto escolar en donde trabajó. A través de los años, Ana ha abierto espacios para compartir parte de la cultura mapuche con sus estudiantes, ganándose un lugar importante en la escuela. Así la conocí, Ana no me dijo esto.

Primero que todo, esta fue una conversación sostenida dentro del contexto laboral cotidiano. Ella nunca me solicitó una consulta, ni me pidió terapia —por nombrar este espacio con un término que conocemos, sino que nos sentamos a conversar. En ese momento decidí tener una conversación guiado por las preguntas con éticas narrativas, en lugar de tener una conversación dirigida por las formas cotidianas de hablar o conversar chileno.

También quiero mencionar mi posición de privilegio en esta conversación, soy hombre, de profesión psicólogo, de veintiocho años, blanco, pelo y ojos claros, hablo lenguaje chileno, tengo apellido francés y mantengo una posición privilegiada en el colegio en el que trabajo, en términos de conocimiento: podría ser representante de la "verdad científica", con un criterio validado laboralmente para determinar lo que es normal y anormal en la vida de lxs estudiantes. Provengo de la zona central de Chile, lugar desde donde se narran las historias dominantes al resto de mi país, especialmente para la región de Aysén[1], lamentablemente invisible para la mayoría de lxs chilenxs.

---

[1] Región al sur de Chile, donde parte del Pueblo mapuche fue desplazado por la invasión blanca, provocando una migración progresiva hacia la Patagonia. Esta migración fue resultado de la usurpación de sus tierras, la continua persecución y búsqueda de la sobrevivencia. Cabe destacar que parte de este territorio fue fuertemente influido por colonos Europeos y chilenos.

Antes de contar sobre nuestra conversación con Ana acerca de las ideas que me guiaron, quiero hablar un poco sobre el contexto y también de algunas historias que aún están presentes al momento de situarnos a conversar sobre uno de los muchos escenarios políticos de Latinoamérica, mi país.

Chile en Latinoamérica

A pesar de que han transcurrido casi 500 años[2] desde la colonización española, los efectos y prácticas siguen instaladas como parte de nuestras relaciones y narraciones cotidianas. Estas prácticas se ejercieron en el territorio mapuche, a través del enfrentamiento militar que tuvo como consecuencia intencional la apropiación de su territorio. Existen otras consecuencias evidentes como la desintegración progresiva del Pueblo mapuche a raíz de la masacre, explotación laboral indígena por mitas, esclavitud, asesinato, sistema de encomiendas, entre otras. También hay otras consecuencias más solapadas, pero igual de violentas como la invisibilización de la voz (Foucault, 2012) del Pueblo mapuche cuya narración de una historia propia fue subyugada por las versiones de los denominados "vencedores", historias que fueron transmitidas en los contextos de educación pública, a través de libros e historiadores "oficiales", contadas en otras lenguas que se privilegian sobre las nativas; los valores europeos que nos enseñan cotidianamente sobre qué, cómo y cuándo creer y replicar, los eventos que nos muestran los supuestos "orígenes verdaderos" a través de la idea del "descubrimiento de América" o "la conquista", la valoración continua de supuestos "héroes" y "valores patrios", menospreciando al héroe local, perteneciente a esa cultura "del perdedor". Actualmente, a lxs mapuche, se les continúa brindando

---

[2] http://www.memoriachilena.cl/602/w3-printer-584.html, Batalla Reinohuelén, año 1536.

apreciaciones negativas y representaciones invertidas como delin-
cuentes, flojxs, salvajes, agresivxs y ladrones entre otras.

En nuestros tiempos se siguen realizando prácticas violentas en
contra del Pueblo mapuche por parte del Estado chileno. Continúan
las desapariciones, los asesinatos, los incumplimientos de los acuer-
dos históricos, la invisibilización pública y cotidiana a través de los
medios de comunicación y el uso de éstos para validar la violencia,
racismo y los efectos evidentes de la colonización. En el presente se
les criminaliza constantemente, tanto sus causas como sus luchas
políticas, relacionadas con la recuperación de los territorios, cultura y memoria histórica. Sin embargo, durante estos 479 años, a
pesar de la utilización de la historia como tecnología colonizadora,
continúan la resistencia contando "su historia no oficial", haciendo
presente hasta el día de hoy su voz, en favor de la recuperación de
territorio en planos políticos y micropolíticos. La historia de nuestra
conversación con Ana es un testimonio de esto.

El contexto ético de la conversación

Los criterios éticos que me guían en esta conversación, se establecen
bajo las ideas de Michael White y David Epston (2002) y su interés
por la historia (White, 2002), comprendida como base y escenario
para la reflexión crítica que posibilita la negociación de historias
alternativas posibles. Mantener esta comprensión fue clave para incorporar éticas que nos acercaran a una posición descentrada pero
influyente (White, 1997), comprender que las personas siempre responden, (White 2004), y algunas otras ideas como: estar consciente
de la resistencia histórica del Pueblo mapuche y responder a la relación de privilegio que ejerzo, ayudándome a mantener presente
la relación de poder entre nosotrxs en nuestra conversación. Por

último, la utilización de conversaciones de remembranza (White, 1997), gracias al trabajo de la antropóloga Bárbara Myerhoff y la utilización de esta metáfora, trabajada terapéuticamente por Michael White, para reconocer y honrar la contribución de algunas personas significativas en su aporte y conexión a nuestra conformación de identidad preferida.

La conversación

Enmarcamos nuestra conversación sobre nuestras propias apreciaciones del sistema y reforma *educacional chilena*[3], el cual según concordamos, replica constantemente las mismas prácticas colonizantes que alejan y silencian la posibilidad de integrar otros tipos de saberes, saberes sometidos (Foucault, 1976), actualmente por la historia y su violencia.

Ana menciona que su educación temprana y la influencia del Pueblo mapuche fue por la cercanía de su abuela materna. Ella le enseñó a través de un tipo de relatos orales llamados *Epew,* basados en leyendas, cuentos y fantasías que son utilizados para transmitir valores y enseñar a ser *che* (persona), ya que para el Pueblo mapuche, no se nace siendo persona; ser *che*, es parte de una construcción de subjetividad en torno a sus propias creencias, a diferencia de nuestros saberes occidentales que según mi comprensión, se asocian a una subjetividad esencialista (es decir a una forma dada de ser).

Me interesó muchísimo escuchar y preguntar acerca de cómo estos conocimientos han contribuido a su vida actual.

Hay dos *Epews* significativos para su historia:

---

[3] http://www.reformaeducacional.gob.cl/

(…) cuando mi abuela materna supo que ingresé a la escuela, a los cinco años, me llevó al río, tomó dos piedras y tiró una piedra al agua y la otra la tiró sobre otra piedra. Me enseñó que yo tenía que ser *ko* (agua) porque lleva todo a la calma, ya que yo era muy dura, bruta. Además el *ko* me limpiaba, me alimentaba, se hacían ofrendas con el *ko*. Con el tiempo logré entender que si yo iba a ser una roca, me iba a romper. […]Mi abuela me lo explicaba cuando tiraba una piedra sobre la otra piedra, hacía un sonido, "chocaba", luego me tocaba el pecho, mostrándome que ese sonido era la pena o la rabia, eso era el golpe, el choque entre elementos era la rabia que me salía en el colegio cuando me preguntaba: ¿por qué tengo que sentarme?, ¿por qué tengo que hacer y aprender esto?, ¿por qué me retan?, ¿por qué todo lo que hago está mal?. […]Me estaba preparando para adaptarme y flexibilizarme ante el contraste cultural mapuche y chileno.

Otro *Epew* importante que Ana cuenta:

Cuando era pequeña fui al gallinero a robar un huevo y sin querer pisé un po-llito y lo maté. Yo lloraba y pensé que mi abuela me retaría, le hice un entierro al pollito, con flores, piedritas. Mi abuela me explicaba que el pollo iba a vol-ver a la vida, que se iba a convertir en abono, me pasó unas semillas de perejil para plantarlas donde estaba el pollo enterrado, y yo seguí visitando día a día al pollito, dejándole flores en su tumba. Al pasar los meses, ella me mostró un huevo, lo cocinó, me lo dio a comer y después fue a buscar otro huevo que la gallina estaba empollando, lo abrió y estaba la forma del pollo, luego me mostró el pollo grande. Mi abuela me enseñaba la distribución de la vida. Me había comido el huevo, que ahora era parte de mí, que me había dado vida, al igual que el que murió, le salió perejil que mi abuela cortaba y le echaba nuevamente a las comidas. La vida circular, no lineal.

Ana menciona que cuando era pequeña tenía que aprender chi-leno y para esto, la habían amarrado a una silla ya que…

[...] no quería sentarme, yo iba a ser una niña problema, mi carácter era un gran problema al momento de adaptarme, todos me decían que yo estaba mal ya que ellos funcionaban diferente, estaba mal mi tono de voz, las palabras que decía, como hacía las cosas. Era como un salvaje que tenían que normalizar. Me miraban constantemente con reprobación, y me decían: lo estás haciendo mal, me retaban constantemente, reprobándome, quédate quieta, tranquila me decían innumerables veces.

Conversamos sobre su propia historia de integración a la educación y mundo chileno. Cuando entró al colegio ya sabía leer, se relacionaba muy bien con sus primos hombres, sin embargo esto aportaba distancias con su familia chilena, en particular con su abuela paterna de forma desfavorable.

[...] ella mantenía un desapego total, nada, yo sentía que cuando ella llegaba a la casa, nunca dejó nada positivo frente a mi mamá, a mí o a mis hermanos, ella veía las cosas que yo hacía, siempre mal.

Pregunté algunas cosas desde mi interés y curiosidad asociada a la emergencia de posibles resistencias:

CHRISTIAN: ¿Eso provocó que no se acercara mucho a ti?

ANA: Al contrario, sólo para retarme, puros castigos.

CHRISTIAN: ¿Eso tuvo efectos en ti en términos de cambiar, de responder?

ANA: Me volví más ostra, tenía más capas, más gruesa, más dura.

CHRISTIAN: ¿De qué forma eso quizás contribuyó, a ese cerrarse, en lo que eres ahora o cómo pudo facilitarte otras cosas?

ANA: Eso ayudó en lo que soy, yo creo que fue fundamental mi abuela materna que me entregó lo esencial para enfrentar esa diferencia y no ser sumisa o sometida.

CHRISTIAN: ¿Cómo lo hizo tu abuela materna para entregarte herramientas para eso?

ANA: Hay partes que no logro recordar, mi abuela materna murió cuando yo tenía ocho años, ella fue al hospital y no volvió, eso fue muy tremendo para mí. Mi abuela me explicó la muerte, pero era muy diferente, sentía que era alguien tan importante. Ahí yo dejé de hablar por más de un año, no hablaba y aprendí en el colegio que si me orinaba, me iban a dejar a la casa y comencé a orinarme, tomé esa decisión a los ocho años. Hice ese retroceso, hacía todo el *show*, el llanto, la pataleta, para irme a casa y pasarme a casa de mi abuela que quedaba al lado de la mía, necesitaba estar cerca de las cosas de mi abuela.

CHRISTIAN: ¿Cómo se vive el luto en el Pueblo mapuche?, ¿existe esa palabra, "luto"?

ANA: No, de hecho mi abuela me explicó que la muerte es un paso a un estado mayor que está en todas partes; por eso necesitaba estar cerca de sus cosas, mi abuela estaba en su casa, en su huerta, pero yo sentía que mi abuela no estaba en la escuela. Entendía que si yo estaba en su casa la encontraba, pero en la escuela no, porque era distinto a la vida que ella y yo teníamos. Pero me dio a entender que ella estaba en todas partes, su alma estaba en un lugar especial donde yo podía acceder pero no en la escuela por eso no hablaba, decidí y preferí orinarme y no hablar con nadie.

CHRISTIAN: ¿Cómo aprendiste esta habilidad?

ANA: La vi, si uno se pasaba de frío y tomaba harta agua, se orinaba.

CHRISTIAN: ¿Qué hacías en los momentos libres cuando llegabas a casa?

ANA: Bueno, mi mamá me retaba y me mandaban a acostar y salía por la ventana a casa de mi abuela, luego jugaba; luego me prohibieron ir y lloraba mucho, pero nadie entendía por qué lloraba. Viví todas estas cosas y después mi mamá comenzó a criarme de otra manera, comenzó a decirme que no jugara, a vestirme con vestidos, aunque me gustaba ocupar pantalón largo y cuando mi abuela paterna aparecía yo me tenía que sentar bien. Pero nunca agachaba la cabeza a pesar de que escuchaba mi nombre, a pesar que mi mamá agachaba la cabeza, yo no lo hacía.

CHRISTIAN: ¿Qué cosa, de pararse o no agachar la cabeza, intentabas decir o trasmitir?

ANA: Que yo no me iba a doblegar o someter, porque era yo. Mi mamá decidió anularse, pero yo no. Mis hermanos agacharon el moño, yo era la rebelde de mi familia, me fui de mi casa, fui a estudiar fuera, a Temuco[4] y fue como para siempre, se despidieron de mí de esa forma. Luego yo viajaba y volvía cada año. Los dos primeros años, luego venía cada dos años y luego me iba, no podía quedarme, me volví bien chilena para mis cosas, bien independiente, vivía sola, la gente se sorprendía que a los diecinueve viviera sola pero no tenía miedo, creo que mi abuela materna me quitó los miedos, mi madre me los impuso y siempre lo he visto así.

CHRISTIAN: ¿Cómo tu abuela te quitó los miedos y tu mamá te los impuso?

ANA: Mi abuela, al mostrarme el mundo donde tenía que experimentar y equivocarme, como cuando maté el pollo de casuali-

---

[4] Localidad del sur de Chile. Capital de la región de la Araucanía, zona de conflicto histórico entre el Estado chileno y parte del Pueblo mapuche donde se vivió "la guerra de Arauco", conflicto sostenido por casi tres siglos 1536-1818, y otros múltiples enfrentamientos. Actualmente el conflicto se mantiene presente en la zona entre el Estado chileno y algunas comunidades mapuche.

dad, me enseñó a no tenerle miedo a la muerte. Mi mamá me enseñó que en el cementerio hay que callarse, persignarse, que los muertos aparecían; ella me colocaba todo lo que no había que hacer porque la gente hablaba de mí, que no tenía que vestirme de determinada manera que nadie me notara o la gente me iba a mirar, entonces comencé a sentir ese peso de mucho miedo, no hagas esto porque tu abuela paterna se va a molestar, el constante no, no, no hagas esto porque tu papá se va a molestar. Dejé de hacer muchas cosas, dejé de juntarme con mis primos, nunca fui a una fiesta, no tenía permiso para ir a la plaza porque era muy feo, era malo, no se hacía, entonces me criaron de tal manera que un día se me paró la pluma[5] y me fui a estudiar, obtuve una beca y me fui.

Luego, a los veintiséis o veintisiete, ya no hablaba mapudungun (lengua del Pueblo mapuche), se me había olvidado todo, incluso la voz de mi abuela, no recordaba los *epew*, nada. Cuando ya era profesora, me pidieron que enseñara a través del obispado en un liceo intercultural (mapuche), para enseñar chileno. Comencé a trabajar allí y se hizo un *yeyipun* (ceremonia de rogativa, abierta a la comunidad que convoca a los antepasados locales) debido al término de semestre estudiantil. Allí, en esa ceremonia llegan las abuelas, las bisabuelas de los estudiantes y una señora de mucha edad comenzó a cantar, en ese momento escuché nuevamente la voz de mi abuela. Fue el mismo tono, sonido y voz del corazón, al mirarla era una señora físicamente distinta, me emocionó, me llegó al alma. Sentí una

---

[5] Metáfora empleada al acto de acercarse al valor o rabia, además de generar una acción. En alusión a la cultura mapuche, algunos de sus atuendos y ornamentaciones son confeccionadas con plumas.

angustia y una cosa muy rara, no comprendía que pasaba, estuve una semana enferma, no entendía qué era lo que pasaba, no podía dormir, estaba intranquila, no me concentraba, me sentía incómoda, no sabía lo que me estaba pasando. Luego de eso, comencé a escuchar a mi abuela.

CHRISTIAN: ¿Había una palabra que recuerdes de tu abuela en ese momento?

ANA: No es una palabra, eran los sonidos, no lograba descifrar los sonidos, eran todos.

CHRISTIAN: ¿Me decías que el cántico y esos sonidos tienen que ver con el corazón?

ANA: Tiene que ver con el corazón, ya que va acompañado del *kultrum* (tambor ceremonial). Yo estaba lejos de la ceremonia, me sentí físicamente mal, era muy potente para mí, luego nos devolvimos del receso y se hizo otro *yeyipun* donde comencé a sentirme peor aún.

CHRISTIAN: ¿Cómo era esa sensación, una emoción, un sentir?

ANA: Angustia, ya que era como alegría y llanto, como de pena, me dolía el pecho, comencé a temblar con las manos, también el mentón… luego comenzaron las clases con los niños y escuché que me preguntaron, "¿*chem*?" y apareció en mi cabeza el significado de esta palabra, "¿qué es esto?", sabía que me preguntaban a mí por el contenido que estábamos viendo. Luego, fui a un sacerdote y le dije: "estoy escuchando voces".

CHRISTIAN: ¿Cómo eran esas voces?, según lo que entiendo, escuchabas a los estudiantes, aparecía la palabra y significados. ¿Cuál voz?

ANA: La voz de mi abuela, de repente venía, escuchaba el sonido y *flash,* como un *déjà vu*. Pensaba, "esto ya lo viví", de hecho te lo cuento ahora y me estoy angustiando, me acuerdo que pasé por matrona, psicólogo, médico general, neurólogo, traumatólogo, kinesiólogo, cirujano y terminé en psiquiatra; yo no entendía que era, pensé que me estaba volviendo loca, me daba miedo decirle a la gente, fui hasta el médico broncopulmonar ya que me faltaba el aire, pensaba que me iba a desmayar y él me decía que era un ataque de pánico.

CHRISTIAN: ¿Qué crees que te intentaba decir tu cuerpo?

ANA: Algo que yo no quería escuchar.

CHRISTIAN: ¿Como qué cosa?

ANA: Que tenía que recordar la herencia de mi abuela y yo no quería. Era más fácil, ya que era volver al estigma de ser india, volver al estigma no es agradable, en Temuco es muy discriminador, yo no era de allá. No lograba eso, me daba miedo y opté por quedarme callada. Comencé a mirar todo con un nivel de estrés inmenso y lidiar todos los días con esto. Pensé que escuchaba voces, comencé a buscar sobre la esquizofrenia y sus características. Yo iba a renunciar, me iba a ir, me daba mucho miedo ya que me imaginaba en el psiquiátrico amarrada.

CHRISTIAN: ¿Te puedo preguntar algo que me viene? Es una imagen de cuando me decías que te enseñaban en el colegio y eras pequeña, te amarraban a la silla. ¿Tiene alguna relación con eso?

ANA: Sí, era terrible, me quería mover, como esa sensación de miedo y para que no me hicieran eso, no me movía. Pero ahora como adulta pensaba racionalizarlo y pensaba que estaba enferma, que tenía una enfermedad mental, me daba mucho susto que el resto supiera lo que me estaba pasando, así que pensé en quedarme callada, no hablar más mapuche y alejarme. De hecho, el tiempo que estuve allí no hablé mapuche por mucho temor; era muy parecido a no moverme, no hablar para que no me amarraran, es igual al temor de no ser parte de algo, quedarme fuera, cuando estaba dentro de la sala si me seguía moviendo no iba a estar con los otros niños, iba a estar sola y me mandarían a una sala con niños más grandes y esto es igual al temor de que me iban a dejar sola en un hospital. Luego pensé que no podía irme, me quedé, se me paró la pluma de nuevo y no pensé en huir. Tenía que entender qué me estaba pasando, si ya un doctor no me daba ni solución ni explicación, tampoco tenía que estar allí para saber qué era. Al quedarme trabajando, comencé a escuchar a los niños y a contestarles en chileno, como un acto de respuesta y me aprovechaba de esto, me enteraba de otras cosas, lo usé como un recurso. Luego decidí volver aquí a Puerto Aysén. Yo sabía que no iba a rescatar a mi ser, mi herencia cultural allá, ya que lo chileno está muy marcado. Además, entendí que no era esquizofrenia, era una cosa de recordar, es como la gente que tiene amnesia y de repente recuerdan parte de su vida que se había borrado. Me pasó algo así cuando murió mi abuela, en alguna parte perdí el oído, como no volví a escuchar, pasó eso.

CHRISTIAN: Esta conversación la considero muy importante para mí. La relaciono con las posibles implicancias o efectos que tiene una cultura sobre otra, en cuanto a la imposición de disciplinas en los cuerpos de las personas.

ANA: Me ayudó mucho escuchar a una señora que me contaba que les pegaban para olvidar "ser" mapuche, "nos obligaban a hablar chileno". Es una aberración porque tú estudias frente al trato humano de la integración, la libertad, el respeto a la diferencia, pero cuando la señora me dijo: "a mí cuando me criaron, a nosotros nos sacaron de la casa, nos llevaron a la escuela y nos pegaban todos los días porque éramos indios". Ahí comprendí que todo lo que hicieron mi mamá, y mi abuela era para que no me pasara eso. Esta señora me decía que "se le olvidó todo lo mapuche, que no se acuerda de nada", a punta de palizas para que se te olvide el cómo te criaron. Yo doy gracias de lo que viví, fue brusco, pero mi abuela me protegió, eso me lo dijo el *Machi* (autoridad religiosa del Pueblo mapuche).

Mi abuela me crió y se murió. Yo lo vi como graduarme, fue importante. Lingüísticamente de repente viene el sonido, aún estoy en el proceso de recuperar todo, yo no recuerdo las ceremonias, la primera vez que estuve en una ceremonia, sentía que ya lo había hecho, algo muy familiar.

CHRISTIAN: ¿Qué te ha parecido hablar de esta forma de ti?

ANA: Extraño.

CHRISTIAN: ¿Cómo te has sentido escuchada a través de esta conversación?

ANA: Sí, entiendo las consecuencias de lo otro, es una consecuencia, un recuento, entiendo por qué soy como soy.

CHRISTIAN: ¿Qué te ha parecido eso?

ANA: Bien, es necesario, es súper importante porque tú puedes entender cómo eres, por qué sufres como eres, por qué tienes los problemas que tienes, por eso, tienes que hacer constantemente la evaluación, donde dices: yo estoy acá pero para llegar aquí, tuve que recorrer todo esto e ir en cierta forma valorando, validando nuevamente y recurrir a lo que hice para volver a construir algo, para enfrentar lo incierto que es tu vida al final. Uno siente que la vida no es importante a veces, lo que uno vive, como que sientes que todos viven lo mismo, y no, no es así, ahora digo, ¿mi vida será importante?, ¿les servirá esto a otros como ejemplo? Cuando haces un recuento de tu vida y uno dice: lo que viví fue puro sufrimiento, te das cuenta que no es así, que tu vida es como una parte que ayuda a otro, donde cuesta hablar de nuestras vidas, ya que uno siempre habla de lo malo que vivió y no de las cosas buenas. Apreciar cosas simples, disfrutar, apreciar detalles.

CHRISTIAN: ¿Has logrado apreciar algo de esta conversación?

ANA: Saber que mi abuela está y saber qué sentiría ella al verme hoy en día, nunca había pensado eso, jamás, y pienso que si viene, me va a retar, así que me voy a ordenar y hacer otras cosas, entonces es súper estimulante el volver a recordar, y no hay necesidad donde otro me diga: "tú tienes que hacer esto, esto y esto para que funciones bien", sino que yo conté mi vida y me di cuenta de que yo me ordeno, no que venga otro de afuera y me diga soluciones, sino que yo me doy cuenta de cómo cambiar, porque es de uno, es más fuerte, es como encontrarte.

CHRISTIAN: ¿Sientes que has recuperado algo en esta conversación?

ANA: Sí, el hablar de mi abuela es súper importante, porque me conecta con algo muy especial y justo la otra semana comienza el año nuevo mapuche (*Wetripantu*[6]), así que es muy rico volver a escuchar el sonido mapuche, esa música. Cuando uno hace este tipo de conversaciones, no estás hablando de cosas muy

---

[6] Celebración del año nuevo del Pueblo mapuche (gente de la tierra). Esta celebración inicia el 21 de junio y dura hasta el 24. Así comienza, a su vez el *pukem* (tiempo de lluvias), para que la tierra se limpie con el agua que envía *Ngenechén* (ser supremo, tutor de los hombres), gracias a los *Ngen ko* (cuidadores del agua). Esta celebración forma parte del solsticio de invierno austral, donde marca el fin del ciclo anual de la tierra y el comienzo de un nuevo año. En esta festividad, se celebra y agradece por la vida que se renueva, donde lo antiguo no queda atrás como sucede en nuestras diferentes concepciones occidentales, sino que, lo antiguo "se renueva". Es en vísperas de esta fecha donde se llevó a cabo esta conversación.

livianas, sino de cosas importantes para uno, por eso, de todo lo
que yo digo, de todo lo que uno habla, es esencial para el otro.

CHRISTIAN: Es parte de ti, para mí ha sido conocer lo que has recuperado de ti misma, me has enseñado enormemente dentro
de esta conversación, un montón de cosas que desconocía, te
agradezco mucho este espacio, ha sido algo que no tenía idea
que existía, otros sonidos.

ANA: ¿El mapuche no lo habías escuchado?

CHRISTIAN: Yo cuando escucho como chileno, escucho significados sin sonidos, ahora sé que se puede escuchar experiencias
con sonidos, para mí, es otro nivel de comprensión, nunca había escuchado así y tampoco pensé que se podría escuchar de
esta forma.

ANA: Ese es el problema, cuando a más de alguno le puede pasar
lo que me pasó a mí, está recuperando a través de un sonido y
puede pensar que está loco.

CHRISTIAN: ¿Qué le dirías a otra persona que quizás esté pasando
por algo parecido a lo que tú viviste para que sea más fácil?

ANA: Primeramente, las personas no tienen que tener miedo para
hablar del tema ya que el miedo te paraliza, el miedo crea más
miedo y uno recurre a lo que tú tienes, tus experiencias, y tienes que reconocer esas experiencias. El problema está cuando
se te olvida y no las quieres recordar por temor. A mí me costó
meses grabar y decir, ¿ésto es lo que dicen? Afrontar y asumir
tu rol histórico, nadie va a venir a solucionarte desde afuera, es
tu experiencia, tu vida, el otro puede ser empático, pero cuando
estás en esas horas inciertas, es lo difícil. Yo comenzaba a buscar, ¿qué podría tener?, me llené de enfermedades y síntomas;
comencé a llenarme más de miedo, eso aumentó la ansiedad y la

hipocondría, eso me entregó la medicina occidental. Enfrentar el miedo es algo esencial.

CHRISTIAN: ¿A quién pueden recurrir esas personas?

ANA: En sí, a lo que han vivido. Recordaba que mi abuela me enseñó a no tener miedo. Equivocarte sin miedo. Todos dicen que estás mal y escuchas a veces que a alguien le pasa algo similar, con el tiempo te vas convenciendo. Tienes que empoderarte y hacerlo con todas tus fuerzas, a veces te ves disminuido, sientes que nadie te va a entender. Yo me sentía totalmente descolocada porque me pasaba esto, incluso pensaba que estaba poseída, porque no me sentía cómoda en ninguna parte, entonces cuando hay una mezcla cultural es muy difícil. Esto también podría pasarle a los extranjeros. La mezcla de un sistema estructurado, todo lo que para el chileno es desconocido, es malo. El temor es algo totalmente natural, es bueno que exista el miedo, porque si tú no tuvieras miedo, no podrías experimentar.

CHRISTIAN: ¿Qué pasos fuiste dando para acercarte a recuperarte a ti misma?

ANA: Conversé con gente mapuche de mi abuela; cada vez que veía una señora que me recordaba a mi abuela, eso me bajaba la ansiedad. Sentía que si estaba con gente adulta mayor me daba más tranquilidad. También fui al sacerdote, ya que una enfermedad mental significaba, en Chile, no tener pega (trabajo), me preguntaba ¿por qué me pasa esto a mí?, y el sacerdote me dice "quizás tu abuela te enseñó y te estás acordando", de ahí, súper simple, seguí trabajando; luego fui a clases de estudiantes que tenían que aprender mapuche, eso me ayudó también a comprender el proceso a la inversa. (...) El *Machi* a través del *Lamien* (hermano), me entregó un remedio, nunca tuvo contacto conmigo pero sabía todo, a mí me decían que lo que me estaba pasando era difícil de entender, pero que para él no era raro, que yo me sentía mal físicamente, y él me decía: "tú no te estás volviendo loca. Tú no tienes eso, ese miedo de que te estás volviendo loca no es verdad. Tú no te estás volviendo loca. Tú estás recuperando y recordando a tu abuela". Yo no le había dicho nada a nadie, luego me sentí bien y el *Machi* me aconsejó que yo volviera aquí, a Aysén, donde está mi punto energético. Tenía mucho miedo, pensaba que algo me iba a pasar, increíblemente la mente te crea esos fantasmas, yo le decía al psiquiatra que tenía tanto miedo a equivocarme, tanto miedo de lo que pasaba y que no podía contarle a nadie y sin embargo alguien de otro lugar que no me conocía, me diga y prepare un remedio porque vio lo que me pasaba con mi abuela en un sueño, y que luego yo me sienta bien, fue peor; todo lo que me había construido en mi vida se derrumbó en una conversación de media hora.

CHRISTIAN: ¿Cómo pudiste comprenderlo?

ANA: Me dejé llevar, me volví agua, y *Lamien* me dijo: "no es el cuerpo el que te duele, es tu alma", tanto el *Lamien* como el sacerdote me dijeron lo mismo [...] Pensaba que mi abuela materna quedó sorda y ella sabía cuándo yo llegaba, siempre susurraba, tenía un constante sonido, lo más probable es que le cantara o le hablara a las plantas, no logro recordar. Siempre su imagen moviéndose como un sonido, me acuerdo de ese canto y yo canto en chileno, pero canto. Me encantaría cantar en *mapudungun,* pero es muy difícil por las armonías y es difícil recuperar.

CHRISTIAN: ¿Pero es un proceso en el que estás ahora?

ANA: En afianzar mi identidad.

CHRISTIAN: ¿Qué pasos darías para seguir recuperando?

ANA: Agradecer todos los días, se agradece a la *Ñuque* (madre tie-rra) a *Ngenechén* (ser supremo). Agradecer el hoy, todos los días hay algo que contar, agradecer que las personas disfruten la vida, hay personas como que no la hacen suya, y no entiendo cómo no son felices y yo llego contenta y ellos no. Me interesa que las personas tengan la posibilidad de que no te falten pala-bras ni sonidos para explicar tus emociones.

Reflexiones

Me interesa hacer visible esta conversación en particular, debido a su importancia política en la conformación de nuestra memoria latinoamericana, en donde los efectos de la represión de los pue-blos originarios y las prácticas disciplinarias del olvido son parte de nuestra cultura desde lo cotidiano, desde actos sutiles, olvidamos, desde nuestra educación pública, desde nuestra historia impuesta y no negociada, nuestras políticas nacionales, en los "supuestos" conflictos entre países, los constantes desaparecidxs, e inclusive la terapia que podría conformarse en un territorio más para el ol-vido cuando no consideramos la construcción de las historias como mecanismos políticos, cuando se posiciona al otro como el prota-gonista de una historia que no es suya, cuando no mantenemos presente que las historias individuales son influidas por un marco sociopolítico y cultural histórico, omitiendo peligrosamente nues-tra posición de privilegio e influencia en la conformación de otros y otras en distintos territorios micropolíticos, ignorando nuestra clara responsabilidad.

Dentro de nuestros compromisos de hacer más igualitario el contexto de terapia, considero que la *curiosidad genuina,* es parte de las éticas que promovieron esta conversación. Mantenerla presente me acercó a descentrarme (White, 1997), me ayudó a preguntar lo que habitualmente se consideraría poco relevante y mantener una actitud de doble escucha, (White, 2004), durante la conversación.

Mantengo interés por desafiar estos contextos y sostener éticas que permitan fortalecer esta práctica de curiosidad, para honrar lo que las personas valoran de sus propias vidas. Para hacerlo, consideré importante manifestar mi interés al momento de conversar con Ana sobre lo que no conocía, lo que la invitó muchas veces a explicarme manteniendo activa la devolución sobre lo que habíamos entendido, además de ayudarme a asumir una posición de desconocimiento, permitiéndonos volver a editar los contenidos una y otra vez según lo que ella consideraba o no pertinente de significar en nuestra conversación. Creo que esta posición podría contribuir al momento de desarrollar estrategias que nos ayuden a deconstruir las apreciaciones entramadas en la historia de la terapia como dispositivo, orientado a la evaluación vigilante que mantendrían los terapeutas sobre las personas.

El considerarme como un practicante cotidiano del ejercicio de poder, y no como un fenómeno externo o apartado de la responsabilidad de mis prácticas sino mantener presente que el poder circula en nuestras relaciones con las personas, ha sido vital para revisarme también yo mismo, como un dispositivo cuando establezco relaciones desde un marco terapéutico. Este aspecto me invita a construir estrategias y técnicas que desafíen el ejercicio "terapéutico", que permitan honrar ciertas formas de relacionarnos con las personas a quienes acompañamos desde sus propios conocimientos locales.

Entiendo la curiosidad como una vía estratégica para generar saber mutuo, donde podamos acceder y generar libremente nuestro propio conocimiento. Además de propiciar espacios que faciliten el ejercicio de poder en relación a la agencia personal desde un lugar más igualitario, (White, 1997). La curiosidad como herramienta me ha permitido:

- Ver a las personas como expertas y capaces en sus propias vidas.
- Desafiar las relaciones de poder establecidas a través del respeto por las decisiones de las personas en sus propias vidas.
- Deconstruir aprendizajes y visiones que se acercan a las personas en relación con el rol tradicional del psicólogo/terapeuta.
- Mantenerme atento a las respuestas de las personas frente a los problemas.
- Acercarnos a conversaciones que nos permitan conocer juntxs el "problema y sus influencias".
- Conocer y resaltar particularidades locales de las historias de las personas.
- Mantener alejados los objetivos institucionales asociados a logros o metas en el trabajo con personas.
- Conectarme constantemente con la esperanza.
- Mantener presente la influencia y conocimientos de las personas que he acompañado en otras conversaciones.
- Un rito de pasaje personal contra mis propios fascismos.

Estas son algunas preguntas que me ayudaron a escuchar a Ana en lo que para ella es importante:
- ¿Qué saber podría impedir o dificultar nuestra curiosidad?
- ¿Qué relación de privilegio histórico podría estar presente en esta conversación y cómo podríamos desafiarlo?
- ¿Cómo sostener la curiosidad cómo una ética que honre los conocimientos y la vida de las personas?

Consideramos importante con Ana compartir su experiencia. Ana ha podido recuperar a través de cantos, sonidos y ritmos, territorios que permanecían en otros lugares y sentidos. También dejamos abierta la puerta a otras personas que hayan resonado con estos ritmos para poder seguir conversando y recuperando territorios que son parte de nuestra memoria latinoamericana.

> [...] Se trata de la curiosidad, esa única especie de curiosidad, por lo demás, que vale la pena practicar con cierta obstinación: no la que busca asimilar lo que conviene conocer, sino la que permite alejarse de uno mismo. ¿Qué valdría el encarnizamiento del saber si sólo hubiera de asegurar la adquisición de conocimientos y no, en cierto modo y hasta donde se puede, el extravío del que conoce?

> Michel Foucault, 1986.

BIBLIOGRAFÍA

BATALLA REINOHUELÉN: http://www.memoriachilena.cl/602/w3-printer-584.html

REFORMA EDUCACIONAL: http://www.reformaeducacional.gob.cl/

FOUCAULT, MICHEL (1976). *Defender la sociedad*. Buenos Aires: Siglo Veintiuno.

FOUCAULT, MICHEL (1984). *Historia de la Sexualidad, el uso de los placeres*. Buenos Aires: Siglo Veintiuno.

FOUCAULT, MICHEL (2012). *El poder una bestia magnífica: sobre el poder, la prisión y la vida*. Buenos Aires: Siglo Veintiuno.

WHITE, M. (1997). *Narratives of therapists' lives*. Adelaide: Dulwich Centre Publications.

WHITE, M. (2002). *Reescribir la vida, entrevistas y ensayos*. Barcelona: Gedisa.

WHITE, M. (2004). "Working with people who are suffering the consequences of multiple trauma: A narrative perspective". En *The International Journal of Narrative Therapy and Community Work*, (1), 45-76.

WHITE, M; EPSTON, D. (1990). *Narrative Means to Therapeutic Ends*. New York: Norton. (trad. cast. *Medios narrativos para fines terapéuticos*. Barcelona: Paidós. 1993).

WHITE, M. (2007). *Maps of Narrative Practice*. New York: Norton. (trad. cast. *Mapas de la práctica narrativa*. Santiago de Chile: Pranas Chile Ediciones. 2016).

WHITE, M. (2011). *Narrative Practice, continuing the conversations*. New York: Norton. (trad. cast. *Práctica narrativa. La conversación continua*. Santiago de Chile: Pranas Chile Ediciones. 2015).

Externalizando con cómics

CONTRADOCUMENTO DE IDENTIDAD

Ítalo Latorre-Gentoso
y Christofer Morales Ortega

¿En qué lugar de la conversación estamos con el cómic?
Michael White (2016) organizó sus prácticas en lo que llamó Mapas. El tipo de cómic que hemos explorado Christofer y yo (Ítalo), navegan por el mapa de declaración de posición 1 (MDP-1) que organiza la práctica conocida como externalización del problema, basada en la ética propuesta por White (1993), "la persona no es el problema, el problema es el problema" que ayuda a separar a la persona del problema cuando su identidad ha sido colapsada con éste. Esto permite volver a ubicar al problema en el contexto socio-histórico donde fue creado. White (2015) y Epston consideraban importante proveer a las personas de un territorio alternativo al del problema para que esas mismas personas pudieran posicionarse desde aquello que valoran en sus vidas, pues este territorio se erige como la plataforma desde la cual generar iniciativas cuyo efecto sea disminuir la influencia del problema en la vida de la persona y, además, contribuir a tejer nuevas conclusiones de identidad preferidas, más en armonía con aquello que es valorado.

Eugenia, Isidora, Juanita y RRR[1]

Eugenia (treinta y cuatro años) llegó junto con sus dos hijas, Isidora (diez) y Juanita (cinco)[2] a conversar conmigo, pronto me percaté que en la oficina donde las recibí, no sólo estaban ellas tres y yo, sino que también había entrado alguien más que no logré, en un principio, ver con claridad, un problema que se estaba escondiendo, y que lograba confundirse con las dos niñas, incluso a veces con la mamá. Todo era difuso. Eugenia pensaba que el problema era el carácter de sus dos hijas, Isidora llegó a creer que la "hincha pelotas" o "molestosa" era su hermana Juanita y Juanita... bueno, Juanita estaba confundida también y se quedaba en silencio, ella sólo quería dibujar. Pero yo también me confundí al comienzo y requerí preguntar qué más sabían del problema, "son las peleas" me dijo Eugenia, "y los enojos". "La Juanita molesta todo el rato a la Isidora y la Isidora llega un punto en que ya no aguanta y ¡se suben al ring! Yo vengo cansada y también pierdo la paciencia y les pego un grito y eso no me gusta".

"Bien", les dije a Isidora y Juanita, "y ustedes ¿saben cómo se llama el problema?" "Rabieta" me dijo una, "Rabiote" me dijo la otra, "¡no, Rabión!" me dijeron... "¡Ah!, ¡Entiendo! ¿El problema entonces se llama Rabieta-Rabiote-Rabión?" Las dos estuvieron de acuerdo esta vez y Eugenia miraba con un poco de desconcierto. Entonces les pedí más ayuda, les pregunté si podían dibujar a este Rabiote-Rabión para conocerlo mejor, para saber cómo se veía (ver Figura 1 y Figura 2).

Luego de dibujarlo, les pedí más colaboración, porque yo nunca había estado ahí con Rabieta-Rabiote-Rabión (RRR) como ellas sí ha-

---

[1] Los nombres son seudónimos.

[2] El texto fue leído, modificado y autorizado por las protagonistas del relato que sigue.

Figura 1. RRR por Isidora.

Figura 2. RRR por Juanita.

bían estado. Era seguro que lo conocían mejor y podían enseñarme cómo es que lograba entrar en su casa y convencerlas de pelearse y pasarlo mal. Entonces me contaron cómo era que RRR las persuadía a pelear por cosas tontas, a Isidora a "no entender razones" y a Juanita a "no colaborar", en fin, RRR lograba hacer de las suyas.

Mi invitación en esta parte de la conversación era lo que White (2016) llamaba "merodear": detenernos a mirar los detalles como alguien que investiga un caso de corrupción o que no quiere creer solamente lo que se supone que debe, lo que se da por sentado, lo que está prohibido cuestionar o reinterpretar. Entonces con Eugenia, Isidora y Juanita, nos detuvimos a merodear por el territorio del problema, sus tácticas de control y técnicas para ejercer el poder. Yo quería conocer su identidad como algo diferente a las identidades de las tres, poder verlo, saber sus intenciones con esta familia, caracterizarlo lo más posible. Esta es la primera parte del MDP-I. Cuando ya pudimos reconocer el problema, la neblina de la confusión empezaba a despejarse, ya no era Isidora el problema, tampoco lo era Juanita ni Eugenia, ahora el problema se convirtió en el problema, es decir RRR y su relación con esta familia y, en lugar de entrar en búsquedas que hubiesen involucrado esfuerzos por encontrar culpables y explicaciones patologizantes, etiquetadoras y totalizantes, los esfuerzos se volcaron a colaborar mutuamente para invitar a RRR a irse a su propia casa y no meterse más en sus vidas.

La relación con el problema y la doble externalización

Luego de esto pudimos indagar en torno a qué era lo que sucedía con las vidas de Eugenia, Isidora y Juanita cuando RRR se entrometía en sus caminos. Quería conocer los efectos del problema en las vidas y relaciones de estas tres mujeres que tanto se quieren y acompañan. Quise saber algunos detalles de los efectos para así poder luego conocer cuál era su opinión frente a éstos, cómo evaluaban ellas lo que pasaba cuando RRR dominaba sus vidas. Y la razón es que me interesaba saber por qué este era un problema para ellas, qué de lo que era importante en sus vidas era raptado por RRR.

Ellas me hablaron de cómo el problema quería quitarles momentos de equilibrio, de paz, de pasarlo bien y me dejaron claro que esto era algo que no les gustaba, porque ellas se quieren y cuando RRR se hace presente, las hace decirse cosas que no quieren, hacerse daño, usar palabras y modos poco cariñosos y perder tiempo preciado de hacer cosas entretenidas, de comer cosas ricas. Además, RRR asusta a Nala, su perrita nueva, que trae amor a la casa. Les consulté si acaso estas eran cosas que ellas hacían a veces y me dijeron que "¡sí!" entonces me di cuenta que RRR no siempre estaba ahí presente y les pregunté un poco más acerca de estos momentos diferentes en sus vidas, quería escuchar sus relatos de historias que tuvieran relación con estos otros momentos que eran claramente preferidos por las tres y me contaron historias muy bonitas y divertidas de sus habilidades con el humor, la risa, la crítica, etcétera. Michael White (2016) podría llamar a esto, una conversación de reautoría. Entonces les pregunté si RRR estaba presente en esos momentos y con cara de "¿tu pregunta es en serio?" me respondieron que no; yo seguía curioso por saber qué era lo que pasaba en esos momentos, si es que era otra cosa la que las acompañaba entonces me dijeron, la "Alegría", el "Jajaja" y el "Amor", entonces llegamos a la conclusión de que el nombre de la acompañante en esos momentos ricos era: Alegríajajamor y como al menos yo nunca había visto a ese ser, aunque sí algunos parecidos, les pedí que si podían dibujarlo también (Ver figura 3 y figura 4). Michael llamó a este proceso: "doble externalización" (2016).

Documentando el saber alternativo

Después de esta conversación, les pregunté si para ellas era importante haber podido ver todo esto que estaba un poco invisible antes

Figura 3. Alegríajajamor por Isidora.

Figura 4. Alegríajajamor por Juanita.

de comenzar nuestra conversación y me dijeron que sí. Entonces pensé que podía ser útil brindar acceso a esta nueva comprensión de lo que ahora ocurría para poder continuar la conversación más adelante: desafiar el olvido y construir un contradocumento que les permitiera acceder a estos saberes, promoviendo la memoria de este nuevo relato preferido subyugado por el problema.

En la noche llamé a Christofer (con quién ya habíamos hecho dos cómics antes) y le pregunté si podía ayudarme con esto, le mandé el guión de una historia simple, con las palabras textuales de Eugenia, Isidora y Juanita y él contó la historia en formato de cómic.

¿Por qué cómic?

Primero porque puede ser un poderoso contradocumento. En torno a esto, Ítalo (2013) comenta: "estamos interesados en la producción de documentos —contradocumentos de identidad— que den cuenta, mantengan disponible y contribuyan a fortalecer las historias preferidas para las personas" (p. 105). Segundo porque tanto a Ítalo como a mí (Christofer) ¡nos encanta contar historias, nos encanta expresar y a mí me encantan los cómics y dibujar! Creemos que el cómic puede ser un excelente medio para contar historias, pues incorpora elementos literarios y visuales, permitiendo enriquecer los relatos subyugados de la vida de las personas que nos consultan (White y Epston, 1993). Los cómics pueden permitir que las personas sean testigas externas de sus propias vidas, que puedan mirar lo que es imposible ver desde adentro.

Además, los cómics hacen manifiesta la dimensión temporal de los relatos (y por lo tanto las vidas) al ilustrarse en viñetas, escenas y diálogos de forma secuencial. Además, grafica las relaciones de los personajes entre ellos y con el problema.

Freeman, Epston y Lobovits (2001), plantean que "puede ser un descanso 'expresar' literalmente el problema exteriorizado de forma simbólica, sin que por ello deje de experimentarse físicamente" (p. 211) y agregan que "la 'expresión' artística de los problemas es inherentemente similar a la práctica de externalización" (p. 210). En concordancia con esta idea, creemos que el cómic facilita la expresión externalizadora del problema, ya que lo pone en escena, facilitando su personificación en el papel de antagonista o quizá de un ex buen amigo del cual es necesario iniciar la despedida.

Los cómics resultan amenos, entretenidos y estimulan la lectura, además se encuentran vinculados con la cultura del entretenimiento, lo que es generalmente más atractivo para niños, niñas y jóvenes, ya que el uso de estos medios se encuentra más próximo a lo conocido y familiar, permitiendo de ese modo andamiar (2016) el camino a posibles lugares por conocer.

Ética de los derechos de autor y autora

David Epston plantea la pregunta: "¿Quién tiene los derechos de autor del relato que está siendo contado?", como una invitación a reflexionar en torno a la importancia que tiene para la práctica narrativa que sean las propias personas —cuyas historias de vida están al centro de nuestras conversaciones—, quienes tengan la última palabra respecto a la forma como quieren que su vida sea relatada.

Para la elaboración de los cómics terapéuticos procuramos honrar la historia de vida de las personas con quienes trabajamos y responder a la pregunta de Epston, tomando muy en serio la ética de los derechos de autor. Esta ética implica que la autoría y "propiedad intelectual" del cómic, con todo lo que implica, es de ellas, de las personas.

Este trabajo narrativo requiere, a quienes brindamos terapia, el desarrollo de la habilidad de escuchar desde una posición de influencia descentralizada (White, 2002). Esto nos exige saber formular preguntas (influyentes) que contribuyan con visibilizar los saberes de vida de quienes nos consultan (esto es, descentrarse de nuestros conocimientos acerca de la vida para que aparezcan los saberes de las personas cuyas vidas están al centro).

¿Cómo crear cómics de influencia descentrada?

Asumir esta posición implica despojarse de las vestiduras de Dios experto todopoderoso conocedor de la verdad de la vida de las personas. Nos invita a investigar desde el respeto y la curiosidad genuina, preguntando con dedicación y siempre guiados por la interrogante: ¿Cómo lo podemos hacer para que los relatos que estamos ilustrando a través del cómic representen lo que las personas *saben* del problema, de sus vidas así como su relación con el problema?

Tomando como referencia la Declaración de los Derechos de las Personas en Situación de Apoyo, Ayuda o Asesoría, elaborada por Diego Jorquera y Marcela Morán (2011), elaboré los siguientes derechos de las personas representadas en cómics:

- ◆ Derecho a que todo documento terapéutico narre las experiencias y las dificultades de las personas con sus propios términos y palabras.
- ◆ Derecho a elegir, dirigir o modificar la estética del cómic acorde a su visión preferida de vida.
- ◆ Derecho a otorgar o no, permisos de reproducción y difusión del cómic.

Proceso de creación del cómic, el guión y algo más

Escribo (Ítalo) el guión siempre en conjunto con las personas que me consultan. Nos toma no más de diez minutos hacerlo, pues nos basamos en el resumen de lo que aprendemos del problema y sus tretas. Les digo a las personas algo así como: "estoy comprendiendo mucho más acerca de cómo el problema está haciendo las cosas, ahora ¿me podrías ayudar a ordenarlo como si fuese una película?"

1. ¿Puedes recordar un momento reciente en el que el problema hizo una clara aparición?
2. ¿Dónde estabas y qué estabas haciendo *antes* de que el problema hiciera su aparición?
3. ¿Qué le abrió la puerta al problema?, o ¿qué le hizo creer al problema que tenía derecho de entrar en ese momento a hacer de las suyas?
4. ¿Cómo apareció? ¿Con escándalo, o fue sigiloso, tranquilo, alterado o de otra manera?
5. ¿Cómo te convenció de sentir o hacer lo que sentiste o hiciste? ¿Me puedes decir literalmente las palabras que ocupó? ¿Son esas las palabras que habitualmente utiliza o hay otras?
6. ¿Qué pasó después de hacer lo que hiciste o de sentir lo que sentiste? ¿Cómo afectó tu vida?
7. ¿Qué te parecen estos efectos? ¿Te gustan, o no tanto, o un poco sí, un poco no?
8. ¿Por qué lo evalúas así? ¿Qué aspectos de tu vida prefieres y que está intentando el problema arrebatarte a ti y a quienes están contigo?
9. ¿Qué nombre le puedes poner al sentimiento que prefieres y que se aleja de ti cuando el problema aparece?
10. ¿Puedes dibujar ese sentimiento preferido?

Recibí (Christofer) el guión y los dibujos del Rabieta-Rabiote-Rabión y Alegríajajamor, con la desafiante, pero interesante tarea de elaborar un cómic para Eugenia, Isidora y Juanita. Pese a que Ítalo procuró incorporar varios detalles en él, me surgieron varias preguntas sobre la vida de las tres: ¿viven en una casa o departamento?, ¿de qué color tienen el cabello Eugenia, Isidora y Juanita?, ¿cómo es el perro?, ¿hay algo que caracterice especialmente a alguna de las tres, pulseras, tipo de vestimenta, tatuaje? Más que preguntas triviales, tenían la intención de remarcar lo particular de la vida de las tres mujeres para que al momento de ver el cómic pudieran identificarse. Ítalo no supo responder a todo esto y me dijo que lo consultaría a Eugenia, Isidora y Juanita, y así ocurrió.

Algunas preguntas que podrían ser útiles para elaborar un buen guión y dibujo del cómic:

Diseño de personajes:
¿Cómo se ven los personajes?, ¿qué les distingue?, ¿cómo se visten?

Contexto:
¿En qué lugar se desarrolla esta historia?, ¿cómo es este lugar?, ¿qué colores predominan?, ¿es esta representación del contexto respetuosa con la vida de las personas?, ¿qué detalles y particularidades hay que hagan de la representación del contexto más propia de las personas?

Uso del lenguaje:
¿Qué palabras usan?, ¿qué gestos podrían caracterizar el lenguaje no verbal de las personas?, ¿cuáles son las particularidades en su forma de expresión verbal?

Estilo:
¿Cómo podría ser el estilo del cómic para que este sea acorde con los gustos, intereses e identidad de las personas?, ¿qué tonos y colores podrían ser del agrado de las personas?, ¿qué estilo de cómic podría ser más acorde: realista, caricaturesco, infantil, americano, estilo manga, etc.?

Lo que hemos aprendido en este camino

Dibujar también lo preferido, no sólo al problema
Aprendimos con Christofer, que puede ser importante para el desarrollo de un cómic, cuando estamos externalizando un problema, que aparezca algo de la historia preferida también (como Alegríajajamor) y no sólo el problema. Esto lo aprendimos de una experiencia que tuve (Ítalo) con un niño a quien le hicimos un cómic de cómo el problema afectaba su vida y ¡le encantó! Se lo entregué y durante la conversación posterior, aparecieron aspectos preferidos de su vida, iniciativas importantes, valores y otras cosas. Estuvo muy bien, el problema fue que nada de eso estaba en el dibujo, y cuando se fue a su casa con su papá, llegaron a mostrar el cómic sólo con el problema y sus estrategias y poco pudieron hablar de lo preferido con su mamá y hermana y hermano. De ahí en adelante, cuando hacemos un cómic siempre indago, al menos un poco, en aquello que es preferido y que el problema está arrebatando, pido que lo dibujen también y luego lo agregamos en el cómic.

Ubicar en el tiempo: la fecha
Unos de los borradores finales de este texto pasó por las manos de Eugenia, mamá de Isidora y Juanita. Al reunirme con ella para escuchar sus comentarios respecto del capítulo y de cómo estábamos relatando este fragmento de sus vidas, me subrayó que le parecía importante ponerle fecha al cómic. Esto saltó como algo tan evidente para mí y me hice esa clásica pregunta, "¿cómo no lo pensé?". Eugenia me comentó que para ella era importante que la historia se ubicara temporalmente, si no el tiempo se detenía: "estamos en una situación muy diferente ahora". Los relatos son situados, y creo que éste es un aprendizaje muy importante para desafiar cualquier

posibilidad de totalización de las vidas de las personas que están siendo representadas por quienes hacemos la terapia.

Porque el futuro también moldea nuestra experiencia: "continuará"
Otra importante consideración es agregar al final la palabra "continuará". Esto, al igual que el punto anterior, es una forma de responder a cualquier atisbo de reificación que pueda ocurrir con el cómic. Es importante saber que lo que estamos haciendo es reautoriar la historia y no tallándola en piedra, que sería un terrible error.

Dos testimonios

Eugenia, Isidora y Juanita, me relataron lo siguiente al preguntarles qué efectos podían reconocer que tuvo el cómic como parte del proceso. Isidora respondió: "yo creo que haber leído el cómic me sirvió para darme cuenta de una manera divertida lo que nos pasaba a nosotras, para poder resolver nuestros problemas". Juanita me dijo: "para que no tengamos rabia, para que tengamos amor en nuestra casa, para que la mamá esté bien, para que yo esté bien y la Isidora también. Para que la Nala no se porte mal". Un año después le pregunté lo mismo a Eugenia, la mamá, quién me comentó: "más que hacer visible el problema, (porque lo teníamos claro), sirvió para que la Isi lograra concretamente separar el problema de ella... Problema que en un inicio era nombrado como la 'culpa' y que luego mutó a la rabia, personificada en Rabiote Rabión. El tomar distancia de este personaje (o sea el problema) fue algo muy positivo para Isidora, pues entendió que ella podía hacer muchas cosas para evitar que este 'indeseado' espécimen tomara protagonismo. Sin duda el cómic, como herramienta, sirvió mucho para aquello. Puedo decir que si bien las rabietas no han desaparecido (¡ni lo harán! ¡jajaja!)

han disminuido en número y también en intensidad, pues es la propia Isi quien se da cuenta y de cierta manera 'cuenta hasta diez' para no dejar entrar al Rabiote (a veces alcanza a asomar la cabeza o a poner el pie, jajaja ¡pero se va pronto!)".

Busqué la oportunidad de preguntarle a alguien más su experiencia acerca de esto. Una mujer que estaba buscando mejores maneras de acompañar a su primo cuando "la angustia invasiva" hacía su entrada. Me dijo: "Sentir que el terapeuta se está esforzando con nosotros, que comprende parte de lo que nos pasa, reafirmó la propuesta de la terapia de trabajar lo que pasaba desde la identificación del problema como 'la angustia invasiva'. Y esa propuesta permitió hablar algo y dar espacio a reconocimientos buenos en un momento muy difícil. Sirvió para externalizar la angustia, esto le permitió a él decir algo difícil, pero importante: que la manera en que yo estaba cerca de él cuando sentía mucha angustia, no le servía. Contribuyó a hablar de algunas maneras en que podría ayudarlo más en esos momentos. Y no específicamente el cómic, sino todos los documentos que nos hiciste en esa terapia, a mí me han servido en varias ocasiones posteriores para aplacar mi angustia cuando él ha estado mal y por lo menos no reincidir en lo que no servía y tratar de hacer algo de lo que sí".

Yo... ¡no dibujo, no canto, ni pinto!

Lo que nos interesa es proveer de plataformas que posibiliten la traducción de los relatos subyugados a lenguajes que sean accesibles y significativos para quienes nos consultan. La conversación, los documentos y otras formas de expresión pueden ayudar con esto. El cómic es otra posibilidad. No "hay que" ser artista para proveer estos espacios.

Sin embargo, así como la formación profesional en psicología involucra el desarrollo de una serie de habilidades particulares como la elaboración de informes, utilización de lenguaje técnico profesional, habilidades para aplicar una diversidad de tests, conocimiento y digestión del lenguaje científico, etcétera, creemos que para la práctica narrativa podría ser útil —y quizá podríamos considerar como parte de nuestra responsabilidad—, desarrollar ciertas habilidades que nos permitan ampliar nuestro registro de respuestas a las personas, ampliar nuestro registro de plataformas posibles que podemos ofrecer para el enriquecimiento de historias. Una de esas habilidades, que Alfonso Díaz destaca, es la de pedir colaboración. Cito las palabras de Poncho: "Pensar en pedir ayuda como una habilidad y no como una señal de debilidad". El poder reunir gente, generar conexiones, pedir ayuda y colaboración, comprendido como un poder y no como una debilidad, está más vinculado a comprensiones colectivas de nuestras identidades: como logros colectivos, como identidades pobladas.

Desde la cultura patriarcal-capitalista, grandes promotoras de la lógica individualista para vivir, se comprenden las habilidades y los conocimientos como valores de competencia y a las posibilidades que éstas ofrecen, como bienes de consumo: como "mi patrimonio individual". Pensar, sentir y actuar por fuera de esto, nos puede abrir a comprender el concepto de "habilidades" como "habilidades colectivas" en lugar de "habilidades individuales" y puede ser un potente antídoto en la sensación de aislamiento que a menudo se promueve en nuestros contextos de trabajo. Además, al entender de este modo la colaboración, nuestra individualidad se convierte en una "individualidad acompañada" y las posibilidades que nuestras "individualidades acompañadas" ofrecen las podemos abrazar como "nuestros patrimonios colectivos".

De hecho, yo (Ítalo) no sé dibujar cómics. Este trabajo y este capítulo es producto de la colaboración solidaria con Christofer.

A continuación compartiremos el cómic de Isidora, Juanita y Eugenia completo.

JULIO 2014

HISTORIA DE:
ISIDORA,
JUANITA Y
EUGENIA

ILUSTRACIÓN:
CHRISTOFER M.

[ISIDORA, JUANITA Y EUGENIA RECUPERANDO AL ALEGRÍAJAJAMOR DE LAS MANDÍBULAS DEL RABIETA-RABIOTE-RABIÓN]

LA HISTORIETA DE ISIDORA, JUANITA Y EUGENIA

3

ÁL OTRO DÍA...
OTRO DÍA MÁS, AQUÍ VENGO NUEVAMENTE A HACER QUE PELEEN POR ¡COSAS TONTAS! ANDO DÉBIL Y NECESITO DE SUS PELEAS PARA ¡CRECER!
JA JA JA JA
JI JI
¡HOLA RABIETA-RABIOTE-RABIÓN!, SOY ALEGRIAJAJAMOR, PARECE QUE LLEGASTE TARDE, ESTAMOS AQUÍ DIVIRTIÉNDONOS Y REGALONEANDO. HOY ME PREFIRIERON A MÍ, ¿QUIERES PASAR?
EM, BUENO, ES QUE ....
JA JA JA JA JA
¡NOOOO! ¡¡NO PUEDO ESCUCHAR SUS RISAS!! ¡¡NO PUEDO MIRAR COMO SE REGALONEAN!!
PUFF
JA JA JA
Hip Hip
Hip Hip
¡SON DELICIOSAS LAS DOS!
PUP
¿COMAMOS ALGO CHANCHO MIENTRAS VEMOS PELÍCULAS? ESTAMOS CANSADAS, PERO ¿PASÉMOSLO BIEN UN RATO?
SÍ, ME GUSTA MAMÁ EUGENIA.
¡¡¡SI!!!!!!
¡ME ENCANTA CUANDO ME INVITAN A MIRAR PELÍCULAS Y A REÍRME CON USTEDES!

Y MAÑANA SERÁ OTRO DÍA...
¿A QUIÉN VAN A DEJAR ENTRAR A
SUS VIDAS MAÑANA?
¿AL RABIETA-RABIOTE-RABION
O AL ALEGRIAJAJAMOR?

CONTINUARÁ...

BIBLIOGRAFÍA

FREEMAN, J; EPSTON, D; LOBOVITS, D. (2001). *Terapia narrativa para niños. Aproximación a los conflictos familiares a través del juego.* Barcelona: Paidós.

JORQUERA, D.; MORÁN, M. (2011). *Declaración de los Derechos de las Personas en Situación de Aaopoyo, Ayuda o Asesoría.* Obtenido el 5 de junio de 2015. En http://pranaschile.org/articulos-y-traducciones/

LATORRE-GENTOSO, Í. (2013). "Terapia narrativa: algunas ideas y prácticas". En F. García (Ed.) *Terapia sistémica breve. Fundamentos y Aplicaciones.* Santiago de Chile: RIL editores.

WHITE, M. (2002). *El enfoque narrativo en la experiencia de los terapeutas.* Barcelona: Gedisa.

WHITE, M; EPSTON, D. (1993). *Medios narrativos para fines terapéuticos.* Barcelona: Paidós.

WHITE, M. (2015). *Práctica narrativa. La conversación continua.* Santiago de Chile: Pranas Chile Ediciones.

WHITE, M. (2016). *Mapas de la práctica narrativa.* Santiago de Chile: Pranas Chile Ediciones.

Multi-historiando el pasado

PEDAGOGÍA DE LAS MEMORIAS
A CUARENTA AÑOS DEL GOLPE MILITAR EN CHILE

Harún Oda

> Los vencedores escriben la historia. Los vencidos la cuentan.
> RICARDO PIGLIA

La enseñanza del pasado

Educar en Memoria parece ser un lugar desde el cual promover la insurrección de las historias subyugadas. Los derechos humanos suelen representarse como una trinchera privilegiada de la vanguardia y el pensamiento progresista. Hablar del pasado con enfoque crítico parece legitimar una mirada histórica del ser humano y, por tanto, alude a toda una raigambre ideológica que nos hace sentir en perfecta cuadratura con una mirada de la educación (o de la psicología) emancipadora a quienes reconocemos tener el corazón a la izquierda (y lo que a estas alturas eso signifique).

Hablar de la historia reciente de nuestro país, a partir del golpe militar de 1973, no ha generado consenso, más aún tratándose de espacios formativos. El sistema educacional formal promueve ciertas ideas hegemónicas respecto de dos fundamentos que se presume incuestionables. Ellos son en primer lugar: la cientificidad/objetividad/veracidad de lo enseñado y en segundo lugar: la neutralidad/imparcialidad/asepsia de quien tiene la labor de enseñar. De este modo se garantizaría un proceso formativo riguroso y desprovisto de variables ideologizantes. Ese es el dogma.

Paulo Freire (1969) viene a cuestionar este paradigma y refiere al mismo como *educación bancaria*, por medio de la cual los docentes depositarían ideas en las cabezas pasivas de los aprendices. Nada más ideologizado, por cierto, que una educación que formatea a l@s aprendices en el lugar de obedientes y sumis@s receptor@s de la verdad revelada. El rol del maestr@, en una dinámica absolutamente taylorista, se reduce al de trasmisor@ mecánic@ de una verdad que está antes y sobre él/ella.

Partiendo de la base epistemológica de la imposibilidad de la neutralidad pedagógica en la enseñanza del pasado (Jauma Trilla Bernet, 1992), aparece la idea de que el lugar de la inmaculada objetividad ha de ser comprendida como parte de una estrategia de dominación y control, puesto que la idea de la verdad natural deviene en incuestionabilidad cultural. La ciencia se vuelve símil del estatus de verdad.

Así como el estudio de la materia queda en manos de la física o la química, o el estudio de la naturaleza en manos de la biología, el estudio del pasado queda en manos de la historia, disciplina encargada de aportar rigor metodológico a nuestros registros e interpretaciones de los acontecimientos sociales. Volverse dueño de la historia es volverse propietario de la verdad respecto del pasado en un programa de reproducción cultural que perpetúa las constelaciones de poder que se encuentran a la base del conocimiento (Foucault, 1979, 1991).

La lengua castellana, de la que somos herederos, depositarios y transformadores utiliza indistintamente la palabra *historia* para referirse tanto a la disciplina social que estudia el pasado así como a los relatos de acontecimientos personales. De este modo el diccionario de la RAE da cuenta de esta dualidad en su primera acepción

el significado de la palabra *historia* asociados al relato y en su segunda definición vinculándola al ámbito disciplinar, a saber: "1. f.
Narración y exposición de los acontecimientos pasados y dignos de
memoria, sean públicos o privados. [...] 2. f. Disciplina que estudia
y narra estos sucesos." (RAE, 2013).

La lengua inglesa, carente de multiplicidad de figuras y sutile-
zas propias del idioma del Quijote, considera sin embargo, la interesante distinción entre el vocablo *History* y el vocablo *Stories*.
El primero hace mención a la disciplina social y el segundo clara
remitencia al relato subjetivo de los acontecimientos. Si la *History*
tiene vocación de verdad científica, las *stories* tienen pretensiones
interpretativas. (Oda, 2014).

Esta distinción busca introducir en la cuestión relativa a la
construcción de las memorias de nuestro pasado, en particular el
más cercano aún habitado por sus testigos y actores, agonistas y
antagonistas, a quienes las verdades de la historiografía (para hablar de la historia como disciplina) como son la academia y el estado, dejan sin voz. Sobre el pasado reciente de Chile se ha erigido,
con tono de triunfo político, un relato oficial por parte del Estado.
Ejemplo de dicha consolidación historiográfica dice relación con
el uso de las palabras golpe de Estado en vez de pronunciamiento
militar en los textos de estudio, cuestión que fue considerada un logro por parte de diversos actores políticos del bando vencedor que
administra ahora el Estado desde el inicio de la transición. Por con-
traparte y más urgentemente viene al caso cuestionarse por el sin-
fín de relatos marginados, subyugados, invisibilizados, reprimidos
y mutilados que han quedado en el camino. "A la memoria no se
le contrapone el olvido sino otras memorias", señala María Elena
Garavelli (2000). Los cuarenta años del golpe emergieron como un
baldazo de pequeñas historias, testimonios y anécdotas del 11 de

septiembre de 1973 y de los meses posteriores a esa fecha. Allí, escondidas ante la Historia, aguardaban Las Memorias.

Esos relatos han seguido circulando a diario por cuarenta años, devenidos en mitología popular, multiplicados de voz en voz, a modo de conversación, de historia prohibida, de herencia transgeneracional, de literatura, de chiste, de rumor. "O más bien de contra-rumor, como una contra-trama densa que se niega al exilio y que circula por vías distintas a las de la verdad oficial y los libros de empaste de la Biblioteca del Congreso" (Oda, 2014).

Las ciencias sociales han denominado giro hermenéutico, postmoderno, postestructuralista, narrativo, subalterno al cambio de foco de la visión moderna y positiva de intentar construir verdad monolítica, a disciplinas dedicadas a la contemplación y estudio de las subjetividades y las parcialidades, en búsqueda de fragmentos de verdades. La narrativa es más que una metodología, como señalara Jerome Bruner (1988), sino más bien es una forma de construir realidad, por lo que sería más bien una ontología. Desde la perspectiva construccionista y postmoderna la subjetividad es una condición necesaria del conocimiento social.

El auge del giro hermenéutico, paralelo a la caída del positivismo y a la pretensión de dar una explicación "científica" a las acciones humanas, ha provocado que entendamos los fenómenos sociales como textos, cuyo valor y significado viene de la interpretación hermenéutica que de ella dan los actores, implicando una mayor comprensión de la complejidad de los fenómenos psicológicos y sociales (Oda, 2011). Las batallas por la memoria habitan entonces en estos otros territorios, los de la hermenéutica.

Las Memorias

La principal lucha entonces, la batalla más difícil y la resistencia más insomne ha sido para l@s represaliad@s de la violencia política;

tras la dictadura y la lucha de subsistencia que se dio en ella, operar como reservorio y memorial de los recuerdos silenciados por la democracia, —que es a su vez, sostener su identidad en medio de un festival de amnesia encubierto en la máscara de la Historia Oficial. Desde esta perspectiva las Comisiones de verdad tuvieron un efecto paradojal, ya que junto con establecer una verdad oficial se estructuraron en el mundo político como un hito para dar el tema por superado, para lograr la añorada y prometida *reconciliación nacional*. Por otra parte la instalación de una verdad única confabula paradojalmente a favor del olvido de las memorias colectivas (Oda, 2014).

Para Mendoza (2005), la gran batalla de resistencia cultural es la memoria y desde allí señala que resistir es "oponerse activamente", como lo han hecho múltiples grupos, fundamentalmente quienes padecieron la violencia política. Se deja entrever, por distintos lados, las insumisiones que se oponen a desterrar la memoria, a que la flama de ésta se apague.

> La memoria se niega a morir, y aunque parezca que en algunas sociedades cedió paso al olvido, al transcurrir algunos años, lustros o incluso siglos, la memoria vuelve a emerger, y lo hace porque nunca estuvo del todo ahogada, sólo latente, escondida, marginal, no dejándose ver en lugares donde se le condenaba por hacerse asomar. (Mendoza, 2005, p. 20).

Esta batalla tiene la misión heroica de sostener en el presente, a fin de cuentas, la identidad, dándonos un punto de referencia, un remitente en el devenir de la sociedad (Oda, 2011). Desde esa perspectiva vale citar a Jöel Candau quien afirma que: "La actividad de la memoria que no se inscribe en un proyecto presente carece de fuerza identitaria e incluso, con mayor frecuencia, equivale a no recordar nada". (Candau, 1998, p. 146).

Elizabeth Jelin (2002) plantea que como en todo campo social, la memoria se convirtió en un campo de lucha y los actores en protagonistas de la disputa, con el propósito de hegemonizar el campo de la memoria, prevaleciendo el papel de los actores estatales quienes lograron consolidar y poner a circular una forma de memoria hegemónica, la historia/memoria oficial. Ella misma señala que las otras memorias, las divergentes y subterráneas, están presentes en la ausencia, en el silenciamiento e invisibilidad generada por la memoria oficial. Las heridas abiertas de los pueblos o colectivos humanos vencidos o en resistencia, son la condición de posibilidad de una permanente emergencia de memorias subalternas, que con su fuerza reivindicativa, reeditan el combate por el sentido del pasado, la necesidad de combatir por la memoria. Memorar es resistir.

Uno de los autores fundamentales para una concepción de la memoria como cuestión socialmente situada, es el sociólogo francés Maurice Halbwachs quien acuñó el término de *memoria colectiva*. El teórico plantea que no existen dos memorias, como señalaba su maestro Henri Bergson, memoria pura y de hábitos, sino sólo una: la memoria colectiva que a su vez contiene la memoria individual, a saber:

> La memoria individual no se encuentra completamente cerrada y aislada. Un hombre para evocar su pasado tiene necesidad de apelar a los recuerdos de otros, se pone en relación con puntos de referencia que existen fuera de él y que son fijados por la sociedad. Aún más, el funcionamiento de la memoria individual no es posible sin los instrumentos que son las palabras y las ideas, que el individuo no ha inventado, y que son tomadas de su medio. (Halbwachs, 2001, p. 6).

Las experiencias del pasado son entonces construidas simbólicamente por medio de prácticas lingüísticas, (Halbwachs, 1925, en

Piper, 2005), produciendo y reproduciendo narraciones que articulan acontecimientos en tramas argumentativas, operando de esta forma como dispositivo de permanente interpretación del pasado. Los hechos, entonces, no preceden a aquello que tratamos de narrar sino que van emergiendo y convirtiéndose en tales en la producción misma del relato (Piper, 2005). Mendoza (2005) señala que la memoria colectiva desde la perspectiva de Halbwachs sería el proceso social de reconstrucción del pasado vivido y experimentado por un determinado grupo, comunidad o sociedad y así, en muchos casos, los recuerdos individuales no llegan a distinguirse de los recuerdos del grupo, puesto que los primeros forman parte de las rememoraciones del segundo.

Resulta imprescindible señalar que tanto para Halbwachs, al igual que para Paul Ricoeur (1999), memoria colectiva e historia son dos registros completamente distintos, en ocasiones contrapuestos y otras veces superpuestos. Laura Zambrano (2007) señala que en esta perspectiva podemos ver el enfrentamiento de memoria e historia bajo el paradigma de la subjetividad (memoria) *versus* la ciencia objetiva (historia). La propuesta fundamental de Halbwachs es que existen unos marcos sociales de la memoria —como son el espacio, el tiempo y el lenguaje— y otros específicos, relativos a los distintos grupos sociales, que crean un sistema global de pasado que permite la rememorización individual y colectiva. Los marcos sociales son, para Halbwachs, constructos sociales que no son estrictamente ni conceptos ni imágenes. Son nociones o imaginarios. "Representaciones en las que interviene una parte sensible y otra más o menos abstracta" (Zambrano, 2007, p. 71).

Halbwachs plantea que la diferencia entre memoria colectiva e historia se fundaría en que la primera es una corriente de pensamiento siempre continuo, de una permanencia que no es artificial, ya que no retiene nada del pasado puesto que permanece siempre actualizada en la conciencia del grupo que la mantiene viva, mientras que la historia se ubica fuera de los grupos humanos, por debajo o encima de ellos obedeciendo a una necesidad didáctica de esquematización (Oda, 2014). En cuanto a las nociones de poder en la construcción de memorias, a la memoria colectiva sucedería que en las clases dominantes de cada sociedad se generaría una memoria que constituiría el soporte o plataforma de la memoria colectiva de toda la sociedad. Una segunda diferencia entre memoria e historia hace relación con el desarrollo continuo de la memoria colectiva en la cual no hay líneas de separación trazadas como en la historia, sino más bien límites irregulares e inciertos, de tal manera que el presente no se opone al pasado como ocurre en los periodos históricos próximos (Zambrano 2007). Presente y pasado son dos estados de una misma cosa, como el estado líquido o gaseoso son formas que puede tomar el agua en función de las condiciones del entorno.

Halbwachs (1991) de la misma forma plantea como idea central que la memoria colectiva no es una memoria homogénea, sino diversa y plural. Es memoria de los grupos en movimiento y cómo éstos se transforman ya que no se trata del pasado sino de la lectura, siempre desde el presente, que se hace de ese pasado. La historia entonces, según Halbwachs, comienza allí donde termina la memoria colectiva (Oda, 2014).

El Abordaje Narrativo

El abordaje narrativo, postestructuralista y las prácticas narrativas que lo sostienen, dan cuenta de una aproximación congruente, en cuanto a una propuesta dinamizadora de las narrativas subalternas, en cuanto proceso tendiente a la agenciación personal y colectiva. Desde allí que se hace extensible la idea de que las prácticas narrativas propendan el empoderamiento de las personas y comunidades, entendiendo el término empoderarse como un proceso que vuelve a una persona, a fin de cuentas, un poco más dueña de la propia vida, del propio destino.

La terapia narrativa ha sido llamada también "terapia postmoderna" o "terapia postestructuralista" (White y Epston, 1993), puesto que White y Epston alinean su enfoque con los planteamientos del filósofo Michel Foucault (1978), quien sostiene que las tramas o discursos dominantes son productos de quienes se encuentran en el poder, posición que los pone en ventaja para construir el significado que las personas adjudican a su vida. Esta influencia postmoderna en la terapia narrativa no sólo se caracteriza por la adscripción al concepto de discurso y biopoder de Michel Foucault (White, 1993; Foucault, 1978), sino también por estar vinculada al concepto de "deconstrucción" del filósofo francés Jacques Derrida en cuanto a las implicancias y efectos de un discurso o práctica social en la representación de la realidad que construyen los sujetos.

Desde la perspectiva crítica neomarxista foucaultiana, la terapia narrativa ofrece la posibilidad de crítica y deconstrucción de los relatos dominantes y las prácticas sociales asociadas a ellos. En palabras de White:

Sin duda las psicologías y psicoterapias tienen un rol significativo en la reproducción de la cultura dominante. Y, en gran medida, esto es perfectamente comprensible. Es imposible que arribemos a una perspectiva exterior a la cultura y, por lo tanto, fuera del lenguaje y de los modos de vida conocidos que nos permita criticar nuestra cultura. Este hecho no nos condena, sin embargo, a reproducir ciegamente la cultura, sin ninguna esperanza de rechazar u objetar aquellos de sus aspectos que vivimos como problemáticos. No nos restringe al rol de cómplices de este sistema moderno de poder: podemos ayudar a las personas a desafiar determinadas prácticas de poder y a rechazar el tipo de prácticas del yo de las que hemos estado hablando. No tenemos que ser cómplices absolutos de la cultura dominante: de hecho, pienso que deberíamos asegurarnos de no serlo. (White, 2002, p. 51).

Por otra parte también constituyen influencia en el enfoque narrativo los planteamientos hermenéuticos del antropólogo Clifford Geertz (White y Epston, 1993), los que han servido para fundamentar la idea de que las acciones de las personas están basadas en el significado interpretativo que le asignan a las experiencias de la mismidad, los otros y su medio ambiente más que en un conocimiento directo de los fenómenos, incorporando el concepto de "descripciones magras" para hacer alusión a las historias dominantes, saturadas de problemas que oscurecen las relaciones de poder y los actos de resistencia de las personas. Los terapeutas narrativos, influidos por las ideas sobre conocimiento local e interpretación del significado cultural de Geertz, buscan desarrollar en el contexto terapéutico descripciones densas y relatos alternativos con descripciones enriquecidas de la experiencia del consultante, sus habilidades, conocimientos, valores y actos de resistencia (Morgan, 2000).

White y Epston (1993) comprenden la terapia narrativa como un espacio en el que las historias dominantes pueden desligarse de las identidades de las personas, debilitando los lazos con los discursos culturales que las sostienen, alzándose como un espacio disponible para la elaboración de historias alternativas. En concordancia con la tesis de Halbwachs (1991) de los marcos sociales de la memoria y basándose en el trabajo de Bruner (1988, 1991), la terapia narrativa plantea la idea de que la metáfora narrativa permitiría entender la vida y experimentarla en un ordenamiento temporal, pues es una forma de discurso que concatena los eventos a través del tiempo y refleja la dimensión temporal de la existencia humana. Las narrativas personales proveen el contexto en el que los eventos de la vida adquieren significados particulares. Estos relatos se encuentran íntimamente ligados a las identidades y a los contextos culturales de quienes los narran y viven las historias que se cuentan, existiendo un juego de poder entre los relatos, generando alianzas con ciertos discursos culturales dominantes (White y Epston, 1993).

Desde las ideas narrativas las respuestas de las personas a las dificultades y al trauma son formas de acción social local, a juicio de David Denborough (2008). Al reconocerlas y lograr describirlas enriquecidamente, crear un creciente sentido de agencia personal/colectiva, se hace posible que las iniciativas de las personas se vinculen, contribuyendo a futuras acciones por parte de la comunidad. Estas acciones pueden estar relacionadas con reclamar derecho sobre el curso de sus vidas por sobre los efectos del trauma, el daño o la injusticia, a sí mismo, su comunidad o terceros.

David Denborough señala que la generación y el rendimiento de la *cultura popular local* pueden revitalizar saberes específicos curativos y la acción social situada. Si las descripciones enriquecidas de habilidades y conocimientos en relación con dificultades pueden transformarse en medios culturales locales. Pueden habilitar a las personas a actuar, atestiguar y/o compartir dentro de ceremonias de re-definición de identidad (White, 2007). Este proceso de creatividad cultural también puede contribuir al sustento y revitalización del lenguaje de la vida interna. Cuando se compromete colectivamente este proceso puede mantener la acción social local. Estos enfoques intentan resucitar la diversidad de miradas y construcciones posibles de significado en la vida cotidiana, siempre reconociendo la rica diversidad de habilidades, conocimientos, valores y esperanzas de las personas en la vida. Siguiendo a Paulo Freire, Denborough (2008) plantea la perspectiva de una línea de tiempo extensa, que permita la observación de los eventos traumatizadores así como de las respuestas de la comunidad a la adversidad, desde una perspectiva histórica, que recoja las experiencias y saberes pasados, potenciando los recursos para el presente, mirando hacia el futuro, proporcionando alivio de los efectos de trauma, construyendo tanto agencia personal como colectiva.

El Círculo

En el contexto de la formación universitaria de pregrado de la carrera de psicología, dentro de la Universidad Católica del Maule, y en específico en el curso de Cultura y Sociedad Chilena y Latinoamericana (CSCHL) del cuarto semestre del recorrido curricular, y en relación a la temática de "dictaduras y procesos transicionales en América Latina" es que se propuso una actividad formativa, en la línea de la pedagogía de la memoria, basada en las ideas narrativas, la concepción de la memoria como una construcción colectiva de Halbwachs, y la psicología social crítica. Todo ello en el contexto social de la conmemoración de los cuarenta años del golpe militar en Chile.

El dispositivo pedagógico, denominado por el mismo grupo de estudiantes como "El círculo" implicó sobrepasar la tradicional bifurcación respecto del rol del docente en temáticas de derechos humanos (DDHH) y pasado reciente, como resulta de los planteamientos de Abraham Magendzo (2001), relativos al rol neutral o beligerante, que ha de tomar el docente en el acto educativo. Para el autor, la formación en DDHH debe adoctrinar, de manera implícita se apela a la supremacía cultural de la historia de la dictadura construida durante la transición. De este modo se ha de plantear una verdad mo-

nolítica como es la doctrina de los derechos humanos y la versión
unívoca de la historia oficial. Ello parece sin lugar a dudas agradar
al *establishment* educativo progresista, a las instituciones globales
de DDHH y resulta, por lo pronto, políticamente correcto. Valga señalar el dilema (y el riesgo) que representa a los docentes el alzar
banderas triunfadoras en medio de las paradojas presentes al interior de las instituciones en las que en ocasiones trabajan, pero ello
parece estar subyugado a la noción del profesor como mero trasmi-
sor de la verdad estatal/oficial.

La propuesta alternativa pretendió hacer un ejercicio tan inno-
vador como ingenuo, toda vez que se le solicitó a cada estudiante del
curso entrevistar a sus familiares de origen (padres, madres, abuelos,
abuelas, tíos, tías, madrinas, padrinos, etcétera) respecto a las historias personales referidas al 11 de septiembre de 1973, enfocándose en
los meses anteriores y posteriores, se preguntó por sus estrategias de
resistencia a las diversas dificultades que debieron enfrentar y acerca
de la mirada que tienen hoy de aquel pasado, a modo de síntesis y de
aprendizajes adquiridos.

El ejercicio implicó que esta actividad fuera realizada el
mismo día 11 de septiembre y que registrara de forma escrita los
testimonios familiares, para compartirlos en la siguiente clase con
el curso. El día de clases inmediatamente posterior al 11 nos reu-
nimos, en un círculo, y compartimos nuestras historias familiares
(incluyendo la del docente, quien también participó en la tarea),
con el pie forzado de hacerlo en el más absoluto respeto, honrando
las memorias de cada una de nuestras familias, sin poder emitir
juicio alguno, sino sólo solicitando al compañer@ ampliar información o ahondar en aquello que no quedó suficientemente claro
para alguien. Hubo historias de amor, de desencuentro, de familiares de personas detenidas, desaparecidas, de ejecutados políticos,

de soldados conscriptos y de carrera militar, afines a la dictadura y en contra de ella. Hubo relatos de filas para comprar pan en el gobierno de la Unidad Popular, de bombas molotov, de discos de Quilapayún enterrados en el patio, de marchas militares y botellas de champán descorchadas para celebrar el golpe. Familias que cambiaron su posición o filiación política durante el período militar u otras ya en democracia transicional. Familias que radicalizaron sus ideas políticas y otras radicadas en sectores rurales que no se enteraron del golpe sino hasta meses después. Hubo familiares que se negaron a hablar, que les dijeron a sus hijos, hijas, nietos, nietas, sobrinos, sobrinas, ahijados, ahijadas, que mejor no hicieran la tarea, que era peligroso hablar de política en Chile. Hubo quienes pidieron el nombre del profesor y amenazaron con ir a reclamar a la universidad porque a sus hijos les estaban "metiendo cosas políticas en la cabeza". Hubo develaciones de tabúes familiares de la más diversa índole. Hubo llanto, abrazos, álbumes de fotografías desempolvados, historias y anécdotas cómicas, vergonzosas, de terror. Hubo cosas contadas en tono de susurro y otras gritadas a los cuatro vientos. Hubo silencio, hubo mito y hubo verdades. Al final nos tomamos de las manos, en círculo, mirándonos en silencio a los ojos, sabiéndonos testig@s de parte importante de nuestras historias fundantes. Esas que no califican para novela, para guión de cine, para dramaturgia, para texto de estudio, para discurso, empaste o historia oficial.

La semana siguiente al encuentro, el docente habló de la doctrina de los DDHH, su historia y forma actual. Del Sistema Interamericano de DDHH y el Derecho Internacional, así como de las modificaciones al código de ética del Colegio de Psicólogos/as de Chile, incluyéndose un capítulo sobre el ejercicio de la profesión y la vulneración de los DDHH. Desde allí, cada estudiante observaría su propia historia familiar, reflexionando en aquellos elementos del relato donde pudieron encontrar transgresiones a los DDHH, respeto o defensa de los mismos o inclusive ausencia de derechos declarados que dieran cuenta de algo que ellos consideraban injusto. Después hicimos el ejercicio de elaborar un compromiso personal con alguno de los derechos humanos presentes en la Declaración Universal de los DDHH o con algún derecho, que por ausencia en el documento original, requiriese ser inventado y agregado al cuerpo legal. "El derecho a cambiar de opinión", "el derecho a equivocarse" o "el derecho a querer cambiar el mundo", surgieron entre l@s estudiantes.

El Chile que nos atrevimos a soñar

Al mirar en retrospectiva la experiencia parecen quedar rondando un par de ideas tan diminutas como luminosas. La primera hace referencia a la profunda dificultad que tenemos, como sociedad, para dialogar e intercambiar nuestras verdades y en esa misma dirección, a lo refrescante que resulta generar espacios de conversación donde se contengan todas las historias, mundos donde quepan todos los mundos en el marco del respeto y el pluralismo. La segunda se relaciona con la dimensión transformadora del relato, del relato propio y del relato ajeno.

Desde una perspectiva que logre superar ese meta-relato político-filosófico de la búsqueda de la verdad última y final, podrán verse, tal vez, puntos de fuga interesantes no sólo para la discusión académica sino también para la construcción de un proyecto social más ancho, que dé cabida a múltiples formas de narrar el pasado, con la implicancia cierta que ello tiene para el presente y el futuro. Ya no se trata de hablar de *la historia de Chile*, sino de *las historias en Chile*. La grilla de lectura se vuelve entonces de carácter ético y se fundamenta en el pluralismo como propuesta para el encuentro humano y respuesta a la pregunta fundacional relativa a ¿cómo es que, entonces, debe vivirse la vida?

¿Podrá ser empresa de las ciencias sociales, entre ellas la psicología, darse a la tarea de la emancipación, ya no desde la lógica del adoctrinamiento, sino desde la facilitación y promoción de espacios de apertura, encuentro y liberación de las narrativas excluidas del estatus de verdad? La posibilidad de abrazar y compartir el anhelo de una psicología de la liberación puede tener forma, a modo de acción política, mediante la insurrección de las historias subyugadas. Las implicancias de ello dicen relación mucho más con las prácticas sociales cotidianas que con los discursos sobre la libertad. Tiene que ver con el respeto, el diálogo y la apertura a las diversidades de todo tipo, étnicas, culturales, sexuales, políticas, etcétera.

En palabras de Carlos Whiterell el valor del estudio de la narrativa de una comunidad excluida reside en que:

> [...] permite entrar enfáticamente en la vida del otro y empezar a sumarnos a una conversación viviente. En este sentido la narrativa sirve como medio de inclusión porque invita al lector, oyente, escritor o narrador a unirse, como compañero, al viaje del otro: en el proceso puede suceder que nos descubramos más sabios, más receptivos, más comprensivos, más nutridos y a veces hasta curados. (Whiterell, 1998, p. 74).

¿En qué consta esa apertura? Marilén Garavelli, teatrista espontánea cordobesa, da una pista, citando al escritor trasandino Ricardo Piglia (1999, en Garavelli, 2000), quién señala en un seminario dado en la Universidad de las Madres de Plaza de Mayo:

[...] hay que construir una red de historias para reconstruir la trama de lo que ha pasado... ya que el Estado construye una interpretación de los hechos, es decir, un sistema de motivación, de causalidad, una forma cerrada de explicar una red social compleja y contradictoria... A estos relatos del Estado se le contraponen otros relatos que circulan en la sociedad. Un contrarrumor de pequeñas historias, ficciones anónimas, microrrelatos, testimonios que se intercambian... versiones anónimas que condensan de un modo extraordinario un sentido múltiple y abierto... la verdad está ahí... hay que buscarla y tiene la forma de relato... No está en uno, hay que construir esa verdad, hay que ir a buscar esa verdad. Ningún sujeto la tiene en sentido pleno... crear canales alternativos para hacer circular la información [...] (Piglia, 1999, en Garavelli, 2000, p. 9).

Probablemente sean canales extra-institucionales y acciones colectivas, más parecidas a los centros comunitarios, los colectivos de artistas, los grupos autogestionados, los circuitos de música rock, los debates extra-aula entre académicos y estudiantes, las radios comunitarias, las plataformas digitales y un inmenso etcétera, los que serán tierra fértil para la invocación de otros textos, alternativos y subyacentes, paralelos, inconclusos, como posibilidades de desafiar a la verdad oficial (Oda, 2014). Será un ejercicio de multiplicación y ya no uno de sumas o restas. Desde allí podremos ofertar espacios vacíos para que circulen esas pequeñas historias anónimas...

[...] historias que no tienen acceso a los medios de comunicación y que son narradas con el estilo de la transmisión oral de los pueblos, historias que transmiten la experiencia, que es mucho más que la simple información, en la voz y el relato de los que, al decir de Piglia, han tenido la experiencia y pueden contarla... (Garavelli, 2000, p. 9).

Tal vez los verbos a conjugar sean los de colectivizar, pluralizar, multiplicar, actualizar. Halbwachs (1991) del mismo modo plantea como tesis central que la memoria colectiva no es una memoria homogénea sino diversa y plural; es memoria de los grupos en movimiento y como éstos, muta y se transforma ya que no se trata del pasado, sino de la lectura, siempre desde el ahora, que se hace de ese pasado. La historia entonces, según Halbwachs, empieza allí donde termina la memoria colectiva, esa memoria que siempre es presente. Memorias vivas.

BIBLIOGRAFÍA

BRUNER, J. (1988). *Realidad mental, mundos posibles*. Barcelona: Gedisa.

BRUNER, J. (1991). *Actos de Significado. Más allá de la revolución cognitiva*. Madrid: Ed. Alianza

CANDAU, JOËL. (2002). "Antropología de la memoria", Capitulo V, *Nueva Visión*, Buenos Aires, pp. 56-86.

DENBOROUGH, D. (2008). *Collective Narrative Practice: Responding to individuals, groups and communities who have experienced trauma*. Adelaide: Dulwich Centre Publications.

FOUCAULT, M. (1979). *Vigilar y Castigar*. Madrid: Ramdom House.

FOUCAULT, M. (1991). *Microfísica del poder*. Madrid: Ed. La Piqueta.

FREIRE, P. (1969). *Pedagogía del oprimido*. Nueva York: Herder y Herder.

GARAVELLI, M. E. (2000). "Teatro espontáneo y construcción de memoria colectiva". En *Campo Grupal*, 20, 7-9.

HALBWACHS, M. (1991). "Fragmentos de la memoria colectiva" (trad. y selec. de Miguel Ángel Aguilar). En *Revista de Cultura Psicológica* (México), 1(1).

JELIN, E. (2002). *Los trabajos de la memoria*. Madrid: Siglo XXI editores

MAGENDZO A. (2001). "El Derecho a la Educación: Una reflexión desde el paradigma crítico y la educación en DDHH". En *Educación: una cuestión de derecho*. Santiago de Chile

MENDOZA, J. (2005). "Exordio a la Memoria Colectiva y el Olvido Social". En *Athenea Digital,* num. 8: 1-26 (otoño 2005)

MORGAN, A. (2000). *What is narrative therapy?: an easy to read introduction*. Adelaide: Dulwich Centre Publications.

ODA, H. (2011). *Memorias colectivas en escena: El teatro espontáneo como espacio de construcción social de narrativas subalternas de resistencia política en Talca, Chile*. Tesis presentada para obtener el grado de Magíster en Antropología y Desarrollo. Facultad de Ciencias Sociales. Universidad de Chile.

ODA, H. (2014). Verdad monolítica v/s Memorias colectivas. Los relatos subalternos como resistencia a las amnesias de la historia oficial de la violencia política de la dictadura chilena. En: *Contribuciones a la Psicología Política en América Latina: contextos y escenarios actuales*. Santiago de Chile: Edit. Centro de Estudios Enzo Faletto. Universidad de Santiago de Chile.

PIPER, I. (2005). "Obstinaciones de la memoria: La dictadura militar chilena en las tramas del recuerdo". En *Athenea Digital,* otoño, número 008 Universidad Autónoma de Barcelona Barcelona, España

REAL ACADEMIA ESPAÑOLA. (2013). *Diccionario de la lengua española*.

RICOEUR, P. (1999). Para una teoría del discurso narrativo. En *Historia y narratividad*. Buenos Aires: Paidós

TRILLA, J. (1992). *El profesor y los valores controvertidos. Neutralidad y beligerancia en la educación*. Barcelona: Ed. Paidós

WHITE, M. (2000). *Reescribir La Vida. Entrevistas y Ensayos*. Barcelona: Gedisa.

WHITE, M.; EPSTON, D. (1993). *Medios narrativos para fines terapéuticos*. Barcelona: Paidós.

WHITE, M. (2007). *Maps of Narrative Practice.* New York: Norton. (trad. cast. *Mapas de la práctica narrativa.* Santiago de Chile: Pranas Chile Ediciones. 2016)

WHITE, M. (2011). *Narrative Practice, Continuing the conversations.* New York: Norton (trad. cast. *Práctica narrativa. La conversación continua.* Santiago de Chile: Pranas Chile Ediciones. 2015)

WHITERELL, C. (1998). *Los paisajes narrativos y la imaginación moral en: La Narrativa en la Enseñanza, el aprendizaje y la investigación de Hanter McEwan y Kieran Egan.* Buenos Aires: Amorrortu.

ZAMBRANO, L. (2007). *El ejercicio/uso de la memoria en el ámbito teórico/práctico salud mental y derechos humanos.* Tesis para optar al grado de Magíster en Filosofía con mención en Axiología y Filosofía Política Universidad de Chile Facultad de Filosofía y Humanidades Departamento de Filosofía.

Re-encontrándonos

MÁS ALLÁ DE LOS RELATOS DE MUERTE

Claudia Bizama

I

Llego justo sobre la hora. Me esfuerzo por ser puntual. Es importante para mí respetar los tiempos, en mi labor —más que nunca— el tiempo es un don, un regalo invaluable.

Termina el día, llegan otros, pasan más días y alguna de las personas que atiendo no vuelven. Pregunto a quienes llevan los registros y confirman mi sospecha: ya no volverá.

Llevo cuatro años trabajando con personas que según un diagnóstico médico están próximas a morir, y la muerte parece no cambiar: implacable, inesperada, temida… rutinaria. Y digo rutinaria, no para señalar que "es parte de la vida", (como he escuchado algunas veces), digo rutinaria porque luego que se es *borrad@* del sistema, el mundo parece seguir funcionando tal cual: l@s doctor@s siguen atendiendo sus "pacientes", se agendan horas de consulta, y yo, continúo recibiendo "casos".

Ya me había enterado que su esposo había fallecido cuando Laura golpeó mi puerta. Con los ojos hinchados, me entrega un colorido ramo de flores. Entre ellas, una tarjeta con una foto de Vicente decía:

No llores por mí, estaré bien mientras sonrías al acordarte de mí

II

Cuando lo conocí, Vicente había sido diagnosticado de cáncer al estómago. Le pronosticaban seis meses de vida y tenía dos hijos de dieciséis y cinco años —ese era el orden en que se contaba su historia.

El cáncer se había tomado la persona de Vicente, lo definía. Sus visitas al hospital, las conversaciones con amigos, familiares, sacerdotes, giraban en torno a la enfermedad. Su historia ya estaba contada, le quedaban seis meses de vida e iba a dejar solos a dos niños.

En el actual contexto, pareciera que deseamos cada vez ser mejores. Firmamos tratados anhelando cumplir con estándares internacionales y exaltamos valores asociados a la vida: ser joven, "alimentarse bien", estar sano. Me pregunté qué cabida tenía en ese contexto la historia de Vicente, esa historia ya contada, esa historia de enfermedad y muerte.

Debo admitir que al conocer a Vicente ya tenía ciertas ideas acerca de lo que quería hablar con él: escuchar de su familia, de su trabajo, qué le interesaba, qué pensaba del diagnóstico de cáncer y por sobre todo, qué ideas tenía con respecto a que el doctor tratante estimara que para él era bueno acudir a un@ psicólog@.

El cáncer avanzado o terminal es una de las patologías incluidas en el Plan de Garantías Explícitas de Salud[1] (GES) de Chile, por lo que entre sus recomendaciones de tratamiento contempla la atención psicológica. Sin embargo en la práctica esto resulta desconocido para gran parte de la población, ya que si bien las "guías clínicas[2]" que

---

[1] Para mayor información consultar:
http://www.bcn.cl/leyfacil/recurso/plan-ges-%28ex-auge%29
http://www.supersalud.gob.cl/difusion/572/w3-propertyname-501.html

[2] Para mayor información consultar:
http://www.supersalud.gob.cl/difusion/572/articles-631_guia_clinica.pdf

explicitan las sugerencias para el proceso de atención multidisciplinaria están publicadas en los sitios oficiales del gobierno, la gran mayoría de l@s ciudadan@s no tiene acceso a esta información, de modo que están sujetos en gran medida a lo que l@s profesionales tratantes les refieran, lo que evidencia una marcada desigualdad en el manejo de la información.

> Cuando el contexto terapéutico se convierte en un micromundo que es privilegiado por encima de los macrocontextos de las vidas de las personas, existe también un riesgo considerable de que las relaciones de poder, que en gran medida moldean nuestras vidas (las relaciones de poder estructuradas alrededor del conocimiento, género, clase, cultura, raza, edad, género, etcétera), se hagan invisibles en las conversaciones terapéuticas. (White, 2002).

¿Qué sentido tenía para Vicente estar frente de un@ psicólog@?
En mi práctica me interesa relevar los conocimientos e intenciones de quienes consultan, ampliar el tema desde las *expectativas* acerca de la terapia hacia qué estrategias ya han sido útiles (antes del paso por el psicólog@), centrando el diálogo en la persona como experta en su propia vida, con una historia y unas respuestas previas. El abordaje de las *expectativas* como demanda a quien ofrece terapia tiende a invisibilizar relaciones de poder al moldear roles (pre) determinados, donde al terapeuta le corresponde *responder* a las *expectativas* planteadas por el dialogante, quien parece llegar a la terapia a ser *arreglad@*, desprovist@ de historia, de experiencia, de este modo se limitan las posibilidades de amb@s.

Siguiendo a White (2002), quien ofrece terapia tiene la responsabilidad de situar el énfasis en la colaboración mutua, se trata de *influir* en que las historias de las personas sean enriquecidas.

Este enfoque de la responsabilidad no se vincula con la sumisión. No está acompañado de estructuras de regulación jerárquicas. No está asociado a prácticas de evaluación y juicio por parte del terapeuta. No tiene conexión con forma alguna de requisito institucional. No tiene nada que ver con la idea de que el terapeuta no está "haciendo bien las cosas". Y no constituye una carga adicional para el trabajo del terapeuta: no es una penuria. (White, 2002, pag.248).

¿Qué significado le daba Vicente a esta experiencia?
Él respondió "yo quiero vivir, no me voy a morir". Mientras, su esposa lloraba. Esta frase, dicha con tal vehemencia, hizo emerger una historia distinta de la historia *ya contada* de Vicente, una historia subyugada al discurso dominante de la muerte, que habla de "asumir la muerte" y "resolver cosas pendientes".

Durante nuestras conversaciones le pregunté: ¿Qué era importante en su vida? ¿Qué lo hacía hablar con esa fuerza y pasión con la que contestó aquel día? Me habló de su familia, de sus hijos y esposa, de lo mucho que la amaba. Continué preguntando, ¿qué diría su esposa acerca de lo que es importante para él, para sus hijos? ¿Qué historias me contarían sus compañeros de trabajo?

Me dijo que lo consideraban "bueno para la talla[3]", me contó varias anécdotas; me habló de cómo le gustaba hacer reír a los demás, cómo cultivó el ser "bueno para la talla" desde pequeño y cómo esta habilidad le había sido útil a lo largo de su vida.

También me habló que algunas personas creían que no se tomaba "nada en serio", que la enfermedad no se la tomaba en serio, y que sentía que esto lo alejaba de su esposa. "Es como si ella estuviese pensando en la muerte y yo en la vida". Cuando formuló esa

---

[3] Expresión para referirse a alguien que hace bromas, chistes.

frase, me imaginé la vida y la muerte como dos caras de una moneda en la que es imposible ver ambas al mismo tiempo. Me hizo pensar que tradicionalmente entendemos la vida y la muerte en una relación excluyente y de polaridad. Me pregunté cómo se conectaba la vida con la muerte: ¿es posible juntarlas? Me hizo recordar una canción que escuché en mi infancia:

> El sol persigue a la luna,
> la luna se esconderá,
> así amanece el día, así fue y así será,
> el día y la noche son juegos,
> son juegos de luna y sol,
> dicen que secretamente el sol se enamoró…

De niña, esta frase me hacía sentir la tristeza del eterno desencuentro del sol, que como la vida a la muerte, nunca iba a poder estar cerca de la luna. En mi práctica ésta es una imagen que emerge con recurrencia. La posibilidad de una muerte cercana —debido a un diagnóstico médico— parece abrir una brecha entre dos únicas posibles respuestas: lucha o resignación. La lucha se asocia a principios como valorar la vida, la fuerza y la perseverancia. La resignación se asocia al cansancio, "al echarse a morir", al dolor y la soledad, mientras que "asumir" sería estar "bien" sabiendo que voy a morir, ordenar temas pendientes, despedirme, continuar relatos de vida y evitar relatos de muerte.

Generalidades, absolutos, donde las particularidades de las personas que nos consultan se desvanecen, constituyéndose en *un paciente terminal,* despersonalizados de su cualidad de ser, de *estar-siendo*.

El cáncer parece succionar a la persona que se fue, a despojarnos de aquello que nos hacía únicos, para finalmente entregarnos a la muerte, una desconocida que arrebata aquello que queremos y a quienes queremos.

¿De qué otras formas es posible pensar la muerte?
¿Qué es aquello que me arrebata?
¿Qué diría la muerte acerca de mí?

Le planteé a Vicente estas imágenes y le propuse invitar a su esposa a acompañarnos a indagar en ellas. Me interesaba saber qué entristecía a Laura, qué era lo que estaba perdiendo, aquello que la enfermedad y la muerte "le estaban arrebatando", conocer sus respuestas.

Desde la psicología se establecen reacciones validadas frente a determinadas situaciones que enfrenta el ser humano. La pena, rabia, frustración y negación del diagnóstico son expresiones "esperadas" en el contexto de un diagnóstico terminal. Se determinan "etapas" conducentes a "asumir" tal situación de una manera "normal". En mi práctica me interesa acercarme a lo particular, las peculiaridades de las personas a quienes atiendo, las nociones universales acerca del ser human@ dejan de tener sentido en la amplitud de las historias de l@s personas. Me interesa acceder al mundo en su absoluta complejidad, escuchar en voz de las personas, la riqueza de sus experiencias en lugar de limitarlas a comprensiones generales e insípidas acerca del sufrimiento y la muerte.

Vicente se mostró entusiasta con la propuesta de invitar a su esposa a esta sesión. En retrospectiva, aún tengo dudas acerca de haberle dejado otra opción. En estos años he pasado por varios "box" de atención en el hospital, todos son prácticamente iguales —fríos y estandarizados—. Hay un escritorio con una silla, algo más cómoda de un lado, y del otro lado dos sillas, bastante incómodas, —una clara reproducción del macrocontexto—, una camilla y ornamentación desabrida.

Pero en esa sesión, las murallas parecen haberse teñido de colores, las sillas no eran incómodas, parecíamos acompañad@s por personas que habían sido relevantes y el tiempo pasó desapercibido.

Les pedí que me contaran la historia de cómo se conocieron, cómo se enamoraron, qué fue lo que les llamó la atención al uno de la otra. Luego, dirigiéndome a Laura, le pregunté qué cosas eran importantes para su marido y en qué se notaba esto; qué cosas daban cuenta que aquello era importante para él.

Laura me habló del sentido del humor, que "a pesar de las circunstancias" seguía manteniendo. Me contó la historia de cuando Vicente estuvo en cama después de la operación con una bata de hospital —de esas que tienen la abertura por detrás— y de cómo al pararse al baño les hizo un cara pálida[4] a familiares y amigos quienes estaban de visita. Le dije que me parecía que tal *performance*, en dicho contexto, evidenciaba que el sentido del humor era algo realmente importante para Vicente, que tenía que ver con algo relevante y trascendente en su historia.

Laura me habló acerca del "optimismo", de "disfrutar la vida", de quiénes había aprendido esto, acerca de su esfuerzo por "salir adelante". Me contó historias acerca de cómo trabajó para asegurar un futuro a sus hijos. Se emocionó, dijo que eso es algo que ella sentía que a veces le faltaba, y que su esposo tenía.

Se quedó en silencio y ambos lloraron.

Me hubiese gustado preguntarles qué reflejaba esa emoción, de qué daba cuenta. Lamentablemente no lo hice, de modo que sólo

---

[4] Expresión utilizada para referirse a mostrar el trasero.

puedo hablar de mi experiencia como testigo, emocionada: el sol se dio el tiempo de esperar a la luna, y la luna apuraba el tranco sobre el ocaso... vida y muerte estaban presentes al mismo tiempo.

III.

Pasaron los seis meses pronosticados y Vicente seguía con vida. Conocí a sus hijos, me mostró un artículo de una revista en el que un amigo hablaba de él, de cómo admiraba su fortaleza. Hablamos acerca de la muerte, de cómo deseaba irse sin dolor, que había "días buenos y días malos" en los que mantenía su chispa, porque eso era importante para él.

Cada vez estaba más delgado, pálido, siempre con frío, pero seguía viniendo.

Hasta cuando ya no pudo levantarse de la cama.

Su esposa iba a verme y me contaba cómo estaba, lo acompañada que se sentía por familiares y amigos.

Me contaba anécdotas, acerca de sus hijos, de su-propia-historia, de lo que era importante para ella y de cualidades recién descubiertas, que hasta entonces no sabía que tenía. Me contaba cómo se había organizado porque cuidar de su esposo no era fácil... cuidar de alguien que se nos va, no es fácil...

Me dijo que a veces sentía que su esposo seguía siendo el mismo, pero otras veces, sentía que ya no estaba ahí, que ya lo había perdido.

Una mañana, pregunté y confirmaron mi sospecha.

Vicente falleció.

La tarjeta entre las flores decía:

No llores por mí, estaré bien mientras sonrías al acordarte de mí

Un mes después de la muerte de Vicente, su esposa Laura sufrió un accidente vascular en las calles de la ciudad.

Falleció instantáneamente.

Algunos piensan que fue a causa de un desgaste físico por la enfermedad de su esposo. Otros, que la pena fue muy grande... y otros, que Vicente se la llevó.

BIBLIOGRAFÍA

WHITE, M. (2002). *Reescribir la vida: Entrevistas y ensayos*. Barcelona: Gedisa.

WHITE, M. (2007). *Maps of Narrative Practice*. New York: Norton. (trad. cast. *Mapas de la práctica narrativa*. Santiago de Chile: Pranas Chile Ediciones. 2016).

Argentina

Deshacer las etiquetas diagnósticas de la escuela, en niñxs y sus familias

Mónica González

Durante 2009 y hasta 2011 trabajé en consultorio particular, con niñxs y sus familias derivadxs de un colegio privado de Córdoba (Argentina) cercano a mi consultorio; de clase social medio-alta, de doble escolaridad, el colegio imparte una enseñanza basada en una pedagógica tradicional, y con orientación en educación física.

Desde un principió me llamó mucho la atención, el modo en que provenía y se estructuraba la demanda, ya que las familias eran derivadas con una etiqueta diagnóstica resultado de las conclusiones del equipo del Colegio, conformado por la directora, una psicopedagoga y alguna docente de clases. Además, generalmente estxs niñxs ya habían sido derivadxs a un tratamiento psicopedagógico previo, donde —según la institución[1]— no se notaban cambios en el ámbito escolar, con lo cual, se solicitaba a sus padres, un tratamiento psicológico desde un enfoque familiar.

Frente a los relatos de la institución y los de las familias, me encontré con que las etiquetas no eran sólo para lxs niñxs, pues las conclusiones incluían a sus madres, padres, la pareja conyugal o parental y la familia completa. Entonces, comencé a preguntarme: ¿qué efectos (en docentes, psicopedagoga, directora, y demás actores

---

[1] Me referiré a la "Institución Educativa", indistintamente como "Institución", "Escuela" o "Colegio".

de la comunidad educativa,—incluidxs lxs niñxs—), podrían estar
produciendo las "etiquetas" impuestas a lxs niñxs y a sus familias?
¿Qué se esperaba, de lxs niñxs y de sus familias? ¿Podría ser que
la institución no veía a lxs niñxs y sus familias al margen del problema? ¿Se atendía a las particularidades de lxs niñxs? ¿Podría ser
que la escuela dejaba de tener en cuenta otros aspectos (tales como
la relación entre las pedagogías y los intereses/motivaciones de lxs
niñxs, por ejemplo o la diversidad en intereses y modalidades de
ser de ellxs) y no concebir otra realidad más que la validada bajo la
"etiqueta"? ¿Qué valores y expectativas respecto de "ser alumnx",
"ser niñx", "ser mujer-madre", "ser padres", "ser familia" estaría
sosteniendo el colegio como discurso dominante?

Me centré en atender a los relatos y contextos, en poder ampliar
el foco y ver los efectos de estos discursos en los diferentes actores.
Para ello intenté propiciar una buena y cordial comunicación con la
institución, y generar espacios de conversación parental, familiar y
a solas con lxs niñxs, derivados a consulta; esto, porque los padres
y las madres solían llegar a la primera entrevista, después de haber
discutido con el equipo escolar, mostrándose y expresándose ago-
biadxs, frustradxs por emprender un nuevo tratamiento, dolidxs por
la etiqueta impuesta a su hijx, con mucho malestar y penar.

Lxs niñxs que recibí en consulta, tenían entre cinco y ocho años de
edad, eran de diversas configuraciones e idiosincrasias familiares;
condiciones, usadas como argumento por el colegio señaladas como
posibles causas del problema. Algunos ejemplos de tales hipótesis
fueron: el hecho de tener padres divorciados desde pequeño se con-
vertía la justifición de comportamientos agresivos de un niño de
cinco años hacia sus compañeros; que una mamá sola, —por el fa-
llecimiento del papá cuando la niña tenía tres años, podría explicar

que no estuviera adaptándose a Jardín de infantes; que los padres divorciados rehaciendo sus vidas con nuevas parejas, podía ser la causa de que un niño de ocho años obtuviera malas calificaciones, por mencionar algunas.

Como mi labor se realiza en consultorio particular, mis prácticas parecen no estar tan sujetas a reglas predeterminadas como suele suceder en clínicas, hospitales o centros sanitarios públicos o privados (donde los tratamientos de alguna manera, se direccionan desde criterios institucionales para el encuadre terapéutico), por lo cual, pude articular con libertad la frecuencia y duración de las sesiones y las personas a citar. De esta manera, las condiciones disponibles para trabajar eran:

• Sesiones semanales o quincenales, de sesenta a noventa minutos de duración. Si era necesario podía dividir la sesión en partes: un momento con la familia, las madre, los padres (o ambos), y otro con el/la niñx. Esto lo propongo así porque he notado que algunxs niñxs suelen inhibirse levemente frente a sus padres por lo que opto por respetar sus espacios e intimidad e intentar brindarles la libertad que necesitan, para que se conduzcan con espontaneidad, especialmente en las primeras sesiones.

• Por la imposibilidad de acordar horarios con el equipo del colegio utilicé la comunicación telefónica y los e-mails de forma regular con la psicopedagoga. Si bien la institución requería un informe que consignara el diagnóstico de lxs niñxs, explicité que no suelo hacerlo, sólo consigno cómo va el proceso, ya que por no hacer uso de manuales clasificatorios ni terminología psiquiátrica, nunca emito diagnósticos, sino una generalidad acerca del curso del tratamiento.

Debido al malestar expresado por los padres, me propuse dar relevancia al hecho de que estxs niñxs y sus familias eran etiquetadxs, para buscar el modo en que pueda también vérseles de manera integral y estimárseles no sólo por las expectativas de los cambios esperables, sino además, al margen del problema, con sus intereses, actividades, potencialidades, recursos, habilidades, fortalezas y consignarlos en los informes. Esto, que para mí es clave, está basado en que desde las prácticas narrativas, el conocimiento de lxs niñxs al margen del problema proporciona al terapeuta las herramientas necesarias para trabajar con ellxs, ya que una vez que se conocen los intereses es más fácil construir con su participación una solución a sus conflictos utilizando metáforas que aludan a sus gustos, intereses y habilidades (Freeman, Epston, Lobovitz, 2001). Así, la externalización del problema (White, 2005) es crucial, ya que la conversación externalizada y el uso de metáforas que surgen "desde" la realidad de lxs niñxs permitiendo personificar al problema y volverlo así un personaje situado fuera de lxs niñxs quienes logran descentrar el problema y lo ponen fuera de su identidad, separando al problema de la persona, pudiéndose explorar la influencia relativa (White, 1999).

VICTORIA:

Compartiré el trabajo realizado con una de las primeras familias que consultó. La de Victoria, de cinco años de edad (a punto de cumplir seis), cursaba los primeros meses de primer grado de primaria, y sus padres; Ana (madre), de treinta y cuatro años, ama de casa y dedicada exclusivamente a su hija, y Gustavo (padre), de treinta y seis años, artista local que de tanto en tanto, debía ausentarse por algunos días, debido a sus actuaciones en otras ciudades de la provincia y del país.

La mamá de Victoria solicita un turno para iniciar tratamiento psicoterapéutico porque el colegio se lo impone como condición para la permanencia de su hija en la institución, a pesar de que la niña ya está siendo evaluada desde hace un mes y medio,—también por exigencia de la institución—, por una psicopedagoga extraescolar en encuentros semanales para que haga un exhaustivo diagnóstico por sospechas de trastorno por déficit de atención.

Ana, mostrándose muy angustiada, refiere en la primera sesión a la que concurrió sola por estar de viaje su marido, que el equipo escolar afirma que su niña tiene: "déficit atencional" (afirmado esto, por la comunicación que luego tendré con el colegio) y agrega "que la niña además, moja la cama algunas noches y ocasionalmente en el día, y se siente cansada en el colegio, debiendo terminar en casa lo que no pudo en la escuela, sumado a las tareas diarias, por lo que no le queda mucho tiempo para el descanso y el juego, de lunes a viernes".

Tras los encuentros con la familia y la angustia mostrada por la mamá, conversamos sobre ello y nos centramos en su rol exclusivo de ama de casa, frente a la particularidad del colegio, de poseer predominancia de madres trabajadoras-profesionales en su comunidad, las cuales tienen servicio externos de ayuda (transportista escolar, niñera, docente externa al colegio para apoyo escolar, empleada doméstica). Algo que la escuela resaltaba como problema, refiriendo que "era excesivo el acompañamiento de la madre a esta hija". Conversamos sobre la elección de Ana de quedarse en casa, en los mitos sociales en torno a la actividad doméstica y los discursos del colegio al respecto, dialogamos acerca de lo que "parecía ser" una desvalorización hacia esta mamá por su necesidad de ocuparse de la niña, acentuado por las ausencias del padre por trabajo, y por los recuerdos de su propia niñez que Ana vivenciaba como "el haber necesitado a su madre", pues quedaba sola en casa mientras su mamá trabajaba fuera, de modo que debió aprender desde pequeña, a valerse por sí sola en aspectos escolares y domésticos.

Interiorizándome más en la institución, me encontré con un colegio de doble jornada, de orientación en educación física (todos los días imparten un deporte o actividad física diferente), muy exigente, con un nivel de inglés bastante riguroso para niñxs que inician primario ya que lxs niñxs debían escribir a diario en sus cuadernos... aspectos que parecían ser más intensos que el común de los colegios de esta ciudad. El cuidado de los útiles escolares de Victoria, así como la letra y el orden, no hacían notar problemas a simple vista, ya que suelo ver muchos cuadernos de niñxs de esa edad y no es común en el inicio de primaria, hallarlos en condiciones tan buenas de caligrafía, prolijidad y orden. Además, la niña no tenía el hábito de extraviar elementos, algo común en esta etapa, en que se empiezan a adaptar a nuevas rutinas, reglas y hábitos.

Luego de los contactos con la institución y de varias sesiones con la familia, acordamos trabajar, por un lado, con la niña y sus padres, con el fin de desplazar la etiqueta en la que había sido encasillada y paralelamente trabajar con la mamá en sus fortalezas, con la deconstrucción (Derrida, 1967; White, 1999) de estos discursos en torno a su rol de mamá-ama de casa, "abocada 'en demasía' a la niña" (en palabras de la psicopedagoga de la institución); así como en la organización familiar, para aprovechar mejor el tiempo compartido como familia y el de la pareja conyugal, en las circunstancias en que los viajes del padre hacían sentir a Ana una especie de desmembramiento familiar y una sobrecarga en el ocuparse de las dificultades que la niña estaba manifestando, (esto le expresó Ana en sesión a su esposo, pidiéndole más apoyo; solicitud que fue comprendida y aceptada por Gustavo, quien expresó querer comprometerse y apoyar a su esposa). Cabe aclarar que me comuniqué con el pediatra de la niña, y descarté la existencia de algún problema médico respecto al hecho de mojar la cama o la ropa interior.

Envié una notificación al colegio, de que la familia estaba en tratamiento y aproveché para describir las primeras aproximaciones que había tenido con la niña y su familia, poniendo de relevancia que había hallado fortalezas, cooperación y compromiso. Esto, porque pude observar que la niña presentaba una gran capacidad para expresarse, era muy comunicativa, curiosa y espontánea, con una personalidad vivaz y entusiasta, con mucho potencial artístico-creativo (interesada en la música, la actuación y el baile), así como para el juego y las historias, además de su interés por el cuerpo humano. Estos descubrimientos fueron importantes para la irrupción en la niña y su familia, de relatos alternativos que contrarrestaban con la historia del problema del pis y sus distracciones; así como fueron claves para el curso del proceso terapéutico, donde con mucho entusiasmo por parte de Victoria, accedí a las hipótesis y relatos acerca de lo que ella imaginaba que el pis le hacía o lo que pasaba en su cabeza cuando se cansaba y se llenaba de pereza en clases. Estas historias preferidas de la niña y su familia fueron claves en cambiar el curso de la historia y la identidad de Victoria (incluido el cambio de visión de la institución).

Trabajamos en algunas sesiones, enfocando el proceso hacia la externalización de los problemas y convenimos llamarlos como los nombraba la niña: "el pis que se escapa", "el pis malo", "la neurona que se duerme cuando me canso de copiar en el pizarrón", "neurona dormilona".

La metáfora del "pis malo"

Nació en una conversación con la niña, cundo me contó los inconvenientes que le traía mojar la cama: no podía ir a dormir a casa de amiguitas, no podía ir al acantonamiento escolar de cada año, lxs compañerxs de clase solían burlársele cuando tenía accidentes y su mamá se enojaba mucho cuando mojaba su cama o ropa interior. De modo que el "pis" se mostró como "malo", en esta conversación externalizada que giró en torno a los efectos del problema en los diversos ámbitos de la vida de Victoria (White, 2007). Recuerdo que le dije…

MÓNICA: Ah, ya veo. Te entiendo muy bien (algo pensativa)… parece que este pis te trae muchos problemas…
VICTORIA: Sí… ¡me arruina todo!
MÓNICA: Me parece que todo esto no es nada bueno…
VICTORIA: ¡¡¡Es un pis malo!!!

Y las conversaciones siguieron rondando en torno al "pis malo" y los detalles de situaciones en que le jugaba una mala pasada.

En sesiones previas, había notado que Victoria se interesaba por el cuerpo humano y conocía algunas partes, como el estómago, los pulmones, el cerebro, las neuronas y la vejiga, entre otras. Cierta vez, al narrarme y representarme la niña, cómo el pis malo se le escapaba; me mostró cómo corría hacia el baño[2], encorvada y apretando fuertemente con sus manos, su cuerpo, a la altura de su vejiga. Así, aproveché para proponerle que construyamos una vejiga con uno de los globos que suele haber en el "rincón de juegos y juguetes" del consultorio. El juego consistió en que imagináramos a la vejiga como esa bolsita que ella me había explicado que era, pero utilizando el globo. Victoria lo infló para mostrarme cómo era la

---

[2] "Baño" es utilizado coloquial y cotidianamente en Argentina, por "cuarto de baño", aun cuando "baño", también se refiere al acto (acción) mismo de bañarse o tomar un baño.

vejiga con pis y lo desinfló para mostrarme cómo era sin él. De ese modo, le propuse inflar el globo con mucho aire como si fuese mucho pis y le sugerí que lo arrimara a su cuerpo a modo de vejiga y lo apretara fuertemente como solía hacerlo al ir corriendo al baño, y como antes me lo había escenificado. El resultado fue un ¡pum!, pues el globo explotó entre sustos y risas, de modo que si el aire se escapaba, así podía escaparse el "pis malo". La siguiente conclusión fue que no había que ayudar al pis a escaparse de ese modo y lo conversamos.

En esa sesión pudo dibujarlo (ver dibujo 1): ella en combate con un aerosol apuntando al amarillo pis, y el desafío fue que ella controlara su "bolsita", su vejiga, enseñándole a sacar el pis de a poco (orinar, cortar la orina, orinar, cortar la orina... sucesivamente) y para que no deje salir el pis de golpe; con el fin de que ejercite los músculos que controlan el flujo de la orina, pero sobretodo, haciendo que ella experimente cómo podría controlar al pis en su baño.

Dibujo 1: Victoria y el pis malo.

Lo que siguió, fueron una serie de dibujos que ella haría en casa, cada vez que lograra poner al "pis malo" en su lugar, es decir, en el inodoro[3], y que pegaría en la pared con ayuda de sus padres, festejando con abrazos y expresiones de alegría, cada logro. Los papás además debían organizar sus horarios y hábitos para ayudar a la niña a no consumir demasiado líquido en el horario cercano de ir a dormir, así como el acompañar en la actividad del dibujo. Así, resultó clave el cómo los papás se involucraban y acompañaban de este modo a la nena en este proceso, y el cómo Victoria empezaba a tener un control sobre el "pis malo", tomando ella misma una responsabilidad en esto.

La metáfora de La neurona que se duerme cuando me canso de copiar del pizarrón o Neurona dormilona
Surge de una narración que hizo Victoria de cuando debía copiar muchas cosas de la pizarra, empezaba a tener fiaca[4], se sentía cansada y así dejaba de copiar del pizarrón...

MÓNICA: ¿Qué creés que pasa, que de repente tenés fiaca y te sentís cansada?
VICTORIA: No sé... me canso y no tengo ganas de hacer nada...
MÓNICA: ¿Has jugado y saltado mucho en el recreo?
VICTORIA: No... me canso de pensar...

---

[3] En Argentina usamos "inodoro" por "retrete" o "excusado".

[4] En el lunfardo criollo-argentino se utiliza el término "fiaca", que ya es considerado un modismo, como sinónimo de flojera, pereza, desgano, falta de voluntad, cansancio... pero entendida como el saber que debes hacer algo o varias cosas, pero aun así, no haces ninguna. Es usual el uso de "hacer fiaca" para la acción de demorarse más tiempo en la cama, cuando uno debe levantarse por las mañanas, por ejemplo.

MÓNICA: Ah... ya veo... a ver si entiendo, ¿se te cansa la mente, la cabeza? ¿Cómo es eso?

VICTORIA: *(Piensa un momento mirando al techo... y dice)* se me cansan las neuronas

MÓNICA: ¿Las neuronas?...

VICTORIA: Sí, ¡las neuronas del cerebro! ¡Creo que se duermen!

(Risas de Victoria... risas de ambas)

VICTORIA: ¡Las neuronas dormilonas!, ¡jaja!

Aquí empezó una conversación acerca de lo que eran las neuronas para la niña y los efectos que tenía el hecho de que a Victoria se le cansen las neuronas en el colegio: no podía copiar del pizarrón, sus cuadernos quedaban incompletos, luego tenía que completarlos en casa, no le prestaba atención a su seño[5] y su mamá se enojaba con ella por no haber terminado sus actividades en clases y porque la maestra le decía que estaba desatenta en el aula.

Trabajamos con dibujos donde me mostró cómo eran las neuronas y por la ubicación que ella les daba, al costado de la cabeza, a la altura de la sien (donde ella señalaba al hablar de las neuronas); se me ocurrió preguntarle si sería posible despertarla, y le propuse hacerlo con un suave golpecito del dedo índice, —idea que acogió con entusiasmo—, por lo que luego de ensayar el mejor modo en que podría hacerlo en clases sin que nadie lo supiera, dibujó de nuevo... esta vez hizo dos neuronas una roja y otra amarilla, a las que acompañó con el texto: "Voy a estar muy atenta. Voy a despertar mis neuronas dormilonas" (Ver dibujo 2).

---

[5] En Argentina, coloquialmente se le llama "seño" a la "señorita" (docente o maestras de grado, de primaria), como un modo cariñoso e informal muy habitual para referirse a ellas.

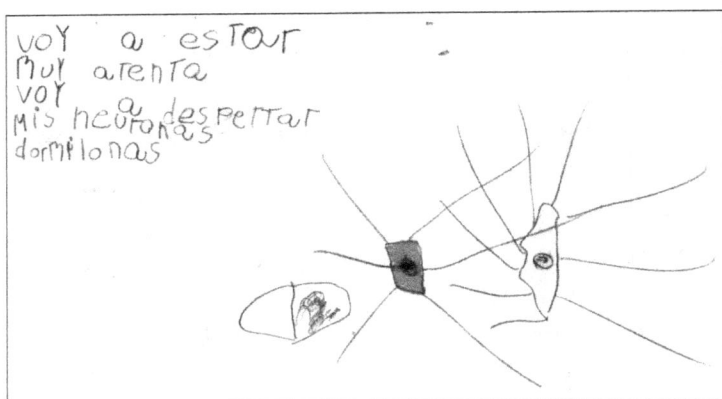

voy a estar
muy atenta
voy a despertar
mis neuronas
dormilonas

Dibujo 2: Neuronas dormilonas.

Fue interesante cómo esto se transformó en el juego de tocarse la sien para despertar a sus neuronas dormidas como modo en que Victoria las controlara y de esa manera, también las activara haciendo el ejercicio de mirar a la docente cada vez que hablara, para que las neuronas la escucharan y no se durmieran (debo reconocer que ésta fue una idea mía, pensada como una estrategia para que la maestra empezara a dejar de tener sólo en mente que Victoria era desatenta por lo que ella entendía que "portaba el trastorno de déficit atencional"). Lo que produjo en la escuela, la sensación de que la niña mejoraba su problema de la desatención, ya que la psicopedagoga de la institución me dijo que la niña había mejorado sus conductas en clases y que la docente de grado veía en ella un progreso, puesto que estaba copiando todo de la pizarra y le prestaba atención cada vez que hablaba.

Retomando el aspecto de la preocupación por el "pis malo", algo que había afligido mucho a la familia, acordamos con los papás trabajar en la idea de restarle importancia, para hacerle perder poder y contemplar el tiempo propio del proceso particular de la niña y sus acciones. Así, pudimos comenzar a ampliar la socialización de Victoria, pensar en la proximidad del acantonamiento[6] escolar (que era uno de los efectos del problema sobre la vida de la niña), y por otra parte, en volver a ganar espacios de la vida conyugal de los papás, discontinuada con los viajes de Gustavo en sus giras artísticas y la preocupación por el problema del pis y desatención de la hija que Ana vivía como una sobrecarga... Todo pareció cooperar para que la niña se sintiera al mando en el control de su pis, para que los papás colaboren y la familia salga más fortalecida.

Trabajamos con la familia y el colegio, la preocupación de que a Victoria fuese a escapársele el pis en la noche del acantonamiento escolar que cada año realiza la institución como una tradición, y que tanto esperan lxs niñxs de su edad para compartir ese momento con compañerxs y docentes en algún lugar de las sierras de Córdoba[7]. A esta altura del tiempo, Victoria había obtenido logros en el tema del "pis malo" en casa y empezaba a tener mayor vida social.

Sugerí a los papás que confeccionaran juntos una carta[8] (White y Epston, 1993) dirigida al equipo del colegio para obtener de ellos, el apoyo necesario —explicitando los beneficios que Victoria y ellxs como familia tendrían—, para que la niña asistiese al viaje puesto que lo considerábamos importante para el proceso que estaba transitando con sus logros cotidianos. El resultado fue una hermosa

---

[6] Acantonamiento: Es usado a veces como sinónimo de "campamento", pero empleado en caso en que los niños no acampen al aire libre, sino bajo techo, en refugio, salón, etc.

[7] La provincia de Córdoba, en el interior y centro del país, es una zona turística de Argentina, caracterizada por sierras, valles, lagos y ríos, visitada cada año por personas de todo el país y del extranjero, en vacaciones de verano, de invierno y en feriados largos o "feriados puentes".

[8] La propuesta refiere al uso de documentos terapéuticos.

carta que redactaron en conjunto y ayudó a reconstruir la relación familia-escuela, por la buena acogida de la propuesta.

El acantonamiento escolar fue una gran experiencia para Victoria. Volvió a casa llena de entusiasmo y anécdotas. No mojó su cama ni su ropa, y se vivió en el hogar, como otra gran celebración por el triunfo sobre el "pis malo".

En período de seguimiento, hacia el final del tratamiento, Ana me envió por mail, una carta que leí con mucha alegría, contándome sobre lo mejor que marchaban las cosas, cómo había estado Victoria en la exhibición escolar de natación, los avances en el colegio y lo bien que se encontraban como familia.

Para finalizar el proceso de trabajo conjunto, le entregué a Victoria su Certificado por su logro, en el control del "pis malo":

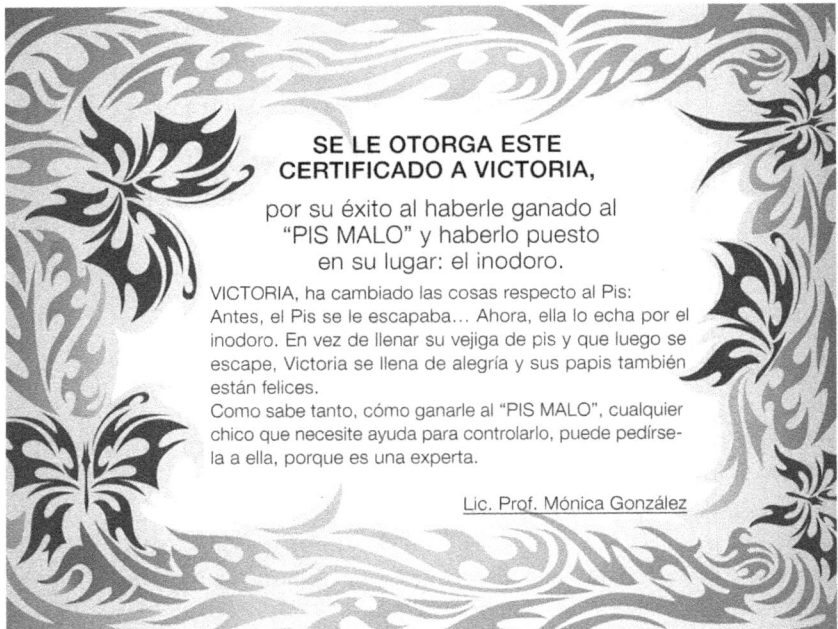

SE LE OTORGA ESTE CERTIFICADO A VICTORIA,

por su éxito al haberle ganado al "PIS MALO" y haberlo puesto en su lugar: el inodoro.

VICTORIA, ha cambiado las cosas respecto al Pis: Antes, el Pis se le escapaba… Ahora, ella lo echa por el inodoro. En vez de llenar su vejiga de pis y que luego se escape, Victoria se llena de alegría y sus papis también están felices.

Como sabe tanto, cómo ganarle al "PIS MALO", cualquier chico que necesite ayuda para controlarlo, puede pedírsela a ella, porque es una experta.

Lic. Prof. Mónica González

BIBLIOGRAFÍA:

DERRIDA, J. (1967). *De la Grammatologie*. Paris: Minuit.

FREEMAN, J. EPSTON, D. y LOBOVITS, D. (2001). *Terapia Narrativa para niños*. Barcelona: Paidós.

PAYNE, M. (2002). *Terapia Narrativa*. Ediciones Paidós Ibérica.

WHITE, M. y EPSTON, D. (1993). *Medios narrativos para fines terapéuticos*. Barcelona: Paidós.

WHITE, M. (1999). *Guías para una Terapia Familiar Sistémica*. Barcelona: Gedisa.

WHITE, M. (2005). *Workshop Notes. Externalising conversations exercise,* Adelaide: Dulwich Centre Publications

WHITE, M. (2007). *Maps of Narrative Practice*. New York: Norton. (trad. cast. *Mapas de la práctica narrativa*. Santiago de Chile: Pranas Chile Ediciones. 2016)

Perú

Rescatando las respuestas de resistencia

MI CONVERSACIÓN CON ANA

María Andrea Ganoza

Este trabajo relata la conversación que tuve en el 2013 con una adolescente de dieciocho años a quien llamaremos Ana. El relato es tal cual sucedió e incluye comentarios sobre mi práctica y las ideas que la respaldan.

Al iniciar nuestra conversación Ana me cuenta que sus tíos la traen porque ella les pidió ayuda, una vez dicho esto rompe a llorar. Le pido permiso para sentarme a su lado y percibo que está temblando, le comento que no tiene que contar nada que ella no quiera. Me cuenta que pensaba que podía manejar esta situación sola pero que su amiga le dijo que tenía que buscar ayuda profesional. Decido preguntarle un poco acerca de su amiga (Laura), mientras Ana logra recuperar la calma.

MARÍA ANDREA: ¿Hace mucho que son amigas? ¿Qué crees que hace especial tu relación con Laura? ¿Qué valoras de tu relación con ella?
(La intención de estas preguntas es brindarle un territorio seguro y conocer un poco más a Ana al margen del problema, su red de apoyo y lo que valora de la misma).
ANA: Me gusta su actitud.

MARÍA ANDREA: ¿Qué hay en su actitud que tú valoras?

ANA: Laura siempre me escucha, por ejemplo esa vez que me dijo que tenía que buscar ayuda me cerró la puerta de su cuarto y me dijo: no vas a salir de acá hasta que no hables con tu tío, porque tiene que ser hoy día. Siempre tiene esas actitudes hacia mí. Me da fuerza.

MARÍA ANDREA: ¿Qué crees que Laura ve en ti que la hace tener esta actitud contigo?

(Mi idea con esta pregunta es vislumbrar el impacto que Ana ha tenido en la vida de su amiga, al estilo de lo que se hace en una conversación de remembranza).

ANA: Que yo estoy con ella, porque una vez me dijo que sus amigas más antiguas preferían irse con otro grupo porque ahora ella ya no se viste igual. Y que confiaba en mí por eso.

MARÍA ANDREA: ¿Te ve como una persona confiable?

ANA: Yo creo que sí, pero me gustaría haber estado más para ella.

(Hablamos un rato de por qué su amiga la valoraba, qué veía en ella y al sentirla más suelta y tranquila vuelvo a retomar el tema del motivo de consulta).

MARÍA ANDREA: Tú le solicitaste a tu tío que te trajera a este espacio. Quería preguntarte ¿Qué te gustaría lograr viniendo aquí? ¿Qué tendría que ser distinto que te va a permitir saber que ya no es necesario venir?

(Este tipo de preguntas están influidas por la terapia centrada en soluciones y buscan ir estableciendo objetivos).

ANA: Yo creo que lo voy a sentir.

MARÍA ANDREA: ¿Qué vas a sentir distinto, qué te va a hacer dar cuenta que ya no es necesario venir aquí?

ANA: Ya no voy a tener pensamientos feos, ni ser tan ansiosa y poder controlar mis emociones.

MARÍA ANDREA: ¿En vez de pensamientos feos qué pensamientos te imaginas tener?

ANA: Es como que me voy creando historias que no sé cómo pasan y cómo vienen y son como que me quiero morir, que voy corriendo, voy saltando y no las puedo controlar a veces, o siento que las personas que están a mi lado están mal y tengo que estar ahí para ayudarlos, o que se mueren.

MARÍA ANDREA: ¿Sueñas eso o estando despierta lo piensas?

ANA: Sí, despierta.

MARÍA ANDREA: ¿Lo piensas como si fuera real?

ANA: Sí, a veces lo siento demasiado real.

MARÍA ANDREA: ¿Y cómo afecta esto tu vida?

ANA: No me puedo concentrar fácilmente. Por ejemplo puedo estar arreglando mi cuarto... y siento que de la nada vienen los pensamientos y no sé cómo vienen y no sé cómo puedo controlarlos.

MARÍA ANDREA: Por ejemplo cuando vienen estos pensamientos y tú estás ordenando, ¿qué te hacen hacer estos pensamientos?

ANA: Me asustan porque no los puedo controlar y porque siento que no estoy acá, que estoy en otro lado, cosas así.

MARÍA ANDREA: ¿Cómo si estuvieras en otra realidad?

ANA: Sí.

MARÍA ANDREA: ¿Y esto hace cuánto te pasa?

ANA: Siempre me ha pasado pero ahora es mucho más fuerte. Recuerdo que hubo un tiempo en que me pasaba mucho más seguido, pero ahora es similar que antes.

MARÍA ANDREA: ¿Y esto surgió a partir de algo?

(Hago esta pregunta por qué sospecho que pudo haber vivido alguna experiencia traumática y me gustaría conocer el contexto, si así fuera).

ANA: En verdad no sé si es por lo que me pasó, también he tratado de analizar eso.

MARÍA ANDREA: ¿Te pasó algo difícil?

ANA: Sí. Pero no sé si es por eso, me he estado tratando de inventar un final de lo que pasó y a veces sé bien lo que pasó pero en el fondo no sé si no quiero reconocerlo o no quiero recordarlo, o hay cosas que sí se olvidaron y también me da cólera, también porque hay otra cosa que me pasó. Quisiera recordarlo, porque aparte de que no es agradable quiero salir de esto. Quiero saber bien qué pasó por qué me he olvidado y quiero asegurarme de estar bien.

(Quizás aquí debí enfatizar por qué es importante para ella estar bien, cuándo empezó a ser importante, quién le enseñó a valorar el estar bien, etcétera).

MARÍA ANDREA: ¿Tú crees que todo esto sea un mecanismo para tú estar bien?

ANA: Sí.

MARÍA ANDREA: A veces cuando pasa algo feo, nos protegernos de esta manera.

ANA: No te entiendo bien.

MARÍA ANDREA: Me refiero a que quizás el "salir de la realidad" pueda ser un mecanismo para protegerte de estas situaciones dolorosas y asegurarte de estar bien, ¿tiene esto sentido para ti?

(Con esta pregunta intento honrar sus respuestas, haciendo visible que no ha sido pasiva frente a lo que ha pasado. Ana me cuenta que antes escribía y cuando lo hacía, se metía demasiado en el personaje; dejó de hacerlo para evitar salir de la realidad, ahora dice, también entra a otras historias y no puede controlarlo y me pregunta con preocupación.)

ANA: ¿Esto es normal, estas cosas que me pasan?

María Andrea: Todavía no sabría decirte, pero lo normal varía mucho de una persona a otra y los problemas se presentan de manera distinta en cada persona y quizás esto sea una forma para ti de sobrellevar alguna situación difícil. ¿Te sientes ahora en una situación difícil o de riesgo?

Ana: No, pero… no sé.

María Andrea: ¿Esta situación difícil involucra a alguna persona que ahora está en tu entorno?

Ana: Sí, a veces.

María Andrea: ¿Como que alguna persona de tu entorno te hizo daño?

Ana: Sí, a veces lo veo, a veces no. Trato de ayudarme yo también. *(Pausa)* Cuando yo tenía siete años, viaje con mi mamá a la selva. Ahí estaba un primo mayor, creo que tenía catorce pero para mí era demasiado mayor porque yo tenía siete y una vez me dijo para ir a jugar, siempre jugábamos normal. Y un día él me dijo que me quitara toda la ropa y cerró la puerta con llave. Yo le dije que no, porque tenía miedo, mucho miedo. Y él me bajo el pantalón.

María Andrea: Eras una niña y no tenías a alguien que te defendiera. Y pese a ser una niña tú dijiste que no, ¿cierto?

(Intento valorar sus respuestas a la situación de violencia).

Ana: Sí.

María Andrea: Pese a él ser mayor y saber lo que estaba haciendo. Tú supiste defenderte. Tú sabías que eso no era lo que tú querías.

(Intento hacer un vínculo entre su respuesta "decir que no" y conocimientos de ella misma. Esta idea viene de Michael White (2010) de un libro compilado por David Denborough quien plantea lo siguiente: "Nadie es un receptor pasivo del trauma. Las personas

siempre están respondiendo, sean niños o adultos. Ellos responden intentando minimizar los efectos de las dificultades, o para intentar que se detengan, o para intentar proteger a otros, etc. Estas respuestas habitualmente son menospreciadas o descalificadas —tanto, que las personas comúnmente no están familiarizadas con sus propias respuestas. (p.41).

ANA: No, me molestaba.

MARÍA ANDREA: Te molestaba e hiciste algo para parar eso. Hiciste lo que podías, lo que una niña de siete años puede hacer, decir: "No, no quiero esto", había algo en ti que sacó la fuerza para decir no. ¿Te das cuenta de eso?

(Quizás acá estoy forzando un poco el decir que tenía resistencia, considero que hubiera sido mucho mejor preguntarle por qué dijo que no, dónde aprendió a decir que no y seguir ligando esta respuesta a sus valores y preferencias).

ANA: Sí. Nunca pensé contárselo a nadie. Y no sé, es muy raro. Juré nunca decírselo a nadie.

MARÍA ANDREA: ¿Cómo te sientes de haberlo contado?

ANA: Bien, me siento mejor. Es que hay más y cuando quiero contar más, me da miedo, porque no entiendo por qué yo, o por qué a mí; no entiendo. A veces creo que odio a mi mamá, porque me preguntaba por qué no me cuidaba, dónde estaba ella, y me parecía que todo era muy injusto. Y me olvido y me da cólera.

MARÍA ANDREA: Ha sido una forma para ti de protegerte. Y quizás sí, necesitabas a un adulto que te protegiera pero en este pequeño fragmento que me has contado, tú te protegiste. ¿Qué crees que protegías cuando decías no?

ANA: Me protegía a mí.

MARÍA ANDREA: ¿Y es importante para ti protegerte?

ANA: Sí, porque nunca ha habido alguien que me proteja, mi papá nunca apareció y tengo rencor, pero a veces pienso que quizás tuvieron que ser así las cosas. Me las cuestiono pero no termino de respondérmelas.

MARÍA ANDREA: Es importante que sepas que nada de esto fue tu responsabilidad, esta persona sabía que eras una niña y que estabas sola. Y no es que tú tengas algo especial, sólo has estado en el lugar incorrecto con las personas incorrectas. Y esto no tiene por qué marcar el resto de tu vida. Y vamos a salir juntas de esto.

ANA: Yo quiero decirte algo más. En mi casa cuando yo ya vivía acá, tengo recuerdos así, tenía otro primo en mi casa y recuerdo que él también me tocó y solo recuerdo eso, y yo también era niña, no recuerdo la edad y me acuerdo que mi tía nos dio entradas al circo, yo era chiquita y mi mamá dijo hay que llevarlo a él, él también es mayor. Y yo decía: "no quiero que venga él", y mi mamá me decía: "por qué Ana". Y recuerdo que estábamos en el taxi y yo lloraba todo el camino porque me daba asco y quiero recordar bien qué pasó.

MARÍA ANDREA: ¿Tú crees que esas lágrimas indicaban que tú no querías eso para ti?

ANA: Sí, no quería.

MARÍA ANDREA: ¿Te das cuenta de todo lo que has hecho para protegerte?

(Nuevamente, hubiera sido mejor preguntar ¿por qué llorar era importante para ella?, ¿qué cuidaba al hacerlo?, ¿qué reclamaba y cuidaba?)

ANA: Sí, yo nunca lo veía así.

MARÍA ANDREA: ¿Qué crees que esto dice de ti? Que siendo tan pequeña hayas tenido la claridad de saber qué no querías para ti.

ANA: Que… soy fuerte… *(pausa larga)*. Yo quiero preguntarte por qué me pasó eso.

MARÍA ANDREA: Cuando somos niños, uno quiere que sus padres lo cuiden, que los adultos nos protejan, debería ser así, pero vivimos en un mundo donde no todas las personas se comportan como esperamos. Y eso no es tu culpa, ni tampoco es que tú tengas algo malo. ¿Tú crees que si hubiera sido otra niña en las mismas condiciones, hubiera sido distinto?

ANA: *(Pausa larga)* No… *(otra pausa larga)*. Yo trato de recuperarme y que todo sea mejor para mí. Porque no me gusta tener estos pensamientos y quiero tratar de aceptarlos porque yo me había creado la idea de que quizás ya todo había pasado y no fue así porque hay otra realidad, mi realidad es que no lo había aceptado totalmente y nunca se lo había dicho a nadie… *(pausa larga)*

Y no sé cómo reaccionar o me hago la fuerte, y después no entiendo porque luego me enteré que él tiene retraso mental, entonces no sé qué pensar, pero igual…

MARÍA ANDREA: Igual lo que hizo no está bien.

ANA: Cuando yo estaba en quinto de secundaria vino a Lima y yo tenía mucho miedo porque tenía a mis primas que vivían en mi casa y en esa época tenían seis años y tenía mucho miedo por ellas. Y me desesperé por ellas, no sabía cómo actuar, no quería que les hiciera nada a ellas.

Yo por ejemplo quiero mucho a Julieta, a Roxana también pero Roxana no para mucho con nosotros. Y no sabía cómo actuar, me costaba mucho hablarlo pero dije, tengo que hacer algo, tengo que hacer algo y entonces fui donde mi mamá y tenía mucho miedo y sólo le dije que cuando me fui de viaje una vez él me había dicho que me quitara la ropa y mi mamá sólo dijo: "bueno Ana tú tienes que superar" y me dolió mucho porque yo pensé que quizás ella podía abrazarme, me puse a llorar. A pesar de que no le conté toda la verdad esperé otra reacción y me dio mucha cólera.

Él venía de noche a la casa y ella le daba de comer, venía con su amigo y con su hermano. Yo le dije que no porque me hacía acordar cosas y ella dijo: "es mi familia y tengo que darle de comer", ella se reía con ellos, y no me gustaba, me daba cólera, ella sólo dijo: "tienes que superar".

María Andrea: ¿Me da la impresión que no solo te sabes defender a ti misma sino que también puedes defender a tus primas?

Ana: Mi mamá me dice que soy muy traumada pero trato de no serlo tanto y no protegerlas tanto. Les pregunto de su colegio, algo te ha pasado, o veo cosas y así.

También trato de soltarla un poco, no quiero ser tan exagerada.

María Andrea: A mí me sorprende que tú, sin haber tenido a un adulto que te protegiera, tengas esa capacidad de cuidar de los otros, hasta el punto de vencer tu propio miedo y hablar con tu mamá.

Ana: Pero creo que igual no funcionó.

María Andrea: Hiciste lo que estaba en tus manos. ¿De dónde sacaste la fuerza para vencer al miedo?

Ana: Porque creo que nunca me hubiera podido perdonar si algo les pasaba a mis primas. Y no podía dormir porque tenía que esperar que él saliera de la casa, esperar a que se vaya de la casa y entonces podía descansar. Yo trato de no ser traumada. Pero igual cuando ya se habían ido, yo tenía la impresión de que estaban escondidos, no sé.

María Andrea: No eres traumada, eres una persona que busca proteger. Trauma es cuando el miedo es irracional, cuando vez a un perrito chiquito y te mueres de miedo pese a saber que no puede ni caminar, tú conocías lo que este chico era capaz de hacer, que se muestra de una forma y actúa de otra, era un peligro real.

ANA: Cuando era niña yo esperaba que todos durmieran y lloraba en mi cuarto sola y a veces me metía la almohada en la boca para que nadie me escuchara.

    A veces cuando ya no podía más lloraba en el colegio, pero creo que fue sólo un año.

Reflexión

Revisando el mapa de respuesta al trauma, en realidad no lo seguí, creo que me quedé sólo en el nivel 1 (descubriendo y nombrando las respuestas). En una segunda sesión, se podrían juntar todas las respuestas que Ana tuvo:

- Decir no
- Llorar sola en su cama
- Taparse la boca
- Decirle a su mamá que no quería que el primo fuera
- Llorar en el colegio
- Cólera porque la madre no la protegió
- Defender a sus primas
- Buscar abrazos

Y vincularlas a sus conocimientos de lo que desea en la vida, a sus esperanzas e intenciones detrás de estas acciones.

- ¿Qué dicen estas respuestas de lo que tú valoras en la vida?
- ¿Qué crees que dicen de lo que es importante para ti?
- ¿Cómo estos valores te han ayudado a enfrentar los momentos difíciles? ¿Cuándo empezó esto a ser importante?
- ¿Quién te introdujo en esto que tú valoras?
- ¿De dónde aprendiste la importancia de cuidarte y cuidar a los demás?
- ¿Cómo sabías que era un abrazo lo que necesitabas de tu mamá?

¿Qué sabes de los efectos que pueden tener los abrazos en tu vida? ¿Quién te enseñó esto?

Otro camino podría ser buscar un vínculo entre su amiga Laura y ella, en el sentido en que ambas han mostrado la habilidad de proteger y cuidar.

Otro camino es el que propone Yvonne Dolan, en su libro *Resolving Sexual Abuse,* que busca eximir de la culpa y hacer visible la responsabilidad del abusador, con preguntas del estilo:

- ¿De quién fue la idea de empezar el abuso?
- ¿Quién pensó en esa idea?
- ¿Quién decidió que debía hacerse?
- ¿Quién decidió cuándo debía hacerse?
- ¿Quién decidió dónde debía hacerse?
- Cuándo piensas en todo esto, ¿quién crees que es el responsable?

BIBLIOGRAFÍA:

DENBOROUGH, D. (Ed.) (2010). *Raising our heads above the clouds: The use of narraive practices to motivate social action and economic development. The work of Caleb Wakhungu and the MT Elgon Self-Help Community Project.* Adelaide: Dulwich Centre.

DOLAN, Y. (1991). *Resolving Sexual Abuse: Solution- focused therapy and Ericksonian hypnosis for adult survivors.* New York: Norton.

WHITE, M. (2002). *Reescribir la vida: Entrevistas y ensayos.* Barcelona: Gedisa.

Mi padre presente

Lizeth Contreras

Luis Saldaña, tiene treinta y cuatro años, es conviviente y tiene una niña de cinco, labora ocho días y descansa seis, vive independiente con su familia, tiene a su madre viva y a sus dos hermanas, su padre falleció hace tres años, hecho que ha sido doloroso recordarlo.

Para Luis el proceso de duelo ha sido difícil, ha significado vivir con una sensación de ausencia y pérdida para siempre de alguien muy importante en su vida.

Día 1
(Esta es una partecita de una conversación que recuerda con su padre.)

LUIS: Recuerdo cuando ingresé por segunda opción a la carrera de administración y había postulado en primera opción a ingeniería mecánica; tenía que decirle a papá y no sabía cómo hacerlo, hasta que me armé de valor y le dije: "papá quiero hablar contigo".

PADRE: Ya, ¿qué necesitas?

LUIS: Papá, no ingresé en la carrera de mi primera opción, ingeniería mecánica y seguiré administración.

PADRE: Ven hijo vamos a conversar.

(Me senté en una banca)

Has esperado un año de tu vida preparándote y quieres coger algo que no quieres. Yo sé que tú puedes lograrlo.

Luis me cuenta

En ese momento tuve miedo, se me escarapeló el cuerpo, porque es como que se me derrumbó lo que ya había pensado hacer y decidí seguir la carrera de ingeniería mecánica. Ahora me río de eso y mi risa significa satisfacción, porque recuerdo que mi padre siempre decía: "cuando solucionas los problemas, después te vas a reír de eso…" Me acuerdo cuando mi padre me decía: "¡ay mi haragancito!, ¿qué será de ti cuando yo no esté?". La palabra haragancito la decía con alegría y cariño, más que como un reproche; además él siempre nos decía que lo que él tenía, era para nosotros y que debíamos cuidar, era como una llamada de atención. Mi papá era un todista (sabía hacer de todo, desde gasfitería, carpintería, mecánica, electricidad, etcétera) era de campo. Cada vez que hacía algo, yo me metía para seguir sus pasos, por ejemplo me acuerdo cuando estaba haciendo las mesas de noche y me acuerdo que yo hice una mesita, un banco… Me acuerdo cuando viajábamos, que compartía sus historias de cuando era pequeño, el trajín del campo, muchas cosas de su niñez, nos decía cómo eran sus padres.

Día 2

Liz: ¿Qué crees que tu padre piensa de ti ahora?

Luis: Pienso que mi padre se siente feliz con lo que ha logrado con su familia y orgulloso de sus hijos.

Liz: ¿Qué has aprendido de tu padre, que está en tu presente?

Luis: … La bondad dar lo mejor de mí en el trabajo, tener voluntad; no dar importancia al qué dirán…

Liz: ¿Cómo crees que suma o contribuye en tu vida?

Luis: Contribuye a ser más responsable, a continuar lo que hago…

Liz: ¿Qué más recuerdas de tu padre?

Luis: Siempre me acuerdo de una frase de Martin Luther King Jr. que encontré de mi papá, quien seguramente lo leía: "Si no puedes volar, corre, si no puedes correr, camina, si no puedes caminar, gatea. Sin importar lo que hagas, sigue avanzado hacia adelante." Agregando: pero nunca, nunca te detengas…

LIZ: Y esto, ¿cómo lo estás aplicando en tu vida?

LUIS: … En mi trabajo por ejemplo: han habido algunos cambios organizacionales y planeo conversar con mi nuevo jefe directo para conocer sus expectativas, como dar a conocer las mías.

Además siempre me visto como más cómodo esté, sin importar el qué dirán, me encanta ponerme *short,* un polo y mis sandalias; me recuerda a mi padre…

Día 3

(A continuación, una parte de las conversaciones que tuvimos, antecedidas por el tipo de preguntas que hice (White, 2000, 2015, 2016): Pregunta de remembranza)

LIZ: ¿Qué sensación tienes al hablar de tu padre?

LUIS: Es diferente ahora la sensación que tengo.

(Pregunta de excepciones, mapa de declaración de posición 1)

LIZ: ¿Por qué diferente?

LUIS: Porque siento que él está presente.

LIZ: ¿Y qué es lo que te hace darte cuenta que está presente?

LUIS: Porque siento que algunas cosas que él me enseñó las llevo en mí. En cada momento.

(Preguntas de reautoría)

LIZ: ¿Podrías comentarme detalles de algunas de esas cosas?

LUIS: Sí, por ejemplo el ser alegre, querer caer bien a las personas.

LIZ: ¿Y eso de caer bien a las personas cómo es?

LUIS: O sea, hacer que la otra persona se sienta bien.

LIZ: ¿Y eso en qué relación está con lo de tu padre?

LUIS: En que mi papá se llevaba bien con todos y era muy querido, es querido. Hasta ahora lo recuerdan.

LIZ: ¿Y qué recuerdan de él?

LUIS: Su forma de ser.

LIZ: ¿Y cómo es su forma de ser?,

LUIS: Mmm, así, alegre.

(Preguntas de lo ausente pero implícito)

LIZ: ¿Qué importancia tiene esta palabra en tu vida?

LUIS: Mucha, porque me gusta que los demás se sientan bien.

LIZ: ¿Y eso, cómo, de dónde vino? ¿De dónde aprendiste eso que te gusta o de lo que es importante para ti?

LUIS: Ahh, desde niño.

LIZ: ¿De cuántos años?

LUIS: Nueve años. Yo acompañaba a mi padre a ver a sus proveedores y él siempre les hacía reír, como que siempre de buen humor, alegre.

(Preguntas de externalización)

LIZ: Y ello, si tuvieras que mencionar en una palabra ¿qué palabra sería?

LUIS: Sería mi padre con chispa.

LIZ: ¿Y la chispa qué relación tiene en tu vida?

LUIS: Bueno, siempre me ha abierto puertas, porque te llevas bien con las personas, te aprecian.

(Preguntas de reautoría, paisaje de la identidad)

LIZ: ¿Y que te aprecien es importante para ti?

LUIS: Sí es muy importante porque es como no estar solo y siempre tener con quien poder contar.

LIZ: Noto una expresión de sonrisa en tu rostro, ¿qué estás sintiendo?

LUIS: Es curioso porque las preguntas que me haces son como extrañas, nunca se me hubieran ocurrido y me dejan pensando.

LIZ: ¿Cómo es eso de dejar pensando? O, ¿en qué piensas en ese momento?

LUIS: Pienso en que no perdí tiempo.

Liz: ¿Y cómo es no perder tiempo?

Luis: Es que lo que he recordado, se lo he dicho a mi padre y no siento arrepentimiento de no haber dejado de decir cosas cuando él estuvo físicamente acá. He repasado las ideas que hemos conversado y es agradable sentir que aprendí tanto de mi padre y que sigue aquí en el presente.

Liz: Noto que tu expresión cambió, ¿qué sientes en tu cuerpo cuando piensas de esto y conversamos de la relación con tu padre?

Luis: Lo siento en mi cuerpo y en mi corazón, pero ahora ya no lo recuerdo con tristeza, sino con alegría .

(Preguntas de las excepciones, mapa de declaración de posición 2)

Liz: ¿Qué de diferente hay, que te hace sentir la sensación de alegría?, ¿puedes explicarme un poco de ello?

Luis: Sí, es como cuando falleció mi padre sentí que quedó un gran vació y ahora ese vacío ha sido llenado, mmm.

Liz: ¿Y de qué ha sido llenado ese vacío?

Luis: De alegría, aprendizajes, recuerdos con mi padre, cosas que me hacen pensar que mi padre está presente.

Liz: ¿Y cómo así es que se llenó ese vacío?

Luis: Con las preguntas extrañas que me decías, porque era como recordar una tras otra idea que ya no recordaba tan al detalle como cuando lo conversábamos.

Día 4

En una última conversación que tuve con él le pregunté lo siguiente:

Liz: Cuándo recuerdas a tu padre, ¿qué sensación tienes?

Luis: Son emociones compartidas, tristeza de que no está con nosotros y alegrías, como cuando estaba a su lado y lo miraba hacer lo que más le gustaba: su carpintería, viéndolo, mucho trabajo, responsabilidad e ímpetu, habilidades innatas en él.

Liz: Si lo pudieras representar como una imagen ¿cómo sería?

LUIS: Como una fortaleza de piedras o una montaña como la del Peñón de Gibraltar.

LIZ: ¿En qué lugar de tu cuerpo está?

LUIS: Muchas veces en mi mente (para dar un paso de adelanto por sus ideas trazadas), y mi corazón, (por ser una persona caritativa y de dar muchas oportunidades).

LIZ: Si él pudiera verte como en una pantalla a colores, ¿qué vería y qué te diría?

LUIS: Aún me vería como a un cachorro, como alguien que aún tiene mucho que aprender debido a que, según él, estaba en crecimiento y no maduraba. Él me diría que cumpla mis objetivos, que nunca me detenga… que mire mucho más allá de mi horizonte… su filosofía fue: ¡Nunca deternerse!

LIZ: ¿Qué sientes en este momento?

LUIS: Como si mi viejo estuviera aquí conmigo, diciéndome lo que tengo que redactar. Es muy emocionante alegre y nostálgico a la vez. Hablar de él me emociona mucho…

LIZ: ¿Qué quisieras que sepa tu padre en este momento?

LUIS: Que es mi héroe. Me da la sensación de que él está de viaje y que mañana estará conmigo, así de simple, él está presente en cada paso que doy.

REFLEXIÓN

Cuando le pregunté cómo ha sido conversar acerca de la conexión con su padre, Luis respondió que muy agradable, que sentía alegría y que era como si estuviera vivo; lo recuerda como ayer, no como antes sino como ayer, literal. Me lleva a reflexionar y repensar en el artículo de Michael White (2004), "Decir de nuevo: ¡Hola!," porque percibí en él otras emociones a las que mostraba cuando conversábamos del mismo tema.

En esta última conversación que tuvimos, percibo que hizo suyas algunas ideas que surgieron en las primeras entrevistas como por ejemplo: "¿En qué lugar de tu cuerpo está?", su respuesta es, "mente... y corazón..."; me hace mucho sentido cuando le pregunto: "¿Qué sientes en este momento?, como que si mi viejo está aquí conmigo..." Me toca mucho porque el vacío o lejanía que sintió en algún momento esa historia, se desvaneció y surgió otra que cobró otro significado con más fuerza al conversarlo.

Estoy sorprendida de la magia de la narrativa que me sigue enamorando.

Durante las conversaciones que mantuve con Luis, fue inevitable escuchar algunas ideas que se me venían a la mente como: tener la intención de que no llore, esto me llevaba a sentirme responsable de sus emociones. Al principio, sentía que me desconcentraban y lo que hice fue jugar con mi imaginación, le bajaba el volumen mentalmente y recordaba fijamente la idea que es sólo una de las tantas voces como fantasmas oscuros, la externalización me ayudó.

Recordarme que "no es malo llorar" y comprender que esa idea es una historia dominante también contribuyó; además fue útil después de cada conversación, autoevaluarme preguntándome qué fue lo más difícil o fácil, eso me ayudaba a recargarme de ideas que retan o desafíen estas historias dominantes; por ejemplo me decía a mí misma: "si vienen esos fantasmas, tranquila, baja volumen y concéntrate en tu doble escucha e incluso me tocaba mi oreja derecha, me ayudaba a seguir, sentía que me daba más seguridad en seguir". Recordar que estas conversaciones son viajes en donde pase lo que pase ya no serás la misma persona, me ayudaba a no estar tensa o preocupada de equivocarme y sobre todo, saber que es un viaje en donde puede haber subidas y bajadas, y aún así nada es igual, sólo hay que encontrar y sentir las preguntas que iluminan el trayecto.

BIBLIOGRAFÍA

WHITE, M. (2000). *Reflections on narrative practice. Essays & interviews.* Adelaide: Dulwich Centre Publications.

WHITE, M. (2004). *Guías para una terapia familiar sistémica.* Barcelona: Gedisa.

WHITE, M. (2015). *Práctica narrativa. La conversación continua.* Santiago de Chile: Pranas Chile Ediciones.

WHITE, M. (2007). *Maps of narrative practice.* New York: Norton. [trad.cast. *Mapas de práctica narrativa.* Santiago de Chile: Pranas Chile Ediciones, 2016].

Prácticas narrativas en contextos universitarios

UN TESTIMONIO DE PARTE

César Enrique Vásquez Olcese y Teresa A. Mendo Zelada

> Si quieres ver, aprende a actuar
> HEINZ VON FOERSTER

Los inicios

Nuestra relación con las prácticas narrativas comenzó hace unos quince años, como resultado de la búsqueda de nueva información para nuestra actividad profesional y docente. Inicialmente la que obtuvimos fue una información muy limitada, extraída de artículos de internet y de uno que otro libro fotocopiado. No obstante, en las clases de pregrado que dictamos en las universidades donde laboramos y en el curso formativo en terapia sistémica breve que desarrollamos en nuestro instituto, empezamos a hablar de la narrativa, probablemente con muchas imprecisiones e inexactitudes. Posteriormente, hace unos cuatro años, tomamos contacto con las compañeras de Pranas Chile, Carolina e Ítalo, y llevamos con ellas la certificación de un año. Fuimos parte del primer grupo que se capacitó en este enfoque en el Perú, y de inmediato lo empezamos a difundir en nuestra ciudad de origen, Trujillo, con mucho más énfasis.

Lo primero que hicimos al terminar la certificación fue organizar un seminario de seis sesiones sobre terapia narrativa en el que participaron unas siete personas. Aunque no fue un "éxito comercial", sí creemos que satisfizo las expectativas de las participantes, y les aclaró el panorama de esa terapia "que ve a las personas como historias ambulantes", como refirió una de las colegas. Posteriormente varias de ellas se inscribieron en la versión del diplomado que Pranas realizó en nuestra ciudad. Dictar este breve seminario también fue útil para nosotros debido que, al organizar el material y en las conversaciones posteriores que se dieron, fuimos comprendiendo mejor y compenetrándonos más con las ideas narrativas. Se cumplió así aquello que sugiere que la mejor forma de aprender algo es enseñarlo.

Una aclaración previa

Quienes escribimos esto somos psicólogos y psicoterapeutas. Sin embargo, Teresa es también enfermera. Ambos nos dedicamos a la práctica clínica privada y a la docencia universitaria. César en la Escuela de Psicología de la Universidad Privada del Norte (UPN) y Teresa en la Facultad de Enfermería de la Universidad Nacional de Trujillo (UNT). En ese sentido, nuestras prácticas, aunque diferentes, tienen en común el hecho de que se informan por una visión posestructuralista del ser humano y de la sociedad. Asumimos las prácticas narrativas como un pilar fundamental de nuestro accionar con las personas, sea en consulta o en el aula, y como una ética que tratamos de honrar permanentemente.

En psicología

Uno de nosotros (César) es docente fundador de la Escuela de Psicología de la UPN. Cuando tocó desarrollar los cursos de psicoterapia que la malla curricular exigía, la responsabilidad por su dictado nos fue asignada, en base a en que tenemos cierta experiencia al respecto.

El curso de Psicoterapia 2, fue pensado para que se aborden temas sobre terapia familiar desde la perspectiva relacional sistémica. Lo usual en materias similares es que se hable de los fundamentos y la epistemología del enfoque sistémico, de las principales escuelas que lo conforman, de los métodos de evaluación y de las técnicas de intervención, todo esto con un sesgo básicamente informativo. Luego de desarrollar cursos similares durante más de quince años fuimos dándonos cuenta de lo limitado y poco útil que resultaba seguir haciéndolo así, ya que los estudiantes veían los contenidos como algo abstracto, lejano, propio de otras latitudes, algo que requería de una especialización a la que muchos de ellos difícilmente podrían acceder en el futuro. Y mientras tanto, también como parte de las exigencias curriculares, las estudiantes debían realizar simultáneamente prácticas pre-profesionales en realidades muchas veces demandantes, sintiendo que no contaban con las herramientas para hacerles frente.

Nuestra intención entonces, que contó con el apoyo decidido de la directora de la carrera, una colega joven, proactiva y de mente amplia, fue innovar los contenidos y dictar en el pregrado, en el cuarto año de la carrera, un curso en el que se trataran y discutieran los elementos básicos de la terapia y las prácticas narrativas, y hacerlo de una manera que le permitiera a los estudiantes aplicarlos de inmediato a sus centros de prácticas.

Al momento en el que escribimos esto, está concluyendo el semestre 2015, en el cual fue la cuarta ocasión en la que se dictó Psicoterapia 2, con un contenido 95% narrativo y 50% vivencial. Sospechamos que somos las primeras y únicas en hacer esto en el pre-grado a nivel del Perú, y tal vez de toda Latinoamérica.

Los contenidos

Como toda iniciativa nueva, que pretende ser algo diferente a lo anteriormente hecho, tuvimos que ensayar y hacer reajustes en estos dos años durante los cuales hemos impartido Psicoterapia 2. A la fecha el temario temporalmente es el siguiente:

- Introducción a la terapia familiar y al pensamiento sistémico. (Esta es una concesión que se hace a la orientación que se supone debe tener el curso, y también buscando contextualizar el posterior surgimiento de la terapia narrativa).
- El posestructuralismo y sus planteamientos. (Aquí se abordan las ideas básicas de Michel Foucault (Merquior, 1988) y la visión que sobre el tema tiene Michael White (1993). Se complementa con una revisión de las ideas de Vigotsky (1978, 1995) y Bruner (2006, 2009) que sean útiles para la comprensión de las prácticas y mapas narrativos que se estudiarán luego).
- La metáfora narrativa y su diferencia conceptual con la metáfora de los sistemas. (Aquí los alumnos usan como texto de referencia y discusión el emblemático *Medios narrativos para fines terapéuticos*, de White y Epston, 1993).
- Fase clínica. Si bien es cierto que desde el inicio los temas mencionados son tratados de una manera activa y participativa, fomentando la intervención de los estudiantes a través de presentaciones, seminarios y conversatorios, es recién a inicios de la quinta semana (el ciclo tiene dieciséis semanas) que comienza la aplicación de las diversas prácticas y mapas narrativos de una manera personalizada y lo más parecido posible a una práctica clínica real. Las estudiantes trabajan en parejas, con excepción de las prácticas que requieren un trabajo en grupo. En cada clase, inmediatamente después a la revisión de la herramienta a utilizar ese día, se realizan entrevistas destinadas a aplicar y vivenciar lo aprendido. Los roles de facilitador y

consultante son rotativos, y se les invita a escoger con cuidado temas personales que puedan tratar en una práctica de este
tipo. De este modo experimentan lo que es la externalización,
la deconstrucción, la reautoría, la remembrecía o recordada, el
loitering, lo ausente pero implícito, el uso de contradocumentos, el árbol de la vida y las ceremonias de definición.

- Cuando los chicos están más familiarizados con el enfoque se
los invita a salir a la calle, "al mundo real", a aplicarlo. Esto
se suele hacer las tres últimas semanas de clase, de manera pa-
ralela a lo que se trabaja en el aula. En estos dos años se trabajaron en grupos diversos: escolares secundarios, madres de
familia y estudiantes universitarios. En algunas ocasiones se
aplicó el árbol de la vida (Latorre, 2010), a fin de potenciar
recursos personales, y en otras se trató el problema del bullying escolar con la estrategia de los equipos clandestinos
(Williams, 2010). La experiencia indica que esta parte de la
asignatura es la que más significado da a lo estudiado, ya que
pueden ver en terceras personas los efectos reales que estas
prácticas producen. Ya no es entre ellas solamente; ahora es
"con gente de afuera".

Algunos resultados

Lo que a nosotras nos resultó más gratificante e impactante fueron las prácticas con el árbol de la vida y con las ceremonias de
definición.

En el primer caso, el proceso de elaboración de cada árbol, las
conversaciones que tuvieron entre ellas para hacer acopio de las historias y los recuerdos necesarios para construirlos paulatinamente,
dio pie para la formación de esa plataforma —especie de lugar seguro— desde la cual pudieron contemplar sus vidas y sus problemas
desde una nueva perspectiva "a mayor altura", sintiéndose capaces y

viéndose a sí mismas como mucho más que un problema. Creemos que ninguna de las participantes fue ajena a la sensación de que poseían historias de recursos y de competencias para hacer frente a las dificultades que fueron planteadas en esos momentos. El punto crucial de esta práctica suele ser cuando juntan todos los árboles y entre todas revisan y atestiguan lo que han hecho las demás. En ocasiones contribuyen agregando otras características a las que pusieron sus compañeras, volviendo así una actividad inicialmente individual, en algo colectivo, compartido y mucho más rico.

La ceremonia de definición suele ser también una práctica muy impactante y aleccionadora. En ella podemos atestiguar el proceso de transformación de los relatos de identidad de las estudiantes, y la consolidación de una historia personal más actualizada y enriquecida. Las chicas suelen coincidir y verificar, a partir de esa experiencia, con aquello que ya saben teóricamente: que somos seres multihistoriados, y que nuestras identidades, más que esencias o estructuras inamovibles, son relatos co-construidos socialmente. Todo esto sucede en un clima solidario, constructivo y muy conmovedor.

Las perspectivas de comprensión futuras como profesionales en ciernes, generadas a partir de estas vivencias, suelen ser prometedoras; ya no se aferran a las teorías estructuralistas y a las prácticas autoritarias que se desprenden de ellas, sino que aceptan e incorporan una visión más flexible y respetuosa del ser humano. Constatan que detrás de las prácticas psicológicas y psicoterapéuticas tradicionales hay, ausentes pero implícitos, discursos de poder y de control, y adoptan posturas críticas y reflexivas.

Testimonios

Al finalizar cada semestre les pedimos a las estudiantes que redacten una breve reflexión sobre el significado que la asignatura ha tenido en sus vidas. Sugerimos que sean lo más abiertas posible a fin de poder tener retroalimentación que nos ayude a mejorar la materia. A continuación compartimos los testimonios de quienes nos autorizaron publicarlos:

INÉS, (VEINTIDÓS AÑOS)

Dentro del corto, aunque para mi significativo tiempo, he podido ampliar mi panorama de aprendizaje y cambiar algunas ideas tradicionales. Es común escuchar entre las personas hablar sobre una "patología", empezar a reconocerse como un ser que "necesita ser curado" y alejar a las mismas personas de su propio entorno. Aquello no es más que tratar a ese ser como alguien manipulable que no puede decidir por sí mismo. Mi gran cambio de panorama, empieza cuando me doy cuenta que hay dos cosas muy distintas: la persona y el problema. Desde ese punto uno ya puede, como terapeuta, empezar a trabajar mirando dos cosas diferentes. Y lo más bonito e interesante es hacer que quien tenemos en frente (cliente) también lo vea así. La terapia narrativa hace justamente aquello, busca ampliar y enriquecer la mirada de la propia historia de la persona haciendo que se vea así misma como ser valorable y pueda decidir qué desea para sí misma. Existe una gama de técnicas que favorecen la "búsqueda del tesoro" y de hecho son muy efectivas.

BELÉN (VEINTIÚN AÑOS)

Fue una experiencia inmensamente gratificante. Considero que no sólo me enseñó técnicas que aplicaré en mi futuro como psicoterapeuta, sino también como persona en la actualidad. Cambió en varias formas mi perspectiva de ver a las personas, mi forma de escucharlas, entenderlas y ayudarlas. Y lo vi desde un principio, reflejado en mi forma de tratar a mi familia, amigos y compañeros. Creo que el saber que las historias se pueden volver a reconstruir me da la esperanza de que muchas cosas pueden mejorar, no sólo genera una sensación de esperanza sino también una seguridad de que así será. Definitivamente me enamoré de la terapia narrativa.

MARISCIELO (VEINTE AÑOS)
Vivimos varias historias a la vez y cada una de ellas tiene un significado diferente para nuestra vida; es lo que me reflejó y enseñó la terapia narrativa. Es poco común encontrar un curso donde te enseñen sobre esta terapia, mucho más difícil, si aún estás en pregrado; sorprendentemente pude experimentar durante cinco meses todo un proceso enriquecedor de cambio de actitud hacia la terapia. Descubrí que dentro de la práctica narrativa podemos lograr bastante, descentrándonos como protagonistas y centrándonos en la persona. Todo lo que aprendí fortaleció en mí el interés porque las personas puedan reescribir su vida desde una perspectiva enriquecida, incorporando experiencias que han sido invisibilizadas pero que en definitiva forman parte de la identidad de la persona y son coherentes con lo que ella quiere para su vida.

A tener en cuenta

Como cabe suponer, no todo sale a pedir de boca. Los temas estudiados en este curso suelen generar un cuestionamiento hacia toda la carrera que estudian y hacia las ideas principales que informan a la mayoría de las demás materias destinadas a formar a un psicólogo "científico". En más de una ocasión nos han dicho cosas como:

Hasta que llevé este curso yo ya me estaba arrepintiendo de haber estudiado psicología. Me preguntaba, ¿esto es todo?, y me preparaba para dedicarme a hacer selección de personal para ganar dinero mientras estudiaba otra cosa. La narrativa me ha mostrado que es posible todavía, psicólogo y ser útil.

A veces este cuestionamiento lleva a ciertos roces con el estatu quo. Los estudiantes pueden volverse algo confrontacionales con los demás profesores, cuestionando los contenidos y las posturas expertas que éstos defienden, o hacer lo mismo en los centros donde realizan sus prácticas. Por ello nos hemos visto en la necesidad de ser cautelosas, y prevenirlas acerca de que no siempre encontrarán oídos dispuestos a escuchar las nuevas ideas. En todo caso —y para ser honestas— la energía y el entusiasmo que muchas demuestran nos resultan muy motivadores.

En enfermería

Como parte de la labor de investigación que cada año realizamos en la Facultad de enfermería de la UNT, el año 2015 nos propusimos efectuar un estudio cuantitativo y de tipo experimental (siguiendo los parámetros metodológicos que la facultad exige) para evaluar los efectos de la aplicación del árbol de la vida (Latorre, 2010) en la salud mental positiva de las estudiantes de la carrera de enfermería. Para ello se trabajó con setenta estudiantes del quinto ciclo de estudios (tercer año), asignadas aleatoriamente a un grupo experimental (treinta y cinco de ellas) y a un grupo control (las treita y cinco restantes).

No deseamos profundizar en los resultados experimentales de este estudio, por no ser del todo concordantes con el espíritu que anima a esta publicación. Sólo nos limitaremos a decir que se hallaron diferencias significativas entre el grupo experimental y el de control, en cuanto a los indicadores de salud mental positiva estudiados, al finalizar el taller donde se aplicó esta práctica narrativa.

Lo mismo pasó en el grupo experimental, entre el pre y el post test. Nos interesa, en cambio, darle espacio a las voces de algunas de las participantes. A través de ellas se podrá tener una noción de lo que experimentaron y del significado que ésta práctica tuvo en sus vidas.

El proceso

El proceso del taller del árbol de la vida se realizó en cuatro etapas desarrolladas en tres sesiones:

- La primera etapa consiste en el dibujo y construcción individual del árbol, en donde se elabora el árbol y se identifican aquellos relatos alternativos, preferidos por las personas, enfatizando en la historia familiar y local, las actividades preferidas, las habilidades y los conocimientos, sueños, anhelos y expectativas, valores y personajes relevantes y significativos de aquellos relatos elegidos por las personas.
- La segunda etapa consiste en la construcción colectiva del bosque de la vida, paso en donde se unen los árboles dibujados en un "bosque", creando el efecto de unidad y de comunidad, respetando a su vez, la individualidad de cada persona.
- La tercera etapa denominada "cuando llega la tormenta:" Aquí se genera una conversación acerca de las amenazas, dificultades, problemas y sus respuestas a partir de los recursos identificados y plasmados en los árboles.
- Certificados y celebración: Consiste en redactar documentos (certificados, cartas, canciones, etc.) con el propósito de generar conciencia de que la misma persona tiene herramientas para superar sus dificultades, y los efectos negativos de estos, en su vida. Esto genera un conocimiento de local, con respecto a cómo superar los problemas.

Los testimonios

Al finalizar el taller se solicitó a las participantes responder brevemente y por escrito a las siguientes preguntas

¿Qué sentido tuvo para ti participar en estas tres sesiones?
¿Por qué?
Aquí algunas de sus respuestas:

ANGY (21 AÑOS)
(…) he aprendido a ver todo lo que he vivido, todas las metas, los sueños que puedo lograr; rescatar hechos importantes, felices, que hemos vivido; valorar cada momento y hacernos ver que somos únicos, valiosos. Además, aprender de cada experiencia de los demás. Ayuda a fortalecernos como personas (…) y vivir agradecidos con todo lo que vivimos cada día.

LILIANA (21 AÑOS)
(…) he aprendido a valorar todos los sucesos buenos y malos de mi vida, el poder recordarlos y poder compartirlos con los demás, y me doy cuenta que todas las personas tiene cosas buenas y malas; que no sólo yo tengo problemas, y que también debemos superarlos para poder crecer en la vida.

ANDREA (25 AÑOS)
Sí, porque me ayudará a sacar y compartir lo que tenía dentro y ver desde otra perspectiva las cosas al escuchar a mis compañeras. Estoy más tolerante y el pasado poco a poco ya no me afecta tanto.

DORA (22 AÑOS)

Sí, volví a recordar mi pasado, hechos que me causan bastante alegría y satisfacción, como también momentos tristes en el transcurso de mi vida (...), es por esos acontecimientos que yo estoy aquí ahora.

Comentarios finales

En oportunidades anteriores hemos realizado investigaciones aplicadas similares a la aquí descrita. En esas oportunidades, y a pesar de los cuidados tomados, muchas de las participantes dieron muestras de emotividad intensa al inicio: dolor, pena, recuerdos "traumáticos", resentimiento, etc. En esta experiencia, en cambio, el clima emocional imperante en las tres sesiones fue también emotivo, pero en un sentido opuesto; se mostraron más risueñas, optimistas, seguras y positivas. Las sesiones estuvieron plagadas de risas y comentarios humorísticos. Esta observación nos llevó a reforzar la idea de que vincular a las personas con sus historias preferidas, sus recursos y sus estados intencionales (Latorre, 2013) puede llegar a constituir una base segura que haga la diferencia.

BIBLIOGRAFÍA

Bruner, J. (2006). *Actos de significado*. Madrid: Alianza Editorial.

Bruner, J. (2009). *Realidad mental y mundos posibles. Los actos de imaginación que dan sentido a la experiencia*. Barcelona: Gedisa.

Latorre, Í. (2010). "El árbol de la vida con trabajadores adultos. Una respuesta narrativa a las consecuencias del trauma provocadas por accidentes en el contexto laboral". En *Procesos Psicológicos y Sociales* Vol. 6, No. 1 y 2.

LATORRE, Í. (2013). Terapia narrativa: algunas ideas y prácticas. En: F. García (Ed.) *Terapia sistémica breve. Fundamentos y aplicaciones.* Santiago: Ril Editores.

MERQUIOR, J. (1988). *Foucault o el nihilismo de la cátedra.* México: Fondo de Cultura Económica.

VIGOTSKY, L. (1978). *El desarrollo de los procesos psíquicos superiores.* Barcelona: Crítica.

VYGOTSKY, L. (1995). *Pensamiento y lenguaje.* Barcelona: Paidós.

WHITE, M; EPSTON, D. (1993). *Medios narrativos para fines terapéuticos.* Barcelona: Paidós.

WILLIAMS, M. (2010). Undercover Teams: Redefining reputations and transforming bullying relationships in the school community. *Explorations: An E-Journal of Narrative Practice,* (1), 4-13.

LA TERAPIA NARRATIVA EN MI VIDA

Nadia Luz Campos Burgos

> La esperanza no es la convicción de que las cosas saldrán bien, sino la certidumbre de que algo tiene sentido sin importar el resultado final.
>
> VÁCLAV HAVEL

Hace dos años aproximadamente, surgió en mí un especial interés por estudiar una formación terapéutica con la finalidad de realizar un trabajo más eficaz y eficiente con las personas a quienes recibía en el consultorio de mi centro de labores. Me parecía importante generar abordajes desde un enfoque terapéutico que contribuyera a forjar cambios favorables en la vida de las personas, así como también sentir que el trabajo que hacía cobraba mayor relevancia desde un marco de referencia definido, el cual hasta ese entonces sólo se había guiado por los conocimientos recibidos en la universidad, mismos que en su mayoría, estaban claramente direccionados por ideas de la psicología tradicional.

En ese contexto es que tomé la decisión de inscribirme en el Diplomado Internacional Terapia Narrativa de Pranas, el año 2013, el mismo que sería dictado en una ciudad que quedaba a diez horas del lugar donde yo vivía. Esta situación también me implicaba un desafío mas decidí asumirlo con todo lo que ello signficaba.

Aún recuerdo con claridad las emociones encontradas que surgieron en mí después de la primera clase. Recuerdo que, por un lado, sentí la bienvenida acogedora de quienes serían mis docentes: Ítalo y Caro, así como la amabilidad de mis compañerxs sin embargo no podía dejar de lado la frustración que también me acompañaba al finalizar la mañana de clases. Era la primera vez que en un contexto académico me resultaba complejo el comprender las ideas que se exponían, y ello no se debía a la didáctica utilizada o a algún aspecto de mi capacidad de atención, sino que me encontraba ante ideas que cuestionaban muchas de las cosas que había aprendido y que yo utilizaba en mi trabajo. Ideas que cuestionaron mi práctica profesional y la forma en que veía a las personas. Fue como experimentar temor a no poder pensar distinto, igual que un enorme desafío de aprender nuevos caminos para colaborar con las demás personas.

Debo reconocer que el espacio de conversación que tuve con Caro e Ítalo consolidó mi decisión de no abandonar los estudios, pues no sólo me sentí aceptada y comprendida sino que me percaté que aquellos principios teóricos explicados en clase se transformaban en un estilo de vida para ellxs, algo que en definitiva me hizo sentido y me dio el ánimo e impulso que necesitaba para continuar con el camino ya iniciado.

Pensar en aquello que dice: "en el contexto de las prácticas asociadas a la externalización de problemas, no son la persona ni la relación las que constituyen el problema, es el problema lo que es el problema, y por tanto la relación de la persona con él se convierte en el problema" (White & Epston, 1993), fue una de las frases que me permitió acceder a una forma diferente de ver a las personas, de mirarlas desde una perspectiva que hacía énfasis en sus capacidades y colocaba a sus dificultades como parte de una circunstancia por la cual estaban atravesando más que ser una característica propia de cada una de ellas.

Esto último adquirió relevancia cuando retorné a mi centro de labores donde trabajo con personas que presentan una discapacidad visual llamada baja visión, la cual no puede solucionarse con lentes, cirugía o tratamiento farmacológico; es decir su visión disminuida les acompañará en el transcurrir de sus vidas, lo que genera un impacto significativo en su autonomía, estado de ánimo e identidad.

Reconozco que antes de tener este primer acercamiento a las ideas narrativas, mi pensar acerca de estas personas era bastante limitado; me apenaba su situación pues me parecía lamentable que cargaran consigo una condición orgánica que no podría revertirse, ante lo cual mi trabajo se restringía a brindar consejería a quienes hasta entonces llamaba "pacientes" y a sus familiares, procurando brindar pautas que yo consideraba podrían ser útiles para sobrellevar la dificultad así como a resignarse de aquello que "les había tocado vivir".

Sin embargo al reflexionar acerca de las premisas que nos dicen que todas las personas responden de alguna manera a las situaciones problemáticas (White, 2004) —ya que no son ellas mismas el problema, y —razón por la cual pueden hacer algo para afrontarlo desde la forma que mejor prefieran, descubro que fue esto lo que contribuyó a cambiar la perspectiva de mi trabajo.

Recuerdo que a partir de ello una de las primeras acciones que decidí emprender fue el modificar la forma en que escuchaba a las personas, la manera en que hacía preguntas en las conversaciones con ellas. De pronto sentí que mi postura se tornó mucho más respetuosa, procurando poner en primer plano sus habilidades, destrezas y recursos personales, interesándome por conocer todo aquello que estaban haciendo para salir adelante a pesar de su baja visión, elogiando y admirando su capacidad para seguir caminando, incluso acompañadas por una circunstancia poco favorable, a la cual me daba cuenta que procuraban hacerle frente con perseverancia y valentía. Además opté por hacer modificaciones al entorno físico del consultorio y dejé de utilizar el escritorio para mis conversaciones, buscando que los consultantes sintieran que hablaban con otra persona, quien no era experta en sus vidas, ni tenía la solución a sus problemas pero que sí estaba dispuesta a colaborar, a encontrar alternativas útiles para ellas y así afrontar de la mejor manera posible aquello que vivían.

Aunado al hecho de establecer conversaciones diferentes con las personas que venían a consulta, también me pareció importante modificar los formatos establecidos para el trabajo con ellas, por lo cual creí conveniente modificar la "Historia clínica" por un formato que denominé "Historia personal", de la que eliminé los términos: paciente, antecedentes patológicos y diagnóstico, sustituyéndolos por: persona, historias preferidas, historias del problema, red de soporte y colaboración y reflexiones finales.

En un primer momento sentí cierto temor por el cuestionamiento que podría recibir de mi jefa inmediata, sin embargo también creí que aquello que estaba haciendo era un paso más que importante para mantener la coherencia entre mi nueva ética de trabajo y la forma en que prefería tratar y mirar a las personas, sin etiquetas que las encasillaran sino con el respeto que merecían, por lo cual valía la pena correr el riesgo y someterme a la crítica y el debate, sí hubiese sido necesario.

Algo que también resonó en mí e influyó en la nueva forma de realizar el abordaje terapéutico estaba relacionado con mantener una postura descentrada e influyente (White, 2002), donde rescataba y ponía en primer plano las voces de las personas con quienes trabajaba, procurando guiar la práctica terapéutica en función de sus intereses y necesidades, y no en función de aquello que yo asumía era su necesidad. Ante lo cual propuse en una de las sesiones grupales que manteníamos de forma quincenal, el denominar a dichas reuniones bajo un nombre que les haga sentido y con el cual se identificaran, es así que la denominación de Taller de personas con baja visión pasó a llamarse Taller de amigxs perseverantes, pues las personas mencionaron que el acudir a estas reuniones les permitía sentirse con mayor ánimo y vitalidad para afrontar la baja visión e incluso hicieron hincapié en que habían logrado sentir la compañía de otras personas que vivían circunstancias similares.

Asimismo se replantearon los objetivos de trabajo, procurando establecerlos desde lo que para ellxs era valioso y bajo la premisa que "un evento no hace una historia" (White y Epston, 1993), teniendo presente en todo momento que una discapacidad visual no tendría por qué definir ni totalizar sus vidas, sino que era importante ampliar la valoración de sí mismxs y de todo cuanto aún estaban haciendo y consiguiendo, generando así espacios de conversación para deconstruir las historias dominantes que se habían tejido en relación a la discapacidad; lo cual después de varios meses de trabajo concluyó en resultados satisfactorios, ya que en la última sesión tuve el privilegio de escucharles narrar la experiencia compartida y cómo ésta había enriquecido sus vidas, ayudándoles a verse como personas con muchas más características que el hecho de tener baja visión y que no sólo se sentían contentxs por lo que habían conseguido para sí mismxs, sino que valoraban el haber podido ayudar a otrxs que —como ellxs— atravesaban un mismo hecho: el enfrentamiento al diagnóstico oftalmológico de baja visión; de pronto ya no eran víctimas desvalidas de una enfermedad crónica sino que reconstruyeron su identidad como personas que aportaban, contribuían y generaban esperanza en las demás personas.

En definitiva el haber vencido mis propias incertidumbres, el darle espacio al cuestionamiento de ideas y el atreverme a llevar a la práctica aquellos principios que considero resultan un acompañamiento respetuoso para con las personas, fueron decisiones

acertadas que debo reconocer han dado un matiz diferente a mi
práctica y ética profesional, ya que hoy le brindo importancia a
construir vínculos terapéuticos que impulsen la agencia personal,
de tal forma que las personas se empoderen en función de aquello
que es valioso para ellas y así podamos seguir confiando que los
seres humanos no somos, sino que vamos siendo en el transcurrir
de nuestras vidas, en un constante devenir.

BIBLIOGRAFÍA

WHITE, M. & EPSTON, D. (1993). *Medios narrativos para fines terapéuticos*. Barcelona: Paidós.
WHITE, M. (2002). *El enfoque narrativo en la experiencia de los terapeutas*. Barcelona: Gedisa.
WHITE, M. (2004). "Working with people who are suffering the consequences of multiple trauma: A narrative perspective". *The
International Journal of Narrative Therapy and Community Work*,
(1), 45-76.

Autores: Identidades preferidas

Carolina Letelier Astorga

Soy una mujer de cincuenta y cinco años que me encanta vivir. Soy mamá de tres hijos que amo como a nada en el mundo y abuela de una Olivia que me regala pura alegría.

Desde chica me encanta viajar y conocer otros mundos, creo que la narrativa me ofreció una maravillosa manera de lograr esto sin necesidad de recorrer grandes distancias: cada encuentro con alguien me transporta a tierras desconocidas y sorprendentes de las que vuelvo cargada de emociones, aprendizajes, nuevas miradas y preguntas... Desde un corazón a otro.

Agradezco el enorme privilegio que significa en este mundo trabajar en lo que a una le apasiona y poder vivir de ello.

Carlos Chico

Me dedico a la psicología desde una mirada crítica y atenta de los efectos de mis prácticas, esto ha traído un viaje en el que se ha ido construyendo un hacer que integra el psicodrama, el teatro espontáneo y las prácticas narrativas. En este hacer, transito entre el trabajo clínico y socio-comunitario en búsqueda de realizar una práctica comprometida y respetuosa con las personas y las comunidades.

Mi conexión con las prácticas narrativas se construye desde el teatro espontáneo, desde ese hacer me contacto con la narrativa comenzando una profundización que llega a desembarcar en la convicción de que los relatos son lo central en mi trabajo y en mi historia. Me he empeñado de diferentes formas, desde hace un rato, en darles espacios para que se narren, se trasmitan, se enriquezcan, se dignifiquen y se honren. Las prácticas narrativas se me vuelven una bella forma de colaborar en esa tarea, ya que con ellas me comprometo con una ética de respeto y de lucha.

Cuando pienso en mis sueños y esperanzas con mi trabajo, surge la intención de poder contribuir al desarrollo de prácticas desde nuestros contextos locales latinoamericanos, de compartir experiencias y construir un hacer-saber más rico, construidos desde este rincón del sur. Pero por sobre todo aparece la esperanza, entramada con mi compromiso político. Que estos trabajos colaboran en la construcción de un mundo para mis hijas y lxs hijxs de todxs, más habitado de diversidad, equidad y justicia social.

Marcela Estrada Vega

Terapeuta narrativa, de Pranas. Psicóloga de la Universidad de Chile. Amiga de muchas personas queridas, mamá, tía, hermana, prima, hija y también vecina.

Trabajo con personas viviendo con las consecuencias de trauma, incluyendo abuso sexual, violencia intrafamiliar y dolores a consecuencia de la violación de derechos humanos. Y con personas luchando y lidiando día a día con el maltrato de vivir en una sociedad neoliberal, que uniforma, excluye, empobrece y quiere convencernos a tod@s que andemos con cuidado porque no somos como hay que ser.

También me gustan las traducciones, la interpretación: cómo pasar de una lengua a otra sin reducir o colonizar, sino enriqueciendo y respetando.

Luis Leighton

Soy Luis, me intereso en las prácticas narrativas desde el año 2010, que fue la primera vez que escuché sobre ellas y llamaron mi atención. Pude tomar varios cursos tanto con Carlos Clavijo (de la Universidad de Valparaíso), l@s chic@s de Pranas y sus amig@s invitad@s y mediante las distintas conversaciones fui buscando y aplicando esta forma de hacer terapia con distintas personas, en distintos contextos donde me he desempeñado hasta hoy, principalmente con mujeres que vivieron violencia de sus parejas y con jóvenes que fueron sancionad@s por la Ley de Responsabilidad Penal Adolescente en Chile.

Dentro de mis gustos está el pasar tiempo con la Any, con quién hablamos de la vida y sus cosas, reflexionamos de nuestras prácticas y lo pasamos bien, además me gusta pasar tiempo con el Dubin (mi perro) y escuchar música.

Entre el año 2012 y 2013 me desempeñé como psicólogo en el Programa Centro de la Mujer. En dicho centro, mis labores consistían principalmente en realizar las primeras intervenciones con mujeres que habían vivido situaciones de violencia abusiva en sus vidas por parte de sus parejas. Posteriormente cambié al área de justicia juvenil donde comencé a desempeñarme como delegado de libertad asistida simple, libertad asistida especial, jefatura técnica y actualmente me desempeño como asesor técnico orientando la intervención de los delegados y aportando en los procesos de análisis de casos a l@s jef@s técnic@s. En este transitar conocí a Daniel, un joven de quince años, quien vivía en un sector vulnerable en Lo Barnechea junto a su madre, su abuelo materno, su hermano menor de once años y su hermana de tres años. Él venía de una situación de incumplimiento y bajo los estándares de la intervención de la institución era catalogado de "alta complejidad". Posterior a distintas consultas con la jefatura del programa, tuve la posibilidad de poder utilizar junto a Daniel una lógica distinta de intervención, principalmente porque había elementos en su relato que llamaban mucho mi atención.

Irene Salvo Agoglia

Mi nombre es Irene Salvo Agoglia. Nací en Argentina en 1977, viví en diversos lugares y llegué a Chile con mi familia a los cinco años de edad, donde viví hasta los treinta y cinco para regresar a mi país de origen el año 2013. Vengo de una familia que desarrolló carreras humanistas y artísticas: abogados, filósofos, músicos, psicólogos, artistas plásticos y poetas. Mi abuelo materno y mi madre han sido claves en mi formación ética, humana e intelectual. Desde pequeña fui muy lectora. Leer representó siempre para mí la posibilidad de acceder a mundos y experiencias nuevas, conocer vidas diferentes, imaginar y soñar. Antes de estudiar psicología, estudié un año de literatura. Luego, ingresé a estudiar psicología en la Universidad de Chile y me formé en España y Chile como terapeuta familiar. Actualmente curso un Doctorado en Psicología en la Universidad de Buenos Aires. He vivido en diversos países y he tenido la suerte de conocer vidas y personas muy diferentes, lo que ha enriquecido enormemente mi experiencia de vida.

La filosofía, la literatura y la psicología están íntimamente vinculadas de forma natural y fluida para mí y el enfoque y las prácticas narrativas han significado la posibilidad de integrar todos aquellos intereses y paradigmas con los que me siento identificada como persona y profesional. Trabajar desde esta mirada me hace sentir que puedo colaborar a que sean las mismas personas que sufren y piden ayuda quienes deconstruyan las ideas, sentimientos, relaciones o mandatos culturales dominantes que los oprimen, para liberarse y construir y elegir la forma singular que necesitan y desean vivir sus vidas. La práctica narrativa abrió un mundo de alternativas para mí. He trabajado con estas ideas en temáticas diversas (abuso sexual infantil, adopción, etc.) y he podido ver los múltiples efectos positivos que se producen en las identidades e historias de muchas personas de todas edades que me relatan que se vuelven a sentir confiadas, esperanzadas y empoderadas. Junto con esto, la práctica narrativa me permite sostener una mirada crítica de mi propia disciplina y de aquellos saberes y dispositivos que muchas veces en lugar de liberar, limitan y oprimen a las personas. No concibo la psicología y lo terapéutico como algo separado de lo ético y lo político y, por consiguiente, creo que esta aproximación realiza un aporte fundamental en esta línea ayudando a interpelar y transformar entre todos la realidad en la que vivimos. Agradezco la oportunidad de formar parte de los autores de esta publicación y sentirme parte de un colectivo latinoamericano que quiere pensar y actuar en coherencia con esta mirada en sus diferentes contextos locales.

Felipe García

Me dedico desde hace más de veinte años a la psicoterapia y en este largo camino he estado a la búsqueda de una forma coherente con mis principios y valores para abordar los problemas humanos. Hace unos diez años me encontré con unos textos en inglés sobre terapia narrativa y desde ahí he seguido explorando posibilidades desde estas prácticas, aunque admito que lo hago "a mi manera", ¿de qué otra forma podría hacerse de todos modos?

En mi búsqueda de respuestas, me he dedicado en los últimos años a la investigación, lo que me llevó a obtener un magíster y luego un doctorado. La pregunta fundamental que he intentado responderme en todos estos años es: ¿cómo hace una persona que ha vivido una crisis importante en su vida para ponerse nuevamente de pie y seguir luchando? Por eso, en mis estudios me he acercado a personas que han sido afectadas por problemas de salud como el cáncer, trasplantes, quemaduras, etcétera o vivido situaciones extremas como desastres naturales o violencia social, o crisis que cambian sus vidas como la ruptura amorosa y la violencia de pareja.

También me he dedicado a la docencia, invirtiendo parte importante de mis tiempos a dictar clases, además de guiar prácticas profesionales en el área clínica y proyectos de investigación. He trabajado en muchas universidades en la ciudad de Concepción, Chile, y también en La Paz, Bolivia; además de dictar charlas, seminarios o ponencias en Guatemala, Bolivia, Argentina, Brasil, Italia y España.

Como la vida no es sólo psicoterapia, también me gusta mucho la literatura, el cine, el teatro, la música y la arquitectura; cuando he tenido que viajar, por placer o por deber, no puedo sustraerme de recorrer las ciudades, saborear sus paisajes y aprender con la gente.

Y lo más hermoso es que he podido andar por estos caminos que he elegido para mi vida, gracias al soporte de mi familia. Ellos han sido el pilar fundamental que da sentido a todo lo que hago y que me alienta a seguir haciendo las cosas que me gustan.

Ana María Zlachevsky Ojeda

Entré a estudiar psicología en la Universidad de Chile, en el año 1964, hace más de cincuenta años. Quería entender a los seres humanos. Pero, la universidad de entonces, se regía por el paradigma científico y aprendí muchas palabras complicadas para etiquetar a las personas, pero lo humano, como las personas se vivían la vida, seguía siendo una incógnita. Un día llegó a mis manos un libro de Laing y la antipsiquiatría y los antidiagnósticos me abrieron el camino a una nueva comprensión de la psicología, que me hacía sentido y me llevaba a conectarme con lo que había sido mi verdadera vocación. Desde entonces he sido vista como una rebelde, he estado en contra de los diagnósticos, de las certezas, de los saberes prefijados y de las etiquetas para clasificar a las personas.

He ejercido y enseñado psicoterapia desde la idea de que: "somos el cuento que nos contamos que somos y nadie está equivocado por ser como es". Admiro a quienes se atreven a desafiar el estatu quo y vivirse la vida sin hacer caso de la propuesta social y de las etiquetas. Así también, reconozco a quienes luchan por hacer de este mundo un mundo más humano que permita que cada uno de nosotros encuentre su espacio y sienta que tiene algo que aportar. Pienso que he tenido el gran privilegio de ver el tránsito de la psicología, desde las certezas de la modernidad, hacia estas nuevas miradas. Siento que, las narrativas, como prácticas de intervención, abren para la psicoterapia un camino que me llena de optimismo a pesar de haber cumplido setenta años de edad y estar mirando a la parca de frente.

Alexis Bustos Villarroel

Mi nombre es Alexis y debo confesar que soy una persona privilegiada ya que como trabajador social, me encuentro efectuando una labor que podemos denominar como "terapéutica" que en mi país, Chile, es un trabajo que desempeñan de forma unívoca los psicólogos y psicólogas. Por este privilegio que se me ha concedido debo agradecer a las psicólogas y a mi compañero, amigo y dupla de trabajo Felipe (psicólogo) con quien es posible realizar un trabajo conjunto, no existiendo diferencias odiosas enmarcadas en los discursos dominantes/profesionales que versan en mi contexto laboral/local: "el psicólogo trabaja con el niño y el psicólogo es quien hace la terapia" y "los asistentes sociales trabajan con la familia…"

Firmemente creo que el disponerse a trabajar, colaborar, acompañar a las personas en su tránsito íntimo, ese trabajo al cual llamamos "terapia", es uno de mis grandes sueños hechos realidad, desde que conocí las prácticas narrativas. En el momento que mi ex compañera de trabajo Melody (psicóloga) me dice: "escucha dupla: el problema es el problema, el problema no es la persona" fue una frase que comenzó a generar grietas de sentido en mi praxis profesional, las cuales me llevaron a distanciarme profundamente del ejercicio diagnóstico, en el que me desempeñaba.

Una vez iniciado en las prácticas narrativas, sus fundamentos, su ética, sus formas, sus medios y sus fines, me cautivaron profundamente. Al momento de dar mis primeros pasos en la narrativa, comencé a ver cómo las personas enriquecían sus historias saturadas del problema, comencé a ser testigo de cómo encontraban eventos que parecían olvidados en el tiempo, comencé a ser testigo de actos realmente maravillosos en las vidas de las personas, cómo tomaban decisiones y cómo estas impactaban en sus vidas, como empezaban a reconocer sus fortalezas y habilidades especiales de sobrevivencia, en fin, podría escribir mil ejemplos de este tipo.

Para finalizar, no me queda más que decir que, me siento realmente agradecido de poder ser testigo y acompañante en la vida de las personas con las cuales trabajo, en mi caso, el trabajar con personas que han sobrevivido a experiencias traumáticas, de abuso, de violencia, de maltrato, de violencia en general, me moviliza a seguir inmerso en las prácticas narrativas, a poder iniciar trabajos que convoquen a más personas, trabajos que unan, que conecten, que formen entretejidos de sobrevivencia. Historias que se conecten con otras historias, historias que contribuyan con las historias de los otros y las otras, historias que agencien a otras y otros.

Deseo, sueño y espero, poder seguir siendo acompañante y testigo en la vida de quienes han experimentado las distintas manifestaciones de la violencia y sus efectos.

No puedo dejar de mencionar a quienes han estado siempre apoyándome y a todxs ellxs, les dedico mi contribución en este libro: Yerli, Jony, Claudia y a mis pequeños regalos de vida: Dante, Carlos, Nico y Alexa.

Felipe Paredes Ramos

Mi viaje en las prácticas narrativas se inició el 2009 cuando empecé el Magíster en Psicología Clínica con mención en constructivismo y construccionismo en la Universidad de Valparaíso. Si bien al inicio, me pareció una teoría lejana por su concepción externalizada de los problemas, fue durante el ramo de "trabajo con la persona del terapeuta" donde pude experimentar en formato de taller, la sensación de relacionarse con los problemas de esta forma en donde uno no era el problema sino que se relacionaba con él o ellos. Esta separación entre la persona y las dificultades me proveía una serie de posibilidades que antes hubiesen sido imposible de concebir y me llenó de esperanzas, sueños y ganas de intencionar nuevas soluciones a las viejas dificultades.

En este primer momento consideré a las prácticas narrativas como una serie de técnicas que proveían posibilidades de entablar conversaciones que potenciaran este espacio entre las personas y los problemas y tomé diversos talleres y cursos en orden de conocer estas técnicas. Solamente durante el Diplomado de Terapia Narrativa junto a Pranas logré comprender las prácticas narrativas no sólo como técnicas sino como una visión ética-política del mundo y de la vida. Esta diferencia ha fomentado una serie de cuestionamientos al cómo entiendo la terapia, a las personas con las cuales trabajo, a mi comunidad y por supuesto a mí mismo.

Actualmente trabajo en un ambiente privilegiado donde comparto con un equipo de trabajo con una riqueza humana que fomenta las acciones colaborativas. Me interesa continuar acompañando a las personas que transitan el viaje del alivio, dar sentido y sobrevivir experiencias traumáticas. Me interesa el rescate de conocimientos locales que pueden ayudar a generar comunidades. Me apasiona la discusión en torno a lo que se considera terapéutico que muchas veces limita nuestras opciones de facilitar procesos y generar acciones coolaborativas con otros profesionales.

~~Christian Beraud~~

beraud@live.cl

Me siento muy afortunado por la oportunidad de ser parte de estas voces latinas en prácticas narrativas, además de poder hacer presentes a las personas que han contribuido en mis identidad(es) preferida(s), con sus propios saberes y conversaciones tan generosas, ampliando sin dudas mis territorios personales, con más versiones y menos verdades, con menos certezas y más posibilidades, con más angustias e incertidumbres maravillosas, las que he podido incorporar a mi vida como un ingrediente necesario a mis curiosidades.

Considero fundamentales los aportes de Michel Foucault, sus trabajos sobre las relaciones que se establecen entre el sujeto y la historia, relaciones de poder y su ejercicio histórico, ayudándome a preguntarme más sobre las historias que habitan en mí y sobre mis supuestas "libertades" de elegir, optar y ser. Estos cuestionamientos, progresivamente me ayudaron a acompañar a las personas por medio de acciones micropolíticas en el ejercicio de sus propias elecciones, respuestas y éticas, que nos permiten hacer y vivir juntxs, nuevas historias posibles que antes sólo permanecían en versiones de "La historia".

Agradezco el encontrarme con el trabajo de Michael White y David Epston por medio del desarrollo de la terapia narrativa, me interesó la consideración que ambos tienen de la historia, además de la claridad sobre los procesos de historización por medio de múltiples dispositivos, incluyendo el terapéutico. Considero de gran valor para la terapia, el trabajo realizado por White a través de la externalización, como una ética que posibilita acercamientos respe-

tuosos, pacientes y minuciosos en considerar aquellas disconti-
nuidades o pequeñas verdades sin apariencia, que posibilitan lo
múltiple, y el acercamiento de otros territorios posibles de nuestras identidades/historias preferidas. Estas aproximaciones han
cobrado sentido en mis prácticas personales por medio del acompañamiento a las personas que me consultan, a través del respeto
y consideración por sus propios conocimientos locales al momento
de desafiar la influencia del problema/historia en sus vidas, además
de permitirme aprender constantemente de las propias experiencias de las personas.

Agradezco los espacios creados y brindados por Carolina Letelier e Ítalo Latorre, que posibilitaron tremendos aprendizajes y parte
de mis deformaciones más preciadas por medio de generosas
conversaciones y amistad. Gracias por acercarme a conocer a
tremendas personas: Marcela Estrada, Diego Jorquera, Alfonso
Díaz, marcela polanco, además del grupo que conformamos en
Santiago con mis compañerxs, compartiendo amistad y conversaciones que contribuyen cotidianamente en mis propias prácticas. Agradezco a Carlos Chico por su amistad, las múltiples
conversaciones que nos acercan a pesar de la distancia, la generación de espacios que nos permiten crear además de acompañarnos en nuestras inquietudes, sueños y esperanzas en nuestros
propios trabajos y vidas con las personas que acompañamos y
nos acompañan.

Parte de mis sueños y esperanzas que guían cotidianamente mi
trabajo con las personas, se sitúan en la traducción de estas éticas
en el contexto latinoamericano, desde nuestras propias voces
mestizas, desde nuestras historias, formas de vivirlas y hacerlas.
Me interesa muchísimo seguir colaborando en respuestas locales
por medio de nuestras metáforas, ritmos, sabores y colores tan
únicos como lxs latinoamericanos.

A Orietta por subir mis Anclas
A Christian por darme Remos
A Tamaris por darme un Barco
A Gael por darme Velas
A la vida por darme un Mar.

Ítalo Latorre-Gentoso

Soy un hombre con bastantes privilegios en este mundo, aprendiendo a ver qué se hace con ellos. Llegué a la práctica narrativa por la rabia, ni por la academia ni por la intelectualidad. Rabia que es testimonio del valor que asigno a la dignidad de las personas. En el tiempo, he desarrollado una sensibilidad a los actos de injusticia, marginación, humillación por conocer de cerca algunos de sus efectos, por experiencias personales y de muchas otras personas. Es desde esa sensibilidad que he dado algunos pasos para colaborar con quienes duelen, pasos siempre acompañados. La narrativa me conecta con un sentido de pertenencia que pocos espacios vitales y lugares del vivir me han ofrecido, una experiencia parecida a la esperanza, al olor a comida cocinándose, al sonido de las voces acompañando, al abrazo, a la música, al canto y la guitarra, al vino, a las personas con quienes intento compartir un amor cariñoso y solidario (aunque no siempre resulte). Pero además, la narrativa me ha abierto posibilidades para subvertir en mi trabajo —y a veces fuera de él— con dignidad, fuerza e inteligencia las operaciones del poder moderno que promueven los contextos de humillación y marginación.

Entonces agradezco la hermandad colaborativa de años y años que Michael White y David Epston tuvieron (y seguro continúan teniendo), a mi compañera Carolina Letelier (quien sí es irremplazable), a lxs cuatro que me acompañaron desde niño hasta más adulto, a quienes trabajan y han trabajado cerca, a quienes me han enseñado y a quienes me han pedido que les enseñe, y muy especialmente a toda la gente que ha compartido sus protestas conmigo en terapia y otros contextos.

Espero seguir aprendiendo formas de ser menos cómplice de las prácticas dominantes de la cultura en la que vivo y trabajar para ser cada vez más capaz de ofrecer relaciones que honren de manera enriquecida aquello que las personas valoran, eso que da sentido a sus vidas.

Christofer Morales Ortega

Me titulé como psicólogo, en mi ejercicio personal-profesional me he desempeñado y he colaborado desde las prácticas narrativas con personas que han vivido experiencias de vulneración: jóvenes que les han privado de libertad y personas que viven en contextos adversos de calle. Territorios y frentes que me han permitido conocer experiencias, situaciones y personas de las cuales he aprendido bastante, y de las cuales aún sigo aprendiendo.

He cursado el Diplomado Internacional de Terapia Narrativa, en el 2014, certificado por Pranas Chile, Colectivo Prácticas Narrativas de México y Narrative Practices Adelaide, Australia. Posteriormente continué mi formación por medio del Diplomado Avanzado en Práctica y Supervisión en Terapia Narrativa, certificado por Pranas Chile en el 2015 y actualmente soy candidato a Magíster en Psicología Social mención intervención comunitaria en la Universidad de Valparaíso.

Dentro de mis intereses, se encuentra la psicología política, la acción colectiva, las expresiones artísticas como amplificación, cultura y resistencia, como también la traducción de las prácticas narrativas colectivas a contextos locales.

Harún Oda

Compañero de una mujer luminosa y dulce y hombre en paternaje de cinco niñxs maravillosxs. Psicólogo, profesor universitario, teatrista espontáneo, coordinador de grupos y terapeuta narrativo, santiaguino radicado en Talca, Chile. Académico del Departamento de Psicología de la Universidad Católica de Maule y coordinador del Programa de DDHH y del Diplomado en Salud Mental Comunitaria de dicha casa de estudios. Investigador en memorias colectivas y resistencias políticas, masculinidades y parentalidades subalternas. Docente del Diplomado Internacional en Terapia Narrativa Pranas, Chile. Psicólogo clínico de la Universidad de Santiago de Chile. Magíster en Antropología y Desarrollo de la Universidad de Chile, Diplomado en DDHH y Pedagogía de la Memoria de la Fundación Henry Dunant. Postulante a Doctorado en Psicología en la Universidad Nacional de Córdoba, Argentina. Actor de la Compañía Teatro Altoque y miembro del Colectivo de Varones Antipatriarcales de Talca.

Claudia Bizama Ramírez

Psicóloga titulada de la Pontificia Universidad Católica de Valparaíso, Diplomado Internacional de Terapia Narrativa certificado por Pranas Chile, Colectivo Prácticas Narrativas de México y Narrative Practices Adelaide. Estudiante de Magíster en Psicología Clínica con mención en constructivismo y construccionismo en la Universidad de Valparaíso.

En mi práctica profesional he tenido la oportunidad de acercarme a contextos llamados de "alta vulnerabilidad": desde el ámbito de la educación brindando atención psicológica a alumnos prioritarios (y sus familias) en escuelas rurales de la comuna de San Esteban —comuna rural de la provincia del Aconcagua—, en el sistema de salud público atendiendo pacientes con patologías terminales y/o crónicas en el marco del plan nacional GES (cáncer terminal, VIH, insuficiencia renal crónica, entre otras), en el Hospital San Camilo de San Felipe y en mi actual puesto de trabajo en un programa de Reparación de Maltrato Grave (PRM) que recibe derivaciones desde Tribunal de Familia y Fiscalía de niños, niñas y adolescentes que habrían sido víctimas de vulneraciones a sus derechos.

En estos contextos he tenido acceso a las historias de estas personas, teniendo la oportunidad de escuchar la voz de aquellos que no calzan en el concepto de: "estado de bienestar", he tenido la posibilidad de ser testigo de las respuestas que estas personas están adquiriendo.

En este tránsito, dos principios fundamentales se han constituido en orientadores de mi práctica profesional: la importancia de una postura de respeto por quienes nos consultan, como un valor ético y político del rol del psicólog@, y los efectos sociales que tiene el lenguaje como constructor de realidades, la influencia de descripciones de realidad como *víctimas, vulnerables, incompetencias parentales, enfermedad, carente, pobreza, daño*.

Siento especial interés por las consideraciones políticas que esto significa en la terapia y el gran desafío que demanda a la/el terapeuta.

Entiendo la terapia como un proceso colaborativo de co-construcción, lo que implica cuestionar el rol de poder presente en la relación terapéutica y validar los conocimientos, estrategias, habilidades y aprendizajes que las propias personas tienen.

La narrativa me permitió dar un sentido a estos fundamentos, a esta forma de hacer terapia, sustentando las bases de mi ejercicio profesional no como un *acto de buena fe, de ver el vaso medio lleno,* sino entendiendo la psicoterapia como un proceso micropolítico.

Para mí esto significa influir en que las personas se agencien en sus vidas, cuestionar estructuras dominantes, sobrepoblar nuestra identidad con experiencias, valores intenciones, esperanzas, personas, relatos y mantener la curiosidad como principio para nunca dejar de sorprenderse.

Mónica González

Soy Mónica González, licenciada y profesora en psicología, egresada de la Facultad de Psicología de la UNC (Universidad Nacional de Córdoba), en el centro de Argentina, lugar donde nací y siempre he residido.

Tengo cuarenta y cuatro años, provengo de una familia de clase trabajadora y pertenezco junto con mis hermanxs, a la primera generación en la familia, que ha podido acceder con mucho sacrificio a la educación Universitaria. Por esta razón siempre he debido trabajar —incluso mientras cursaba mis estudios, de ello he tenido buenos aprendizajes de vida, por ejemplo, el hecho de conocer personas de diferentes estratos sociales, diverso grado de escolarización y distintas ideologías e ideosincrasias de las que me he nutrido mucho, y las cuales han colaborado en cuestionar algunos preceptos académicos tradicionales de la formación profesional posibilitándome dimensionar mejor "la diversidad" y el respeto por las diferencias.

Ya como estudiante, a mitad de carrera, me distancié del discurso dominante psicoanalista que prevalece en el ámbito académico de la UNC. En los últimos años de universidad trabajé como acompañante terapéutico y me formé en enfoque sistémico. Más tarde, incursioné en la terapia breve centrada en soluciones, realicé mi trabajo final con prácticas terapéuticas en un centro de rehabilitación de adicciones y estudios de postgrado. Pero tras la visita de Tom Andersen a mi ciudad, quedé muy impactada por este hombre tan inspirador y me acerqué más a las terapias postestructuralistas y socioconstruccionistas.

Ya con algunos pocos años de haber recibido el título universitario, me interesé por las prácticas narrativas, que en aquel momento eran novedosas para mí y para muchxs de mis colegas de la región, con quienes estaba conectada. Leyendo libros y ensayando algunos modos de hacer, comienzo con el tiempo a trabajar principalmente con niños desde este enfoque y al disfrutar de mis prácticas, encontrando que las personas tenían un proceso terapéutico grato, beneficioso, humanitario, y así empiezo a difundirlo aún más, entre amigxs, compañerxs y colegas.

De este modo, es como empecé a esforzarme por crear conexión con otrxs profesionales y generar trabajos de reflexión conjunta, en grupos de covisiones y equipos colaborativos, en un espacio que llamo Co-construcciones, donde la mayoría de lxs colegas que asisten a los encuentros, continuamos de alguna manera conectados y a gusto, ejerciendo las prácticas y algunxs, —los más jóvenes—, haciendo sus primeros pasos desde la narrativa y/o la colaborativa.

Mi sueño es seguir trabajando con colegas, en equipos de intercambio y aprendizaje mutuos. Crecer y poder dedicar más tiempo a nuestro trabajo conjunto, para que Co-construcciones sea una comunidad mayor de profesionales, que genere sus propios estudios, investigaciones y prácticas.

María Andrea Ganoza

http://terapiapsicologicalima.com/

Practico psicoterapia hace diez años y me apasiona mi trabajo. Estudié diversas formaciones de terapia, sin embargo siempre había algo que me desencantaba: los diagnósticos, las hipótesis e interpretaciones me alejaban de la cercanía y la relación transparente que disfruto tener con aquellas personas que me consultan. Estoy convencida de que nos podemos cambiar a nosotrxs mismos más allá de los diagnósticos y de nuestras experiencias pasadas desagradables; esta visión de la vida está profundamente influida por el budismo, el cual practico desde hace ocho años. Mis esfuerzos actuales están enfocados en integrar ambas pasiones: la filosofía y práctica budista y una psicoterapia que valore los saberes y recursos de las personas.

En esta búsqueda de un modelo más respetuoso, llegué a las terapias postestructuralistas; me formé en terapia centrada en soluciones y en las prácticas narrativas; por esta última conocí a Pranas, con quien organizamos el primer Diplomado en Terapia Narrativa en el Perú. Es un placer volver a colaborar con Ítalo y Carolina y ver cómo sus esfuerzos se traducen en un nuevo libro que será clave para seguir desarrollando su misión de acercar la terapia narrativa a Latinoamérica.

Lizeth Contreras

Mi nombre es Lizeth Magali Contreras Coveñas, el primer nombre me lo puso mi papi. Me contó que lo vió en un periódico, de una chica deportista que jugaba vóley, eso lo supe hace poco y coincidentemente todo mi etapa de colegio he juagado vóley e incluso he participado en campeonatos con otros colegios. El segundo nombre me lo puso mi mami, porque ella tuvo una amiga que era muy buena, le gustaba ayudar a los otros, tenía una buena posición económica y le permitía apoyar a los demás resaltando su sencillez y carisma, bueno la coincidencia es en las cualidades. He tenido muchísimas conversaciones con mi mami acerca de cuándo supo que me esperaba y cada vez que lo conversamos se va fortaleciendo la idea de que fui muy deseada, pues me tuvieron después de cinco años y la fuerza y deseo que tuvo mi madre para que lograra nacer; nací de pies y fue un parto muy complicado, se me viene a mi mente como la palabra coraje y fortaleza, acompañada de mis ganas por vivir.

Soy hija única de papá y mamá, tengo tres hermanos por parte de mi padre, actualmente mis padres están separados y su relación a raíz de esto se ha fortalecido positivamente. La etapa que más me gusta es mi niñez, de hecho algunas cosas las sigo haciendo, por ejemplo jugar matagente, chapaditas, liga, cuando hago un pantallazo mental e identifico que aprendí a ser sociable: yo era quien coordinaba la hora para salir a jugar y preguntaba qué juegos queríamos hacer, siempre sonriendo, lo he disfrutado muchísimo, me llevaba bien con tod@s.

En mi adolescencia aprendí a valorar el esfuerzo, el dinero, la disciplina; recuerdo que mi única opción de tener una carrera profesional era sólo ingresando a la Universidad Nacional y así fue que estudié trabajo social, aproveché al máximo mis tiempos, era muy activa, aún lo soy, estaba en deporte, estudios, enseñaba inglés a mis vecinit@s (eran niñ@s); desarrollé mi cariño y paciencia, de esa manera lograba cubrir mis pasajes, mis gastos de la universidad, me apenaba pedir dinero sabiendo que estábamos en un momento difícil, fue una etapa de valorar con esfuerzo lo que tenía y lo que quería conseguir.

En mi juventud, después de salir de la universidad e ingresar al plano laboral fue doloroso y acompañado de un continuo aprendizaje y fortalecimiento puse a prueba mi capacidad de ser autónoma y segura. En esta etapa fue donde lo aprendí, aún continua este proceso que allí inicié. Es importante para mí decir que también viví intensamente las emociones la alegría, la pasión por lo que hacía, la tristeza, soledad fueron mis acompañantes que me ayudaron a seguir; conocí el amor, fue como lanzarse al vacío que me llevó a lo inimaginable, hasta ahora mi cuerpo lo siente, mi corazón se emociona, fue una experiencia increíble y definitivamente quiero mencionar al flechazo con miel de la narrativa es como la cerecita del helado, esta vez se impregnó en mí dando mucho sentido a mil historias que no fueron contadas, como la plasmo en esta presentación.

Muchas gracias, un abrazo eterno.

César Enrique Vásquez Olcese

Soy un psicólogo clínico peruano dedicado a la práctica psicoterapéutica a tiempo completo, tanto en la modalidad de atención clínica como en la docencia universitaria y el posgrado.

Soy Magíster en Docencia Universitaria. He recibido entrenamiento en terapia familiar sistémica, terapia de parejas (Counseling Institute of Atlanta, Psicotrec Perú) e hipnosis ericksoniana. Tengo una certificación internacional en Coaching con PNL por el International Coaching Community y un diploma en Terapia y Prácticas Narrativas por Pranas Chile. También he llevado el Master en Terapia Familiar Sistémica que dicta la Escuela de Terapia Familiar del Hospital de San Pablo y la Escuela Vasco-Navarra de Terapia Familiar junto al Centro Peruano de Terapia Familiar y de Pareja y la Escuela Sistémica de Lima. Concluí la Certificación Internacional en Prácticas Colaborativas y Dialógicas organizado por Umansenred/ Kanankil y soy miembro del Taos Institute.

Aunque mi profesión es la de psicólogo, me identifico más como psicoterapeuta, y enmarco mi práctica desde el postestructuralismo, el construccionismo social, el enfoque orientado a las soluciones y las prácticas narrativas y colaborativas.

Como director académico en el Instituto de Capacitación y Desarrollo Familiar (IFAMI) y docente en la Universidad Privada del Norte, soy introductor y difusor de estos enfoques en el Perú desde hace diez años.

Co-dirijo la Formación en Terapia Sistémica Breve Centrada en las Soluciones en diferentes ciudades de mi país. He participado como ponente en diversos eventos académicos dentro y fuera del Perú, presentando seminarios, conferencias y talleres que difunden estas ideas. También he realizado investigaciones bajo este enfoque sobre temas de pareja, familia y psicoterapia.

Publico el blog: *Terapia minimalista. Una visión posestructuralista y posmoderna de la terapia* donde reflexiono sobre el quehacer psicológico y psicoterapéutico.

Estoy empezando a salir de mi "torre de cristal terapéutica" a través de la Terapia comunitaria integrativa, procurando contribuir a la liberación y al desarrollo de las personas rescatando sus saberes y su conocimiento local. Creo firmemente que esta es una forma humana de hacer resistencia a los mecanismos de opresión imperantes aun en nuestras sociedades.

Finalmente, soy pareja, colega y socio de Teresa, padre orgulloso de María Alejandra, y no pierdo la esperanza de engreír a Lupe, la perrita chihuahua que espero tener algún día.

Teresa A. Mendo Zelada

Soy mujer, esposa, madre y profesional. Como profesional trabajo con las personas desde una perspectiva integrativa y relacional, tanto a nivel individual como comunitario. Por ese motivo, y luego de ejercer la docencia universitaria como enfermera durante varios años a nivel de pre y post grado, me formé como psicóloga y como psicoterapeuta. Actualmente abordo ambas disciplinas desde el construccionismo social y el postestructuralismo, y realizo investigaciones y publicaciones desde este enfoque. También me dedico a la labor clínica.

Soy Magíster en Salud Pública y he concluido el doctorado en la misma mención. Tengo la especialidad en Geriatría y Gerontología y en Calidad Universitaria.

He recibido entrenamiento en terapia sistémica breve centrada en las soluciones, Terapia de parejas (Counseling Institute of Atlanta, Psicotrec Perú) y un diploma en Terapia y Prácticas Narrativas por Pranas Chile. Actualmente curso el Diplomado Internacional en Prácticas Dialógicas que organiza la Red de Trabajo para Diálogos Productivos.

Como directora del Instituto de Capacitación y Desarrollo Familiar (IFAMI) y como docente en la Universidad Nacional de Trujillo, procuro introducir y difundir las ideas postestructuralistas y socio-construccionistas en el campo de la salud desde hace varios años.

He participado como ponente en diversos eventos académicos dentro y fuera del Perú, presentando seminarios, conferencias y talleres que difunden las ideas posmodernas y del construccionismo social. También realizo investigaciones bajo este enfoque sobre temas de salud, educación, pareja, familia y psicoterapia.

Co-dirijo la Formación en Terapia Sistémica Breve Centrada en las Soluciones que organiza y dicta IFAMI.

Nadia Luz Campos Burgos

Soy psicóloga de profesión y perseverante por elección personal. Me agrada compartir el tiempo con mi familia, en especial con Hans —mi esposo— con quien disfruto mucho el poder reírnos juntos, caminar tomados de la mano y saber que muchas cosas son posibles, si así lo deseamos; así también con mis tres mamás, y menciono a tres porque son ellas las mujeres quienes me han brindado el amor maternal más bonito que conozco: Berthy me enseñó lo importante de ser responsable, constante y valiente; Cotita me enseñó la alegría y el sentirme valiosa sin importar las condiciones por las que atravesara y Goíta me enseñó la importancia de contactar con mis sentimientos y a ser bondadosa con el conocido y también con el desconocido. Gusto de sentir la calidez de su cariño así como trato de crear espacios y formas para expresarles el mío. Desde pequeña aprendí a valorar y querer a las personas por quienes van siendo en el transcurrir de sus vidas, más allá de sus circunstancias individuales. Considero que esto se reforzó en gran medida en mis años escolares, donde se privilegió el amor por los demás y nos enseñaron que estábamos "llamadas a servir". Guardo con gratitud todo cuanto me enseñaron e incentivaron en mí. Procuro ser consecuente con mis ideas y acciones, así como también me reconozco como una persona comprometida con aquello que emprendo. Me parece importante dar lo mejor de mí en cada paso que voy dando y me esfuerzo porque ello contribuya de alguna manera con quienes me rodean. Me gusta sonreír, siempre he creído que la amabilidad y la ternura son ingredientes importantes que hacen posible cultivar los vínculos y hacerlos permanecer en el tiempo, por lo que intento mantenerlos presentes en el trato con quienes llamo mis amig@s.

Durante mi experiencia como psicóloga he descubierto que disfruto mucho cuando trabajo con grupos —en especial con adultos y adultos mayores— más de uno de los rostros de las personas con quienes he tenido oportunidad de compartir viene a mi mente al rememorarlos, así como también una sensación de alegría y cariño; aprendí mucho de ell@s, me contagiaron su coraje, su deseo de superación y sus sonrisas. He procurado mantener una actitud de interés constante por aprender, por lo cual trato tener acceso a nuevos conocimientos, en especial aquellos que valoran a las personas desde sus cualidades y destrezas, por lo que este año decidí realizar una investigación experimental desde los principios de la terapia narrativa y así obtuve el grado académico de doctora en psicología, el cual me ha brindado privilegios académicos y profesionales, los mismos que deseo me permitan contagiar y difundir el trabajo psicológico en base a la colaboración y el respeto por los demás, contribuyendo así a generar esperanza. Cuando niña, soñé que algún día tendría la posibilidad de escribir en algún libro, parece que el día ha llegado y mi corazón está contento y agradecido.

PRÁCTICAS DE TERAPIA NARRATIVA
Voces latinoamericanas tejiendo relatos preferidos. Volumen I
se publicó a finales de abril de 2017, en Santiago de Chile.
En su formación se emplearon las fuentes Helvetica Neue (diseñada por
Adrian Frutiger, Gary Munch y el Linotype Design Studio sobre un diseño original
de Max Miedinger) y Sabon MT Pro (diseñada por Jan Tschichold sobre un diseño
original de Claude Garamond).

www.ingramcontent.com/pod-product-compliance
Lightning Source LLC
Chambersburg PA
CBHW022044020426
42335CB00012B/541